TEATRO MÓVIL

LA CONTRACULTURA ARQUITECTÓNICA A ESCENA

T0272143

Fernando Quesada

Imagen portada: Logotipo del Teatro Móvil.© Javier Navarro de Zuvillaga.

Este libro intenta narrar un momento histórico muy específico a partir de una metáfora a la que llamaremos Teatro Móvil. Esta metáfora se encarnó en multitud de ejemplos, pero es uno de ellos el que sirve de argumento principal, aunque no único, para el relato que se ofrece a continuación. Se trata del proyecto de graduación del arquitecto español Javier Navarro de Zuvillaga (Madrid, 1942), realizado durante una estancia de ampliación de estudios en la Escuela de Arquitectura de la Architectural Association de Londres en el curso 1970-1971 y reproducido aquí en su integridad.

Además de este proyecto, Navarro de Zuvillaga publicó en 1976 un artículo también incorporado a este libro, que establece las bases sobre las que se ha realizado la investigación. El proyecto y los hilos argumentales del artículo de Navarro han sido los dos motores conceptuales de este trabajo, que busca no solo difundirlos por su importancia y su excepcionalidad en la cultura arquitectónica española, sino ponerlos en contexto de un modo más amplio, tanto geográfica como culturalmente, en un marco internacional de gran riqueza.

Por lo tanto y pese a las apariencias, este libro no es un trabajo monográfico sobre un proyecto o un autor, o no solamente, sino la narración de una red cultural muy compleja y bien acotada cronológicamente. En el transcurso de la narración, el Teatro Móvil de Javier Navarro aparece y desaparece para reaparecer, una y otra vez, como referente y fantasma que persigue la totalidad de la investigación. Esta estructura discontinua está además marcada por una serie de temáticas, las que dan título a cada capítulo, que tienen una independencia relativa entre sí pero que, en conjunto, ofrecen un retrato coherente del ambiente cultural en el que se gestó el proyecto de Javier Navarro en Londres. Así pues, se ha perseguido producir, o reproducir, una cierta atmósfera cultural crítica más que un relato clausurado en sí mismo, conclusivo o dogmático.

La época en la que fue realizado el proyecto que da título a este libro interesa mucho hoy porque presenta condiciones culturales, económicas y sociales parcialmente similares a las nuestras. Pero lo que más nos puede interesar hoy de este capítulo histórico no es su carácter premonitorio, algo que solo una mirada retrospectiva, nostálgica e incluso oportunista pondría de manifiesto, sino el modo en que los protagonistas de esta historia navegaron casi a ciegas por las contradicciones de su tiempo. Lo que pone especialmente en valor a la totalidad de los experimentos arquitectónicos que se van a repasar en este libro no es la anticipación de ciertos fenómenos que hoy son hegemónicos, absorbidos y ubicuos, sino precisamente lo opuesto, el enorme antagonismo que supusieron con respecto a la cultura arquitectónica dominante de su momento. Esta publicación es un homenaje a ese fuerte antagonismo, no un documento instrumental para la validación de las réplicas epigonales del Teatro Móvil.

Aunque es imposible mencionar a todas las personas que han realizado aportaciones a este trabajo, hay algunas que no pueden dejar de nombrarse.

Agradezco el largo acompañamiento de Javier Navarro de Zuvillaga en la investigación, su generosidad, compromiso, amistad y perspicacia. A María Teresa Muñoz su permanente sagacidad en las revisiones del manuscrito y las largas conversaciones sobre la época tratada. A Ricardo Devesa, el editor de Actar, su confianza en el proyecto desde el principio. A Angela Kay Bunning su excelente trabajo de traducción. A José Miguel de Prada Poole y Antonio Fernández Alba los encuentros y conversaciones alrededor de su trabajo. A María y Diego Fullaondo por su amabilidad y disponibilidad. A Antonio Cobo por su labor paciente y generosidad. A Francesco Moschini y Elena Tinacci su amabilidad para la reproducción de imágenes. A Arnold Aronson sus valiosas indicaciones sobre el ambientalismo norteamericano. A Juan José Montijano su entusiasmo contagioso por el teatro popular de variedades. A Ken Turner y Toni Murchland su calidez y sinceridad para hablar de sus vidas con un desconocido. A Richard Schechner y a Joanne Pattavina, viuda de Jerry Rojo, su generosidad con mis peticiones. A Toni Martin su disponibilidad para responder a las dudas y preguntas. A Peter Sciscioli, del estudio de Meredith Monk, su enorme simpatía y ayuda. A Gerzy Gurawski su calidez en una conversación telefónica memorable. A Antoni Verdaguer su cercanía. A Raphael Chau, del estudio de Jeffrey Shaw, su generosidad desinteresada. Por último, agradezco a todas aquellas numerosas personas de bibliotecas y archivos consultados por hacer posible este trabajo. Este libro ha sido producido gracias a los proyectos de investigación Teatralidades Expandidas HAR2015-63984-P y La Nueva Pérdida del Centro. Prácticas Críticas de las artes Vivas y la Arquitectura en el Antropoceno PID2019-105045GB-I00, ambos del Plan Nacional de I+D+i, junto a la obtención del Premio Schindler España de Arquitectura con el Proyecto Fin de Carrera de Elías Sancho de Agustín que tutoré en 2016 en la Escuela de Arquitectura de Alcalá.

Agradezco profundamente el trabajo de Elías Sancho, el apoyo de la Escuela de Arquitectura y la labor de Julio Arce y Rosa Amat al frente de esta iniciativa de la empresa Schindler que, quizás no por casualidad, ofrece soluciones de movilidad para la arquitectura actual.

PROYECTO DE TEATRO MÓVIL DE JAVIER NAVARRO DE ZUVILLAGA PARA LA GRADUA-CIÓN EN LA ARCHITECTURAL ASSOCIATION, LONDRES JUNIO DE 1971

Tutores del proyecto:
Charles Jencks, Keith Critchlow,
Paul Oliver, Harrison Dix
y Warren Kenton.

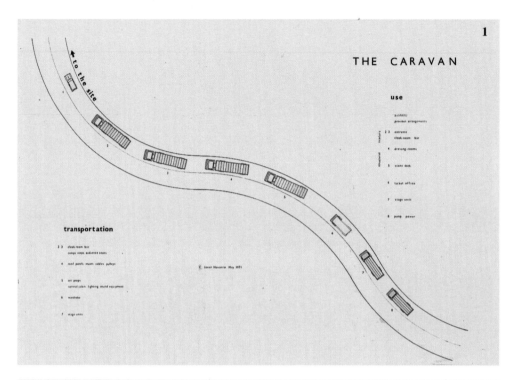

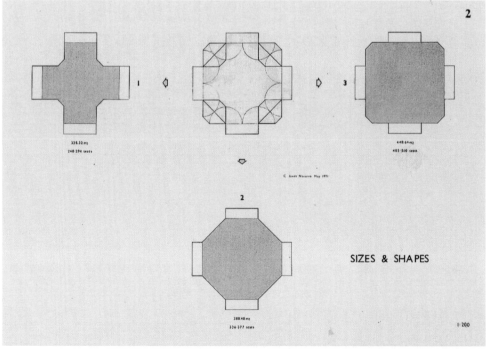

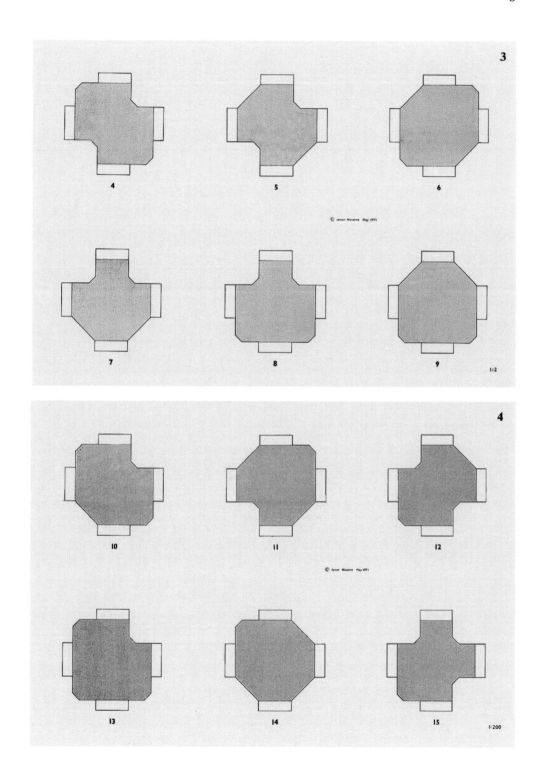

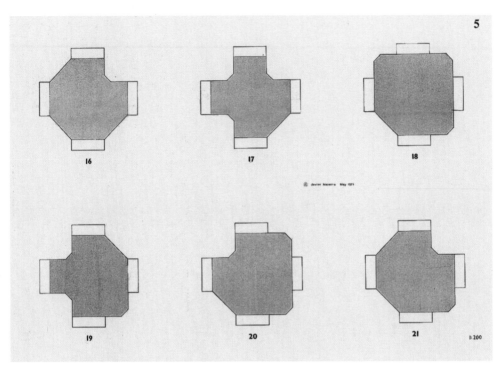

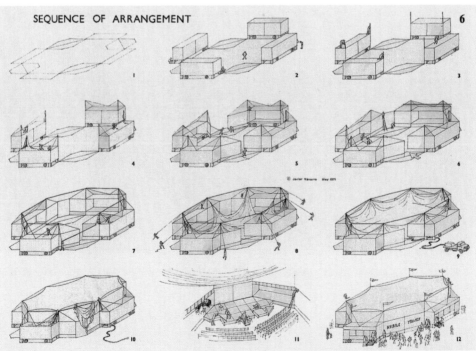

7

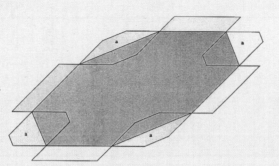

PLASTIC SHEED FLOOR

a auxiliar places
© Javier Navarro May 1971

1:400
1:100

8

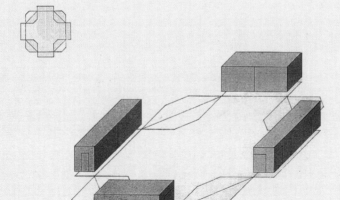

© Javier Navarro May 1971

1:400
1:100

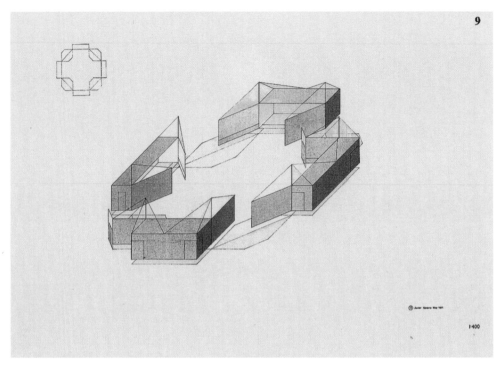

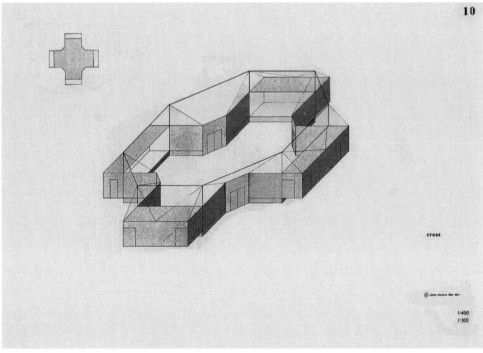

11

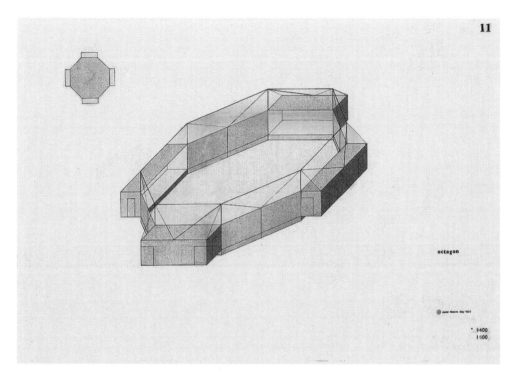

octagon

1:400
1:100

12

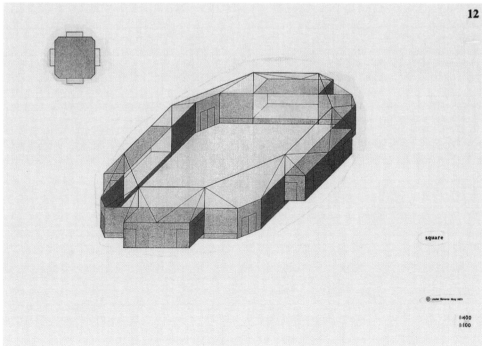

square

1:400
1:100

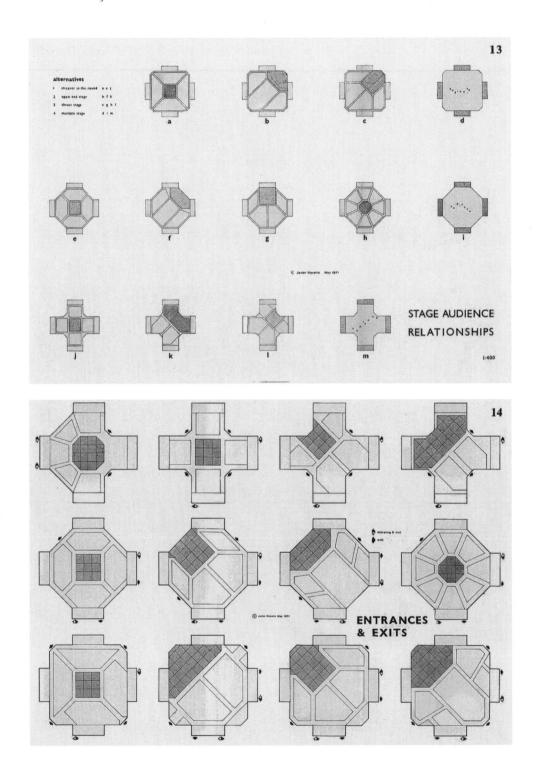

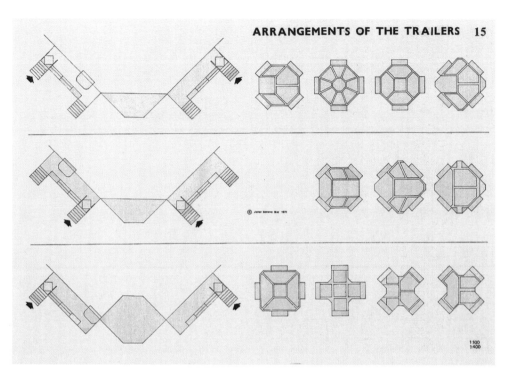

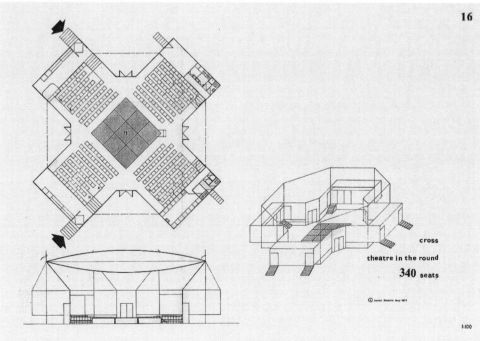

cross

theatre in the round

340 seats

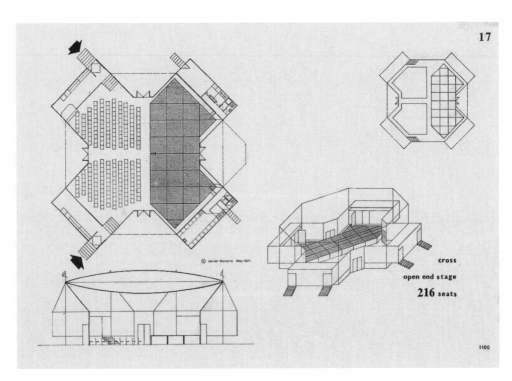

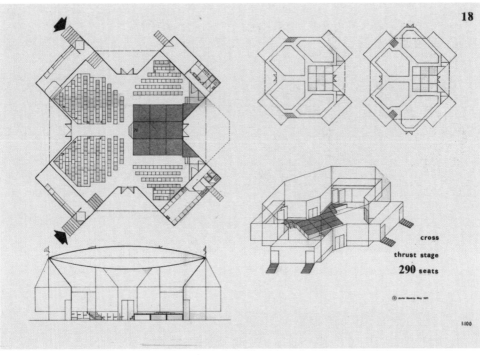

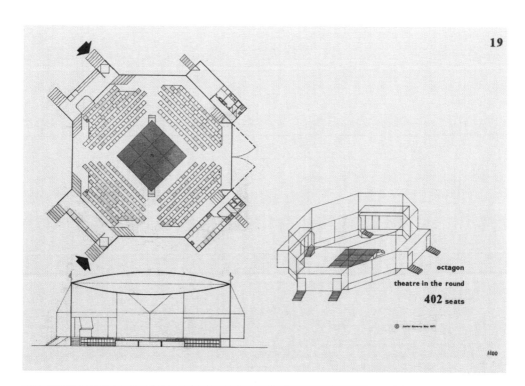

19

octagon
theatre in the round
402 seats

1:100

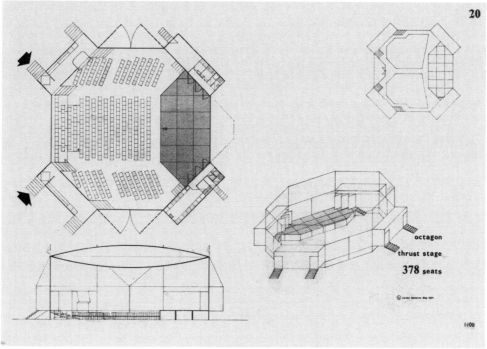

20

octagon
thrust stage
378 seats

1:100

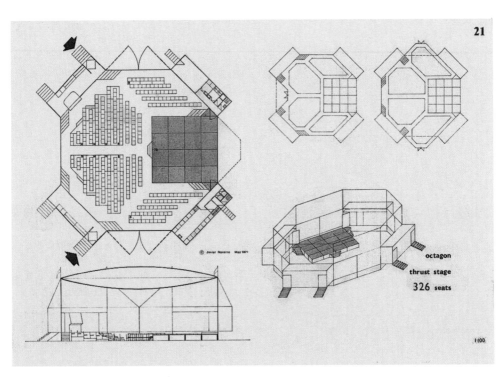

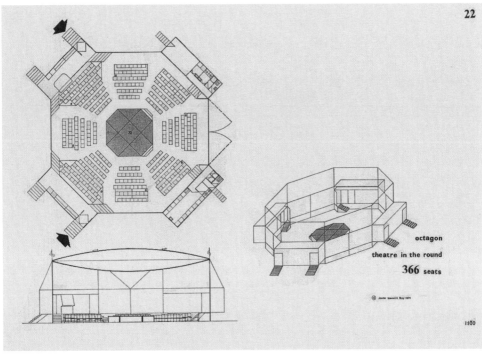

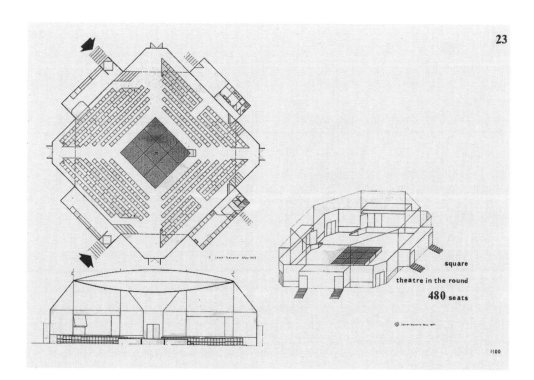

square
theatre in the round
480 seats

1:100

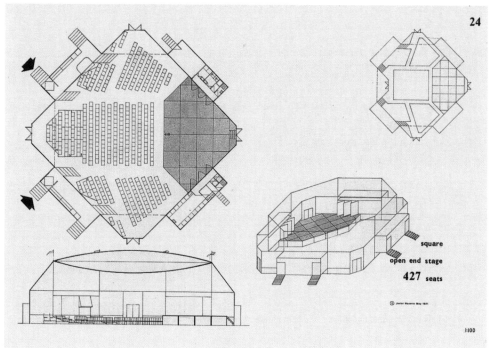

square
open end stage
427 seats

1:100

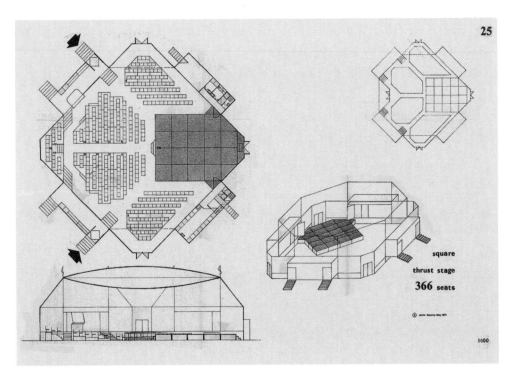

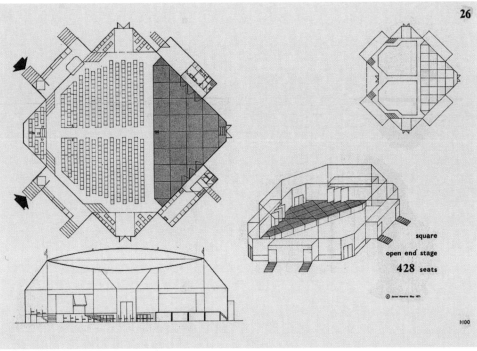

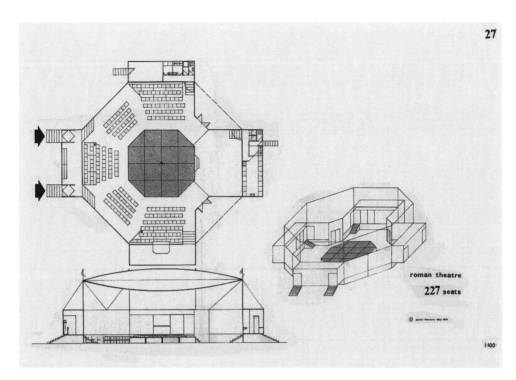

27

roman theatre
227 seats

© Javier Navarro May 1971

1:100

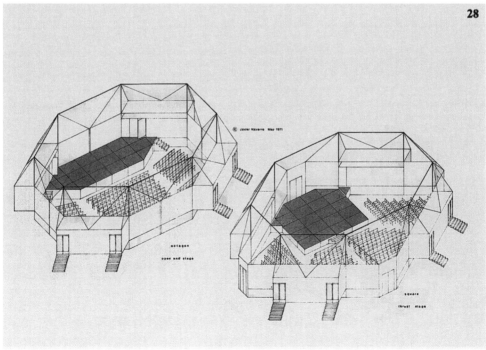

28

© Javier Navarro May 1971

octagon

open and stage

square

thrust stage

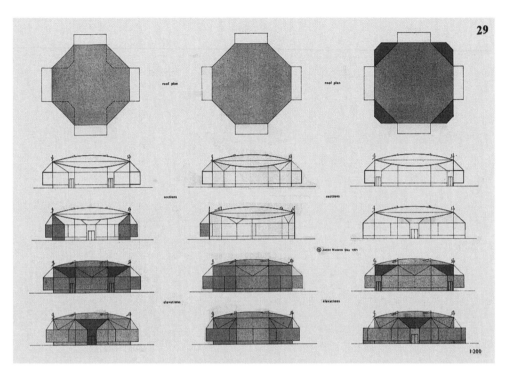

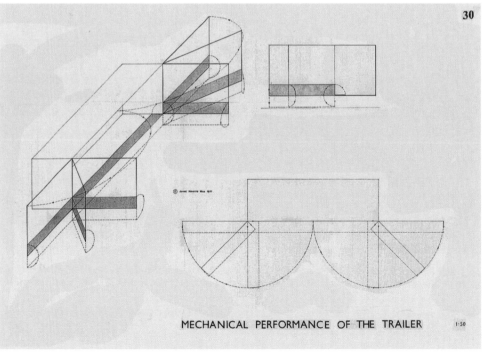

MECHANICAL PERFORMANCE OF THE TRAILER

23

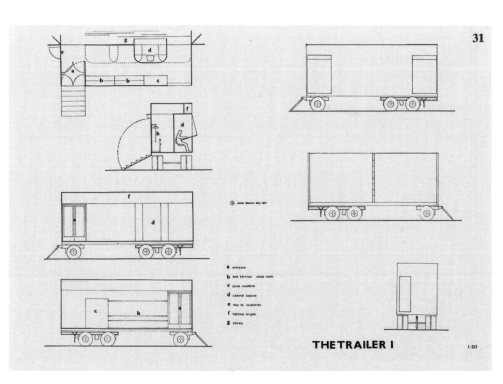

31

a entrance
b self service cloak room
c drink machine
d control cabine
e way to lavatories
f lighting brigde
g panels

THE TRAILER I   1:50

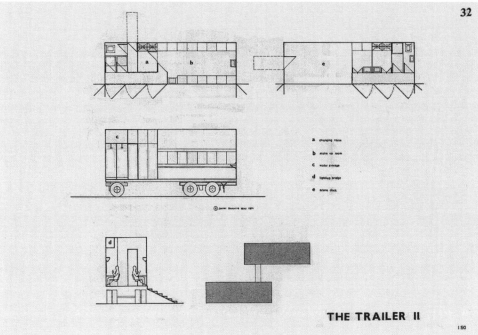

32

a changing room
b make up room
c water storage
d lighting bridge
e scene dock

THE TRAILER II   1:50

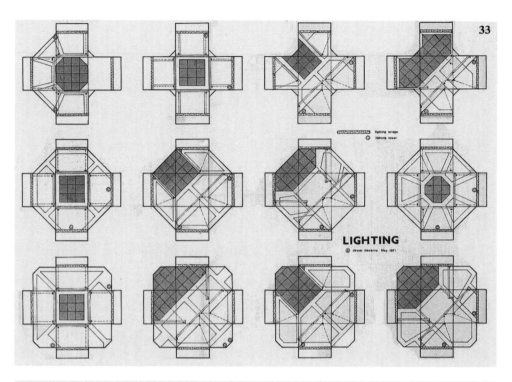

LIGHTING

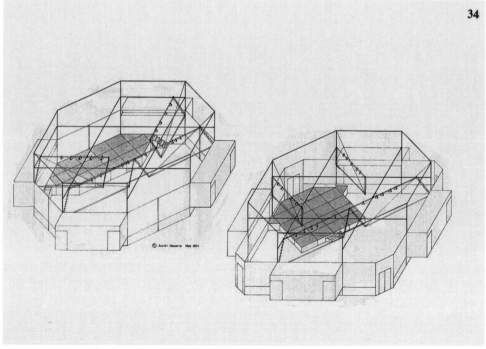

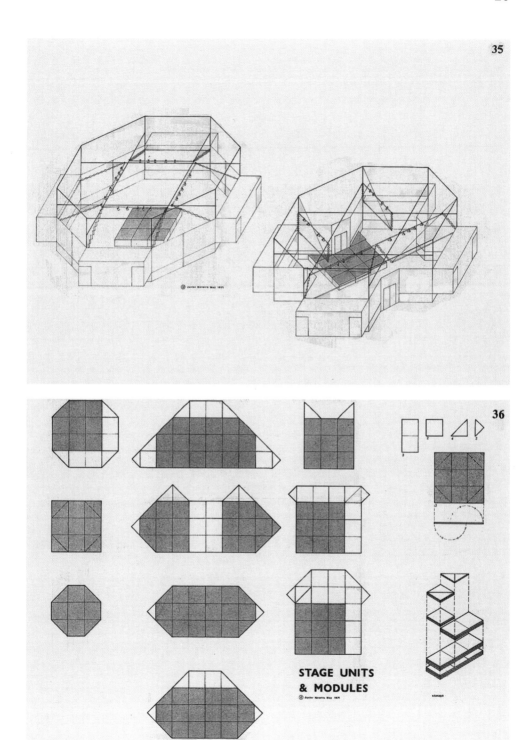

35

36

**STAGE UNITS
& MODULES**

storage

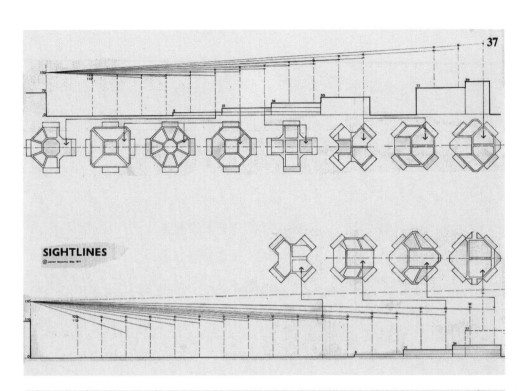

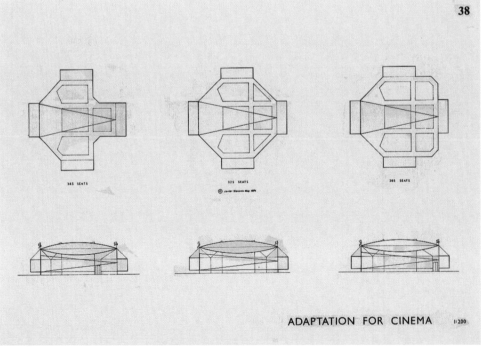

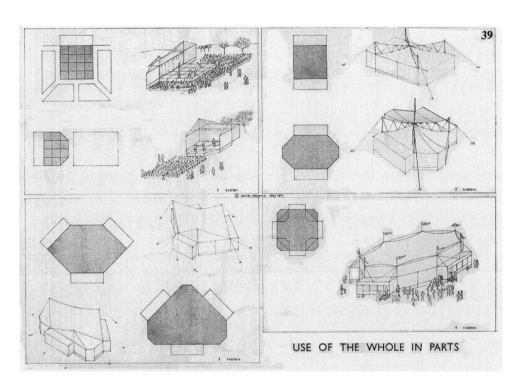

39

USE OF THE WHOLE IN PARTS

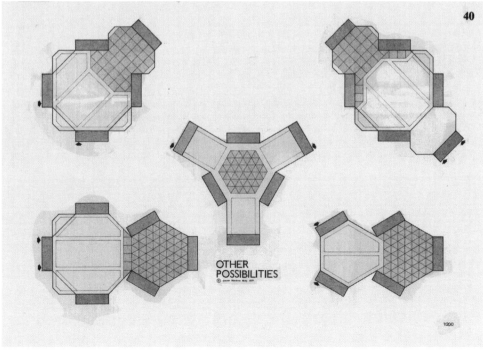

40

OTHER
POSSIBILITIES

1/200

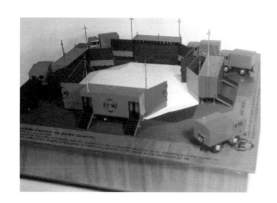

LA DESINTEGRACIÓN DEL ESPACIO TEATRAL

JAVIER NAVARRO DE ZUVILLAGA

Texto publicado originalmente en *Architectural Association Quarterly*,
Londres, vol: 8, n° 4, 1976. Páginas 24-31.

La tradición del «teatro pobre», del teatro en su más pura esencia sigue viva. Y esta tradición procede del origen mismo del teatro y se ha manifestado con mayor intensidad en las épocas históricas en que el teatro trataba de buscar su propio espacio; bien porque no existían teatros, como en el origen o en el medievo; bien porque el teatro agoniza en espacios convencionales como ocurre hoy día.

Podemos decir que lo que caracteriza a este modo teatral de hoy es que, en vez de hacer teatro en el lugar apropiado, busca en cada ocasión el lugar apropiado para hacer teatro. Esto que se podría confundir con una indiferencia respecto al espacio teatral no lo es. Al contrario, supone una mayor atención al mismo al considerar que el espacio teatral puede ser cualquier lugar: un teatro antiguo o moderno, cubierto o al aire libre, un palacio de deportes, una plaza, un parque, una fábrica. Está claro que el teatro necesitaba salir de los teatros para regenerarse, aunque ocasionalmente vuelva a ellos con un nuevo acercamiento espacial.

Appia planteaba a principios de siglo esta necesidad cuando decía: «Abandonemos nuestros teatros a su pasado agonizante y construyamos edificios elementales diseñados simplemente para cubrir el espacio en que trabajamos».[1] A este modo de entender el espacio teatral lo denominaremos, siguiendo la clasificación de G. Canella, Teatro-Móvil.[2] Pero así como el Teatro-Templo y el Teatro-Máquina se manifiestan en edificios característicos con ejemplos muy concretos, en el Teatro-Móvil nos encontramos con el problema de que responde a una tendencia a la desintegración del espacio teatral, tal y como lo concebían el Teatro-Templo y el Teatro-Máquina, para buscar un nuevo espacio teatral integrado.

¿Por qué una desintegración del espacio teatral? Es algo que no debe extrañarnos después de la labor de Appia, Craig, Meyerhold, Piscator y Artaud, por citar a los más significativos. Toda la labor que ellos realizaron en el primer tercio de nuestro siglo tenía que producir sus frutos. Y éstos son, a mi manera de ver, el Teatro-Máquina y, sobre todo, el Teatro-Móvil. Naturalmente tras una maduración de años interrumpida por dos grandes guerras.

El Teatro-Móvil es, en sus múltiples versiones, la respuesta más directa al carácter efímero del teatro.

Yo lo plantearía así: ¿Qué es un teatro? Es un lugar donde tiene lugar el teatro. Pero, ¿qué es el teatro, considerado como actividad? El teatro es representación de actividades, de todas las actividades humanas imaginables; es decir: actuación de cualquier cosa. Pero todas y cada una de esas actividades precisan de un lugar para realizarse. Y ese lugar es el teatro. «Así como el actor es el lugar de personajes, el teatro es el lugar de lugares, de todos los lugares imaginables. Es un lugar-ficción».[3]

Con este acercamiento al espacio teatral surge la necesidad de que el teatro-edificio no sea uno o, si es uno, sea múltiple. No se trata de acabar con el teatro, como suponen algunos que no conciben el teatro fuera de un teatro, sino más bien al contrario, de impedir que el teatro muera en los teatros. Aunque con precedentes, se trata de un nuevo acercamiento al espacio teatral.

Es evidente que, se haga donde se haga el teatro, es necesaria la acotación de un espacio teatral. Pero es un espacio cuya arquitectura, como tal espacio teatral, debe ser efímera. A este respecto son importantes las palabras de Célant: «El teatro, para ser, debe huir de sí mismo, de la posibilidad de llegar a ser inevitablemente una institución».[4] Y un teatro que se huye a sí mismo no puede tener lugar en un espacio teatral institucionalizado.

Esto entronca evidentemente con el teatro ambulante: de Tespis al medievo, de los autos sacramentales a nuestros días. Pero hay un matiz que diferencia claramente el Teatro-Móvil de sus precedentes históricos: aunque también vuelva a los orígenes, aunque también busque su propio espacio y su manera y aunque también lo haga con una tendencia a la acción ritualizada, lo hace partiendo de un replanteamiento del espacio teatral basado en el rechazo, aunque no total, del concepto anterior del mismo como espacio unitario y diferenciado.

El Teatro-Móvil es un teatro eminentemente experimental, pues en cada caso, en cada sitio, busca un espacio teatral adecuado a las circunstancias.

Cuando Gropius en su Teatro Total intentaba la desaparición de la estructura de la sala a base de proyecciones en todo su perímetro, estaba intentando la desintegración del espacio teatral convencional. El Infinidome de Branding Sloan que ya en los años 30 concebía el espectáculo teatral como un espectáculo cósmico de Planetario, la cúpula Fortuny, precedente del anterior, el Teatro Suspendido de Nueva York, todos ellos son acercamientos, mediante soluciones tecnológicas, a la idea del teatro del «environment», que supone la expresión más prolífica y más característica del Teatro-Móvil.

Aparte de toda una tradición secular —lo que Peter Brook llamaría «teatro tosco»[5] — se manifiestan en el teatro de «environment» preocupaciones anteriores a su aparición. Quizá fue Artaud quien expresó el tema con mayor precisión: «Suprimimos la sala y la escena, que son reemplazadas por un lugar único, sin divisiones de tabiques ni barreras de ninguna clase y que será el teatro mismo de la acción. […] El espectador, situado en el centro mismo de la acción, se verá rodeado y atravesado por ella. Este envolvimiento tiene su origen en la propia configuración de la sala».[6]

Esto es un replanteamiento espacial del teatro que, para Artaud, es la traducción espacial de su idea de dirigirse al público a través de sus sentidos y no a su entendimiento a través de la palabra. Y es esta idea y su consiguiente planteamiento espacial lo que anima, desde hace más de una década, el teatro de hoy, especialmente en su versión de teatro de «environment».

Después de haber trabajado por su cuenta, tanto Grotowski como el Living Theater, al descubrir a Artaud, se encontraron identificados en gran medida con el Teatro de la Crueldad. No hace mucho, Grotowski comenzaba una disertación diciendo: «Hemos entrado en la era de Antonin Artaud».

Y quizás sea Grotowski, al frente del Teatro Laboratorio, uno de los que más ha hecho por reencontrar el teatro replanteándose el espacio teatral, «intentando eludir el eclecticismo, oponiéndose a la idea de que el teatro es un conjunto de disciplinas».[7] Al enfrentarse directamente con la esencia del teatro ha reencontrado el «teatro pobre», descubriendo que la representación es un acto de transgresión (transgresión fue la encarnación de Dionisos por Tespis) y, consecuentemente, que el teatro puede existir sin un área separada de actuación (escena), desafiando la noción del teatro como síntesis de disciplinas creativas dispares, que es a lo que él llama «teatro sintético» o «teatro rico», del que el Teatro-Máquina ha sido la inevitable solución arquitectónica en su intento de conciliar espacialmente todas las posibilidades del teatro. «Por más que el teatro amplíe y explore sus recursos mecánicos, permanecerá inferior al cine y a la televisión. Por lo tanto yo propongo la pobreza en el teatro».[8] Se trata de una pobreza de medios materiales, no de medios de expresión, basada en la relación directa actor-público. Una vivencia conjunta del hecho teatral en un espacio común: un teatro de «environment».

Esa «vitalidad esencial» que propugna Artaud no la recoge sólo Grotowski, sino muchos otros grupos. Los componentes del Living Theater, haciendo honor a su nombre, declaran en 1969: «Pensábamos que el teatro y la vida eran dos cosas separadas, pero ésta era una buena mentira». Ronnie Davis, fundador del San Francismo Mime Troupe, decía en 1971: «Actuar no existe para nosotros; no actuamos, somos». Y Peter Schumann, director del Bread and Puppet, manifiesta: «No

tenemos ninguna solución para el problema. ¿Cuál debe ser la función del teatro? ¿Cuál su forma? Todo depende del lugar donde nos encontremos, del momento que vivimos».

En estas declaraciones se encierra el espíritu del Teatro-Móvil cuya traducción espacial nos matizan las palabras de Jérôme Savary, director del Grand Magic Circus: «En principio las obras del Magic Circus no pueden ser representadas en teatros. Porque partimos de que existen muchos más lugares donde hacer teatro que los teatros mismos. El lugar ideal es un gimnasio, un garaje o una plaza pública, un lugar al aire libre donde no haya nada y se puedan colocar unos practicables y poner algunas sillas».

Queda pues claro que el Teatro-Móvil rechaza como espacio teatral lo que hasta ahora conocíamos como un teatro (templo, máquina) y busca a través de sus experiencias una nueva expresión del espacio teatral, expresión que podíamos calificar de vital. Un espacio vivo durante la representación que sea protagonista de la misma como lo son actores y espectadores. Conviene ordenar un poco el múltiple panorama de lo que llamamos Teatro-Móvil y lo haremos desde el punto de vista del espacio teatral que configura —o del que se sirve— en cada caso.

El primer grupo que podemos considerar es aquel teatro que se hace en cualquier lugar previamente elegido del que se sirve como escenario para actores y espectadores sin apenas modificar su configuración preexistente. Sigue la tradición de las entradas reales, de los festejos y desfiles públicos, del carro de Tespis y la farándula medieval. Existen numerosos ejemplos hoy por el mundo, entre los que cabe citar el Bread and Puppet Theater de Nueva York, el Grand Magic Circus de París, el San Francisco Mime Group, el Teatro Campesino de Fresno (California). Algunos de ellos son grupos de «guerrilla» y de «teatro político».

A este primer grupo se le puede calificar de Teatro-Móvil del «environment encontrado» o «teatro de calle», al que responden, cada uno a su manera, los grupos citados. Se caracteriza por una gran flexibilidad en la relación acción-público hasta el punto de que, por realizarse en la calle o plaza pública, el espectador puede o no atender a la acción. Y es ésta una característica importante: que los espacios elegidos ofrecen la posibilidad de encontrar siempre un público,[9] lo cual es fundamental en el caso de los teatros políticos y de guerrilla de los años sesenta.

Su espacio teatral es un espacio urbano que, según los casos, se transforma en mayor o menor grado. A una mayor transformación (teatralización) del espacio urbano corresponderían las entradas reales con sus arcos de triunfo y sus fachadas falsas (aunque teatralmente auténticas), que aún perviven, muy disminuidas, en las visitas oficiales de los presidentes extranjeros y en las grandes manifestaciones que organizan oficialmente algunos gobiernos.

A un mínimo de transformación de ese entorno encontrado corresponderían las representaciones en la calle de tantos grupos, desde la farándula medieval al Bread and Puppet, que se limitan a montar un tablado o hacer un desfile. Y es que, independientemente de la previa transformación del espacio, existe siempre una transgresión espacial que es propia de la representación teatral.

En este grupo se podrían incluir otro tipo de espectáculos sociales y religiosos ya menos teatrales, como las ferias y verbenas, las procesiones y desfiles paganos y religiosos (la Semana Santa en España es bastante teatral) y las manifestaciones políticas y laborales de nuestro siglo (al ser el materialismo —más o menos dialéctico— la religión —más o menos oficial— de nuestro tiempo, se puede decir que las manifestaciones son las procesiones religiosas de hoy).

Según otro criterio, el de la selección previa del espacio a utilizar, podemos considerar desde los más sencillos, una calle o una plaza, hasta otros más espectaculares, sobre todo por sus dimensiones. La Tormenta del Palacio de Invierno, espectáculo conmemorativo del tercer aniversario de la Revolución Rusa, se desarrolló en un inmenso espacio teatral integrado por dos enormes plataformas unidas por un gran puente, la plaza y el palacio y un crucero anclado en el Neva, contando con más de 6000 participantes y más de 100000 espectadores. El Bread and Puppet ofreció en el verano del 74 un espectáculo (Domestic Resurrection Fair and Circus) en una gran pradera rodeada de colinas en Vermont. La acción tenía lugar en la pradera y era contemplada por espectadores situados en las colinas circundantes. Una versión urbana y «en negativo» de lo anterior tuvo lugar en Manhattan; en ella los espectadores se situaban en la terraza de un edificio, mientras los bailarines —de un ballet se trataba— actuaban en las terrazas de otros edificios, rodeando a los espectadores por todas partes. Meredith Monk fue aún más allá en su montaje de Vessel, utilizando tres espacios diferentes: su propia casa, el Performing Garage (del que luego hablaremos) y un solar dedicado a aparcamiento.[10] Y para terminar citaremos a Spoleto, ciudad-teatro, cúmulo de espacio teatrales integrados en el espacio urbano, escenario de festivales teatrales. Ciertamente el uso del espacio urbano como espacio teatral está lleno de posibilidades.

El segundo grupo de Teatro-Móvil que consideraremos es el del «environment preparado». Se desarrolla en un espacio cerrado que se prepara convenientemente para cada producción, pero siempre sobre la idea básica de que ese espacio es común a actores y espectadores —aunque luego la acción marque, ocasionalmente, inevitables diferenciaciones— en el que van a convivir juntos durante el tiempo de la representación. Esta idea de convivencia o experiencia vital común en un mismo espacio es su característica más acusada.

Es inevitable referirse, como primer precedente histórico, al drama litúrgico medieval. En el Martirio de Santa Apolonia, representación francesa al aire libre (1460), se creaba un «environment» con las mansiones agrupadas; en definitiva un espacio común a actores y espectadores, interviniendo éstos en la acción, de un modo indirecto, a través de la figura del Emperador. Pero ejemplos más primitivos del drama litúrgico en el interior de las iglesias ya apuntaban, si bien con otros supuestos, el concepto actual de espacio teatral único y de integración del espectador en el mismo y en la acción. Pero analicemos los supuestos actuales.

Grotowski nos dice del espacio teatral: «Hemos renunciado a la planta de escena y auditorio: para cada producción se diseña un nuevo espacio para actores y espectadores. Así es posible una variación infinita de la relación actor-público [...] Lo esencial es encontrar la relación espectador-actor

adecuada para cada tipo de representación y dar cuerpo a la decisión mediante disposiciones materiales».[11]

Se trata, como quería Artaud, de rodear y atravesar al espectador con la acción. De hacerle actor, no de personajes que para eso están los actores, pero sí del espacio y de la acción. De envolver al espectador en la acción no por medios tecnológicos como hacía el Teatro-Máquina, sino por la vivencia común de espacio y tiempo.

Jerry N. Rojo, pionero del teatro de «environment» y autor de varios diseños para conocidas producciones, dice que el diseñador de «environment» teatral «parte de la noción de que el montaje de desarrollará a partir de un espacio dado que lo alojará en su totalidad y que para el actor y el público tiempo, espacio y materiales existen tal y como son y sólo por su valor intrínseco».[12] Es interesante hacer notar cómo estas palabras son la expresión de un nuevo realismo teatral, pero en otras dimensiones de lo que se entendía como tal; es decir, no una apariencia de realidad, sino un realismo vital que, como veremos, da lugar a manifestaciones formalmente alejadas del realismo tradicional.

Hay que remontarse a Appia para entender este nuevo proceso de acercamiento realista al teatro. Su afán por resaltar las relaciones espacio-temporales de los actores en la escena —en las que la luz es fundamental— no es sino un germen que, partiendo del espacio escénico, acabó por invadir todo el espacio teatral.

¿Por qué sólo el actor y no también el público ha de experimentar su relación con el espacio y tiempo dramáticos de una manera directa? Es ésta una pregunta que parecen haberse hecho Appia, Meyerhold, Copeau, Artaud, Piscator y Brecht. La consecuencia de sus respuestas será el teatro de «environment». El *happening*, consecuencia de las experiencias dadá y surrealistas a las que Artaud estuvo tan ligado, es un claro precedente de esta manera de entender el espacio teatral. Las visiones proféticas del creador del Teatro de la Crueldad parecen confirmarse en estas palabras de J. N. Rojo: «Cada montaje de "environment" crea un sentido de envolvimiento total».[13]

«Hacedles soñar a plena luz», decía Brecht[14] a los técnicos de iluminación, refiriéndose a los espectadores. Iluminación cegadora de la escena y que el público viera los focos eran las dos propuestas de Brecht. Por otra parte, la técnica interpretativa hacía a los actores intercalar, fuera de su personaje, indicaciones y comentarios dirigidos al público sobre la misma representación.

Todos estos efectos de extrañamiento contribuyen a que el auditorio viva la representación en unas coordenadas realistas de tiempo y espacio. Brecht no tocó directamente el problema del espacio teatral en cuanto a modificar la relación espacial actor-público, como hicieron otros, pero sí lo hizo de una manera indirecta a través de la iluminación y la técnica interpretativa. Y su manera de vivir el espacio teatral ha sido de gran influencia para el teatro de «environment preparado».

Sobre éste Rojo nos explica: «La división tradicional del espacio en vestíbulo, escenario, áreas técnicas, foro y auditorio no se considera inmutable en esta clase de teatro, sino que está sujeta a organización y reorganización según la idea de un montaje particular [...] En esencia, el diseñador se convierte en un híbrido arquitecto-diseñador que concibe un teatro totalmente nuevo para cada montaje».[15] Se trata, simplemente, de una manera de entender el espacio que responde plenamente al carácter efímero del teatro, a la fugacidad de los sucesos que presenta, a la movilidad del espacio teatral, en una palabra.

Es además un hecho. Peter Brook, otro de los directores que más ha experimentado en este tipo de teatro, nos lo dice claramente: «Año tras año las experiencias teatrales más vivas se realizan fuera de las salas construidas para este propósito».[16] Lo cual no quita para que también se utilicen los teatros como espacio teatral, si bien con otro criterio, como hizo el Living Theater con el Auditorio de la Academia de Música de Brooklyn en su representación de Paradise Now. Con palabras de P. Brook nuevamente, se trata de que «el principio del decorado es parte integrante del lugar teatral, no de la obra».[17]

Así queda claro cómo en el Teatro-Móvil la escenografía tiende a ser la arquitectura del espacio teatral, arquitectura que, a su vez, tiende a ser escenográfica en el sentido de que no se realiza con el espíritu de permanencia y definición con que se realizaba la del Teatro-Templo y el Teatro-Máquina, sino que, fiel al espíritu fugaz del teatro, le sirve de escenario a la representación para, una vez acabada ésta, desaparecer. Es, por así decirlo, una arquitectura de representación o una representación de la arquitectura.

Ejemplos de esta nueva concepción del espacio teatral son los montajes del Performance Group, que dirige R. Schechner en el Performing Garage con espacios diseñados por Rojo; los del Teatro Laboratorio de Grotowski, con diseños del arquitecto J.

Gurawski; los del Living Theater, Bread and Puppet, Magic Circus, los del Open Theater, de Chaikin, el Mabou Mines, de Lee Breuer, el Ontological Hysteric Theater, de Foreman, el I, de Anne West, el Teatro de Vasilicó, Stage Two, de J. Roose-Evans y los de muchos otros grupos que, por todo el mundo, responden a la idea del Teatro-Móvil.

Para completar este panorama de la concepción y el uso del espacio teatral en nuestros días nos queda un tercer grupo al que el término Teatro-Móvil, sin más adjetivos, le cuadra perfectamente. Para entenderlo mejor hemos de hacer dos observaciones previas. La primera es que este tipo de teatro responde también, inevitablemente, a lo que hemos llamado Teatro-Máquina y la segunda es que se trata siempre, de una manera u otra, de lo que se conoce comúnmente como teatro ambulante y, por serlo, es una mezcla del teatro de «environment hallado» y del de «environment preparado»: hallado en cuanto que su fin es instalarse en cualquier lugar; preparado en cuanto que responde a un diseño previo con mayor o menor flexibilidad.

Sus precedentes históricos son los mismos que en los dos grupos anteriores, pero es éste el que sigue de una forma más directa la tradición de la farándula ambulante.

Naturalmente los ejemplos que vamos a citar responden, en general, a los varios criterios que pueden intervenir. Pero hay uno que es común a todos ellos: el propósito de llevar el teatro de un sitio a otro; lo cual nos obliga a hacer dos observaciones.

Primera: antes, cuando no se concebía hacer teatro sino en los teatros, la idea era llevar el teatro a los lugares que carecían de un teatro. Este criterio, que sigue siendo válido en muchos sitios y ocasiones, ha perdido parte de su fuerza con la ampliación del concepto de espacio teatral, efectivamente, aunque no exista un teatro podemos representar en cualquier otro local o en la calle.

Segunda: con el crecimiento de las ciudades y todo lo que éste entraña se puede concebir un Teatro-Móvil que, en vez de ir de ciudad en ciudad, vaya de emplazamiento en emplazamiento dentro de una misma ciudad. Un interesante ejemplo de esta posibilidad nos lo ofrece la propuesta para el teatro de Udine de N. Dardi y M. Ricci. Es un organismo modular modificable «por traslado», un almacén de módulos cúbicos desmontables y transportables a otro lugar de la ciudad. «La acción teatral comienza con el desmontaje público de una parte del teatro-madre, con el transporte de las piezas por las calles y con el montaje en el lugar elegido de los elementos necesarios para el "espectáculo" propiamente dicho»[18].

Bien es cierto que todo Teatro-Móvil ofrece siempre el espectáculo adicional del montaje de su estructura al llegar al lugar de emplazamiento, empezando por los más simples: un camión (antes con mulas) que transporta lo imprescindible para levantar un escenario al aire libre con telones y focos. Un ejemplo característico en España fue La Barraca de García Lorca.

Existen después estructuras simples, todas desmontables y transportables, que proveen un local cerrado para la representación y cuya composición y montaje varía según los casos. Citaremos en primer lugar los tradicionales *Envelats* (entoldados) de Cataluña y Levante. Doménech i Montaner los describe así:

«El envelat, tienda de proporciones monumentales, tiene por objeto improvisar en pocas horas un salón, sin apoyo alguno interior, capaz para dos o tres mil personas reunidas para una fiesta».[19] Que bien puede ser una fiesta teatral. Consta de una lona ingeniosamente colgada de mástiles por medio de cuerdas.

Otro ejemplo en España es el Teatro de Manolita Chen, muy popular, dedicado al espectáculo de varietés. Se trata de una lona sostenida por cerchas muy ligeras. El arquitecto español E. Pérez Piñero diseñó unas cúpulas geodésicas desmontables que, cubiertas de lona, ofrecían un local cerrado para espectáculos. Hans-Walter Müller realizó para la fundación Maeght en St. Paul de Vence (Francia) un teatro hinchable y, por tanto, fácilmente desmontable y transportable. La Bubble Theater Company utiliza un recinto llamado Tensi-Dome, formado por un tejido elástico tensado sobre dos arcos inclinados. Como ejemplo más sencillo de un pequeño recinto cerrado está la cúpula convertible diseñada por un grupo de arquitectos holandeses para la celebración de *happenings* en las calles de Ámsterdam.

Consideramos otro grupo cuyos ejemplos tienen la característica común de ser auto-transportables, es decir, que los elementos de transporte (furgones, containers) forman parte de la estructura, ya sea cerrada o al aire libre, variando la tecnología utilizada desde lo más elemental a lo más sofisticado. Ejemplo sencillo es el belga Théâtre de Travers, pequeño local formado a partir de un solo furgón. En la misma línea, pero utilizando un vagón de tren y diferentes soluciones, están los diseños de M. Matinen (1966) y de Murchland, Ridout y Farrell (1972), éste último, a partir de un autobús. K. Karou presentó en 1971 a la Cuadrienal de Praga una maqueta de un Teatro-Móvil al aire libre usando tres camiones. K. Kotami diseñó un Teatro Ambulante y adaptable a partir de cinco camiones, cubierto por una lona parabólica. El Delacorte Theater de Nueva York es un teatro móvil al aire libre que se sirve de cuatro camiones. Mi Teatro Móvil (1971) es el único caso que conozco que forma un recinto cerrado con los remolques. Con cuatro de ellos sin variar de posición se obtienen veintiún recintos diferentes en forma y tamaño y bajo una misma cubierta hinchable. El Travelling Hall de A. Stinco (1967) utiliza los camiones para anclar la estructura neumática. El Teatro Ambulante de J. Aubert (1968) y el Auditorio Móvil de D. Patterson (1972) alojan a cinco mil espectadores, sirviéndose de treinta y un camiones uno y el otro de cuarenta y seis contenedores.

Como hemos visto, esta clase de Teatro-Móvil es muy variada en sus soluciones arquitectónicas; tanto que aún podemos citar los «teatros flotantes»: el Arena Teaterbäten que recorre las costas suecas dando representaciones en los puertos y el barco-teatro que la universidad de Minnesota fletó en 1959 en el Mississippi.

Hemos clasificado este tercer grupo de Teatro-Móvil según la solución técnica que cada caso aporta a la propuesta de teatro ambulante de acuerdo con lo que advertimos de que es el que más responde a la idea de Teatro-Máquina. Y no sólo porque su tecnología constituye una gran maquinaria, sino porque responde al carácter de adaptabilidad. Pero su posibilidad de desaparición total como espacio teatral, dado su carácter desmontable, es otra respuesta al espíritu de vivencia conjunta y directa del tiempo y el espacio que anima al teatro actual. Y cuando además ofrece la posibilidad de variar su configuración interna y externa —véase mi Teatro Móvil— entonces responde en mayor medida a lo que hemos llamado Teatro-Móvil en general. Por otra parte, este carácter efímero del espacio teatral que manifiestan en general las distintas soluciones del Teatro-Móvil está en línea con las respuestas que la arquitectura y el diseño ofrecen en terrenos ajenos al teatro.

Al estar el entorno humano más condicionado cada día por el propio hombre surge la necesidad de que ese entorno posea una cierta flexibilidad que lo haga modificable en alguna medida. Esta flexibilidad se consigue por dos caminos: o incluyéndola en el diseño de nuevos entornos —adaptabilidad y movilidad del espacio teatral— o diseñando entornos superponibles a los ya existentes —teatro de «environment»—, desde el Suitaloon de M. Webb (1968) hasta la Instant City de P. Cook (1969). Como sugiere este último,[20] quizás «el futuro de la arquitectura esté en la explosión de la Arquitectura». Es posible también que el futuro del teatro esté en la explosión del Teatro y que esa explosión haya comenzado ya. ¿Por qué, si no, la desintegración del espacio teatral?

Notas

1. A. Appia, *L'oeuvre d'art vivant*, Ginebra 1921.

2. G. Canella, *Ulisse* vol. II 1969. Hablando del teatro moderno, Canella considera tres tipos fundamentales: El Teatro-Templo, el Teatro-Máquina y el Teatro-Móvil. El primero tiene como referencia directa el teatro clásico y el prototipo wagneriano de Bayreuth y como ejemplos modernos el Lincoln Center de New York, la Ópera de Sydney y el National Theater de Londres. El Teatro-Máquina deriva de los modelos constructivistas y del Total Theater de Gropius. El Teatro-Móvil tiende a la desintegración del espacio teatral mediante una relación más libre entre público y espectáculo.

3. J. Navarro, «La movilidad en el teatro», comunicación presentada al Curso sobre Arquitectura Teatral en el Centro Internazionale di Studi di Architettura Andrea Palladio, Vicenza 1975.

4. Célant, *Sipario* n° 7, 1970, p. 8.

5. P. Brook, *El espacio vacío*, Ed. Península, Barcelona 1973.

6. A. Artaud, «El teatro de la crueldad» (primer manifiesto) de *El teatro y su doble*, Ed. Sudamericana, Buenos Aires 1971.

7. J. Grotowski, *Towards a Poor Theater*, Ed. Methuen & Co. Ltd. London 1969.

8. Opus cit.

9. Véase Brooks Mc Namara, «Performance Space, The Environmental Tradition», *Architectural Association Quarterly*, vol. 7, n° 1 2, April-June 1975, London.

10. Brooks Mc Namara, Opus cit.

11. J. Grotowski, Opus cit.

12. J. N. Rojo, «Environmental Design», en *Contemporary Stage Design USA*, ITI New York 1974.

13. J. N. Rojo, Opus cit.

14. B. Brecht, *Schriften zum Theater*, Frankfurt am Main 1957.

15. B. Brecht, Opus cit.

16. B. Brecht, Opus cit.

17. P. Brook in *L'Architecture d'Ajourd'hui*, n. 152, 1970.

18. M. Manieri-Elia, «Il teatro contemporaneo», curso en Vicenza 1975.

19. Doménech i Montaner, *Historia General del Arte*, Barcelona 1886.

20. P. Cook, *Experimental Architecture*, Studio Vista, London 1970, p. 152.

THE DISINTEGRATION of Theatrical space
Mobile Theatre

Javier Navarro de Zuvillaga

translated by Bernard Miller

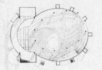

performance and to give a body to this decision by material arrangements.'[11]

It is, as Artaud wanted, a matter of surrounding and traversing the audience with the action, of making the spectator an actor, not just a person for whom the actors exist but part of the space and of the action; of involving the spectator in the action not by technical means as the Theatre Machine did, but by experiencing the common sharing of space and time.

Jerry N Rojo, a pioneer of environmental theatre and designer of various well-known American productions, says that the designer of the theatrical environment 'begins with the notion that the production develops from the starting point of a given space, that it occupies it in its totality and that for actor and audience, time, space and materials exist just as they are;'[12] that is to say, not an appearance of reality but a vital realism which, as we shall see, makes way for performances positively removed from traditional realism.

We have to return to Appia to understand this new process of the 'realistic approach to theatre'. His desire to emphasize the spatial-temporal relationships of the actors with the stage – in which light was fundamental – is no more than the seed, which starting with the stage space ended up invading all theatrical space.

Why should only the actor and not the public as well, feel a relationship with dramatic space and time in a direct manner? This is one question which Appia, Meyerhold, Copeau, Artaud, Piscator and Brecht all seem to have asked themselves. The consequence of their answers to it would be environmental theatre. The Happening, the outcome of Surrealist and Dadaist experiments with which Artaud was so closely linked, is a clear precedent of this way of understanding theatrical space. The prophetic visions of the creator of the Theatre of Cruelty, seems to be confirmed by Rojo: 'Each environment performance creates a sense of total involvement.'[13] Apart from other experiments (Eisenstein, Okhlopkov, Copeau and St Doeis), Brecht went along with this way of understanding theatrical space. 'Make them dream in full light' Brecht said to the lighting technicians, referring to the audience.[14] Use blinding illumination from the stage and let the audience see the spotlights; these were Brecht's two proposals. On the other hand, the interpretative technique made the actors insert, from the realism of their own experiences, directions and comments addressed to the public about the performance itself. The effects of all these shock tactics contribute to the audience's living the performance within realistic space-time co-ordinates. Brecht did not touch directly upon the problem of theatrical space insofar as he was modifying the spatial actor-audience relationship, as others have done, but he certainly did so indirectly through the lighting and the interpretative techniques. And his way of living theatrical space has had a great influence on the 'prepared environment' theatre.

In this connection Rojo explains, 'The traditional division of space into foyer, stage and technical areas, forum and auditorium should not be considered immutable for this class of theatre, but should be subjected to a reorganisation according to the idea for an individual production . . . in essence, the designer becomes a hybrid architect-designer who conceives a completely new theatre for every production.[15]

This is already fact. Peter Brook, another of the directors who has experimented mostly in this type of environmental theatre, says clearly, 'Year after year, the most vital

below:
Living Theatre's *Paradise Now*
(photograph, Donald Cooper, courtesy *Time Out*)

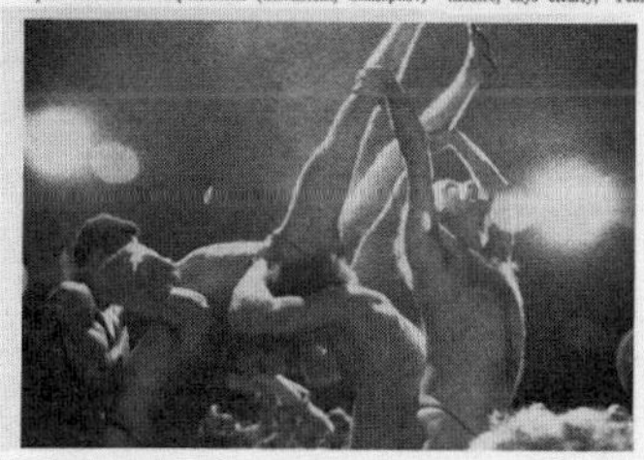

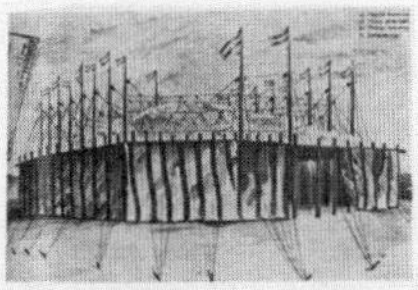

A catalunian Envelat (*Arquitecturas Bis* number 5)

theatrical experiments take place outside the halls built for just that purpose.'[16] Which does not prevent theatres from being used as theatrical spaces, although with different criteria, as Living Theatre did with the Auditorium of the Academy of Music in Brooklyn in *Paradise Now*.

Taking up Peter Brook's words again, it boils down to the fact that 'the decorating principle is an integrating part of the theatrical space, not part of the play.'[17]

Thus it becomes clear how in Mobile Theatre, the setting tends to be the architecture of theatrical space, architecture which in its own time tends to become a stage setting in the sense that it is not formalised with the same sense of permanence and definition with which the Temple Theatre and Theatre Machine are, but is faithful to the fleeting character of the theatre, it serves as a 'theatre' for the performance, only to disappear once it is over. It is, to put it another way, an architecture of representation or a representation of architecture.

Examples of this new conception of theatrical space are the productions of:

- the Performing Group which Richard Schechner directs in the Performing Garage, with spaces designed by Rojo;
- Grotowski's Theatre Laboratory with designs by the architect J Gurawski;
- Living Theatre,
- Bread and Puppet,
- the Grand Magic Circus,
- Chaikin's Open Theatre,
- Lee Breuer's Mabou Mimes,
- Foreman's Ontological Hysteric Theatre,
- Anne West's I,
- the Theatre of Vasilico,
- J Roose-Evans' Stage Two

and those of many other groups all over the world, which are responding to the idea of the theatre of mobility.

To complete this panorama of the conception and the use of theatrical space today, there remains a third group which, with no further words, is perfectly described by the term Mobile Theatre. To understand it better we have to make two prior observations. The first is that this kind of theatre also corresponds, to what we have called Theatre Machine. The second is that, one way or another, it is also an example of what is commonly known as travelling theatre, thus it is a mixture of 'theatre of the found' and 'theatre of the prepared environment': its aim is to install itself in any place; it also responds in various ways to previous designs with a greater or lesser degree of flexibility.

Its historical antecedents are the same as those of the two preceding groups, but this is the one which follows most directly the tradition of the strolling *farandula*.

Naturally the examples which we are going to quote, correspond in general to the various criteria. But there is one which is common to all of them; the aim of taking theatre from one place to another.

Previously, when nobody conceived of performing out of theatres the idea was to take the theatre to those places which lacked one. This criterion, which remains valid in many locations and situations has lost part of its strength with the expansion of the concept of theatrical space. Effectively, even though no theatre exists, performances can take place on any other site or in the street.

With the growth of cities and all that that entails, a Mobile Theatre is conceivable which, rather than going from city to city, goes from one location to another within the same city. An interesting example of this possibility is offered by the proposals for the theatre of Udine by N Dardi and M Ricci. This is a modular organism which can be modified on demand, consisting of a stock of demountable, portable, cubic modules which can be carried or transported to another part of the city. 'The theatrical activity begins with the public dismantling of a part of the "mother theatre", the transporting of the pieces through the streets and their re-erection in the place chosen on the basis of the elements necessary for the performance itself.'[18]

The Mobile Theatre always offers the additional spectacle of the assembly of the structure. It starts with the very simplest element: a lorry – previously it was a cart with mules – which transports the essential parts to be set up as a scenario or as a stage-set in the open air, with curtains and spotlights. A typical example in Spain was Garcia Lorca's *La Barracca* (*The Hut*). There are also simple structures, all demountable and thus transportable, which provide an enclosed space for the performance and whose composition and assembly procedures offer different solutions. These include the traditional 'Envelats' (awnings or canopies) of Catalunia and the Levante. Domenech i Montaner describes them thus: 'The envelat, a tent of monumental proportions, has as its object, the provision within a few hours of a large hall (salon) with no internal support, adequate for two or three thousand people assembled for a party.'[19] It could well be a theatrical party. It consists of a canvas ingeniously draped from poles by means of cords.

Another example in Spain is the very popular theatre of Manolita Chen, intended for variety shows. This comprises a canvas held up by very light rods.

The Spanish architect E Perez Pinero has designed some demountable geodesic domes which, when covered with canvas, offer an enclosed site for performances.

Hans Walter-Muller came up with an inflatable theatre, easily dismantled and transported, for the Maeght Foundation in St Paul de Vance in France. The Bubble Theatre used an enclosure called the Tensi-Dome formed from an elastic cloth stretched over two inclined arches. Perhaps the simplest example of the enclosed area is the convertible dome designed by a group of Dutch architects to house happenings in the streets of Amsterdam.

Another group always have the common characteristic

below (left and right):
A mobile theatre project produced at the AA by the author. The reference numbers indicate the various stages in the process of erection of the mobile theatre
bottom:
A Stinco's Travelling Hall (Cook *Experimental Architecture* p.

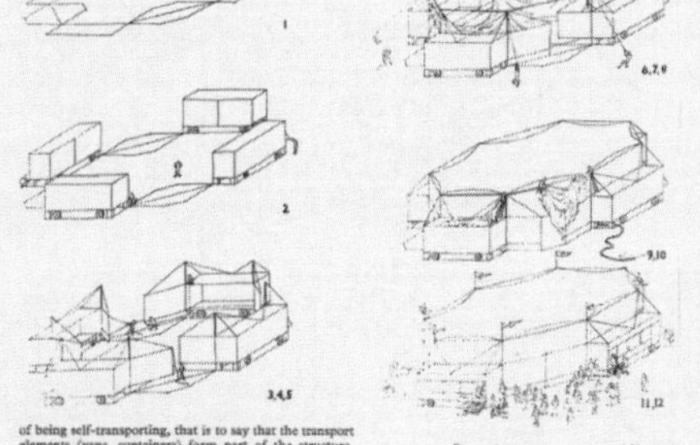

of being self-transporting, that is to say that the transport elements (vans, containers) form part of the structure, whether enclosed or in the open air. The technology employed in these examples varies from the most elementary to the most sophisticated. A simple example is the Belgian Theatre de Travers, a small space formed starting with one van. On the same lines but using a railway carriage and different solutions are the design of M Matinen (1966) and of Murchland, Ridout and Farrell (1972) the latter based on the use of a bus.

In 1971 K Kaoru presented a model of a Mobile open-air Theatre using three lorries at the Prague Quadriennial. K Kotami designed a Travelling and Adaptable Theatre based on five lorries covered by a parabolic canvas. The Delacorte Theatre of New York is a mobile, open-air theatre which uses four trailers. My own Mobile Theatre (1971) is the only case I know of which forms an enclosure with the trailers themselves. Four of these trailers are in fixed positions yet 21 different enclosures can be obtained. Each of these is different in form and size and can be created within the same inflatable covering.

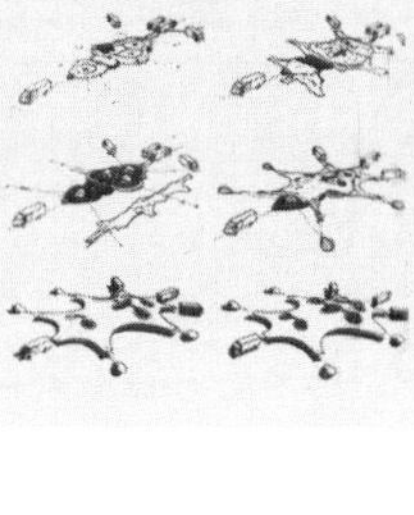

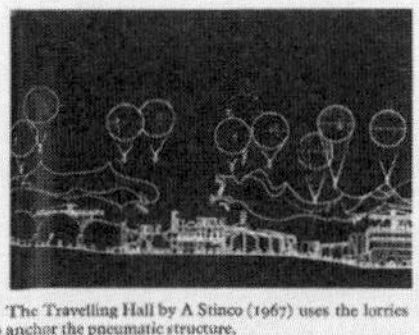

Cook's Instant City

The Travelling Hall by A Stinco (1967) uses the lorries to anchor the pneumatic structure.

The Travelling Theatre designed by J Aubert (1968) and the Mobile Auditorium of D Patterson (1972) accommodate 5000 spectators each, one using 31 lorries, the other 46 containers.

As we have seen, this class of Mobile Theatre is extremely varied in its architectural solutions; so much so that it could include such examples as floating theatres; the Arena Teaterbåten which runs along the Swedish coasts performing in the ports and the theatre-ship which the University of Minnesota launched in 1959 on the Mississippi.

We have categorised this third group of Mobile Theatre according to the technical solutions which each brings to the ideals of travelling theatre in accordance with the way that it corresponds most closely to the idea of the Theatre Machine. Not only because its technology constitutes a great machinery, but also because it corresponds to the character of adaptability. But the possibility of its total disappearance as theatrical space, given its demountable nature, is another response to the spirit of direct living together of time and space which revitalises current theatre. When, in addition, it offers us the possibility of changing its internal and external configuration – like my Mobile Theatre – then it corresponds in even greater measure to what we have called Mobile Theatre in more general terms. On the other hand, the ephemeral character of theatrical space which most of the different solutions to Mobile Theatre tend to display, is in line with the responses which architecture and design can offer in territories far removed from the theatre.

In the human environment, which is conditioned each day by man himself, the need emerges for it to possess certain flexibility which makes it capable of some degree of modification. This flexibility can be obtained in two ways; either by including it in the design of new environments – adaptability and mobility of the theatrical space – or by designing environments which can be superimposed on those already existing – environment theatre – from the Suitaloon of M Webb (1968) to P Cook's Instant City (1969). As the latter suggests perhaps 'the future of architecture lies in the explosion of architecture.'[20]

It is also possible that the future of the theatre will be found in blowing the theatre apart. The explosion has already started. How otherwise, can we explain the disintegration of theatrical space?

References

1
A Appia *L'Oeuvre d'Art Vivant* Geneva 1921.

2
G Canella *Ulisse* volume 11, 1919. Speaking of modern theatre Canella considers three fundamental types: the Temple Theatre, the Theatre Machine and Mobile Theatre. He refers to the Classical examples and the Wagnerian prototype of Bayreuth and, as modern examples, the Lincoln Centre, New York, the Opera House in Sidney and the National Theatre in London as the first type. The Theatre Machine derives from the Constructivist models and the total theatre of Gropius. The Mobile Theatre tends towards the disintegration of theatrical space, by means of a freer relationship between public and performance.

3
Javier Navarro *Mobility in the Theatre* a paper presented in the course on Theatre Architecture at the Centro Internazionale di Studi di Architettura Andrea Palladio, Vicenza 1975.

4
Celant *Sipario* number 7, 1970, p.8.

5
P Brook *El Espacio Vacio* Peninsula, Barcelona 1973.

6
A Artaud *El Teatro de la Crueldad (First Manifesto) from El Teatro y su Doble* Sudamericana, Buenos Aires 1971.

7
J Grotowski *Towards a Poor Theatre* Methuen, London 1969.

8
Op cit.

9
See Brooks McNamara 'Performance Space, The Environmental Tradition' *AAQ* volume 7 number 2, April-June 1975, Architectural Association London.

10
B McNamara, op cit.

11
J Grotowski, op cit.

12
Jerry N Rojo 'Environmental Design' *Contemporary Stage Design USA* ITI, New York 1974.

13
J N Rojo, op cit.

14
B Brecht *Schriften zum Theater* Frankfurt am Main, 1957.

15
Op cit.

16
Op cit.

17
P Brook *L'Architecture d'Aujourd'hui* number 152.

18
M Manieri-Elia 'Il Teatro Contemporaneo', course in Vicenza 1975.

19
Doménech i Montaner *Historia General del Arte* Barcelona 1886.

20
P Cook *Experimental Architecture* Studio Vista, London 1970, p.152.

INTRODUCCIÓN_
EXPERIMENTOS
DE SITUACIÓN

El arquitecto Javier Navarro de Zuvillaga (1942) se graduó en 1968 en la Escuela Técnica Superior de Arquitectura de Madrid. En el curso académico 1970-1971 viajó de Madrid a Londres becado por el British Council para completar su formación en la Escuela de Arquitectura de la Architectural Association. Allí realiza, entre septiembre y junio, un proyecto llamado Teatro Móvil, que consiste en un dispositivo escénico compuesto por camiones de 8 x 2.5 metros cuidadosamente diseñados que contenía todos los elementos necesarios para configurar un espacio dedicado a las artes escénicas u otros usos colectivos, cubierto por una estructura hinchable, con un tiempo total de montaje de seis horas y media estimado para cuatro operarios. Este proyecto, mostrado y publicado internacionalmente entre 1971 y 1975, nunca fue realizado. En junio de 1976 el proyecto se completó con un brillante y ambicioso texto de quince folios llamado «La desintegración del espacio teatral», publicado en la revista *Architectural Association Quarterly,* y una adaptación arquitectónica realizada en 1974 de su uso original de teatro a un nuevo uso de viviendas de emergencia. Este valioso material permanece parcialmente inédito y no ha sido objeto de un estudio pormenorizado a pesar de su originalidad, rigor y valor cultural.

Esta publicación pretende dar a conocer con detalle este proyecto y ubicarlo culturalmente en su momento y en su lugar, el Londres de 1971, cuando tras los acontecimientos de mayo de 1968 la contracultura arquitectónica se rearmó en frentes muy diversos, desde el repliegue disciplinar hasta las posiciones de guerrilla, en un amplísimo abanico de ideologías. Este proyecto arquitectónico da cuenta de estos acontecimientos al tener un desarrollo temporal que va más allá de su concepción como artefacto, ya que su frustrado proceso de construcción le llevó a tener una intrahistoria propia que abarca desde 1969 hasta 1976. Durante este periodo de tiempo el Teatro Móvil fue presentado por su autor o mostrado en Londres (The Architectural Association School of Architecture 1971, 1974 y Slade School of Art 1972), York (International Youth Arts Festival 1971), Salzburgo (Seminar on American Studies 1972), Nueva York (International Theatre Institute 1972), New Haven, Connecticut (Long Wharf Theater 1972), Dallas (Dallas Theatre Center 1973), Madrid (Club Pueblo 1973), Tarragona (II Semana de Teatro 1973), Barcelona (Museo del Teatro, Palacio Güell 1973), Salamanca (Aula Juan de la Enzina, Universiad de Salamanca 1974), Málaga (Escuela de Arte Dramático 1974), Ginebra (Tercer Salón de la Invención, Segunda Medalla de Oro 1974), Vicenza (Centro Internazionale di Studi di Architettura Andrea Palladio 1975) y la 13ª Bienal de São Paolo de 1975. Se publicó parcialmente en las revistas: *Arquitectura*, Madrid, mayo 1972; *Architectural Design*, Londres, enero de 1973; *ABC de las Américas*, Nueva York, febrero de 1973; *Primer Acto*, Madrid, febrero de 1973; *Jano*, Barcelona, marzo de 1973; *Mobelart*, Barcelona, junio de 1973; *Arte y Cemento*, Bilbao, julio de 1973; *Yorick*, Barcelona, junio-julio de 1973 y *Architectural Association Quarterly*, Londres, vol: 8, n° 4, 1976.

En 1969 Javier Navarro fundó el Teatro Independiente de Situación (TIS), tras liderar el grupo de teatro universitario de arquitectura durante algunos años. Esta experiencia culminó con la puesta en escena de una pieza teatral llamada *Experimento de situación*, dentro del ciclo de Teatro Nacional de Cámara y Ensayo en el Teatro Marquina de Madrid el 31 de mayo de 1970, pocos meses antes de marchar a Londres. Esa pieza, como recoge el anuncio publicado en el diario ABC de aquel día, estaba basada en el primer acto de la obra *El juego de los insectos*, de los hermanos Čapek, y no ha dejado rastro documental alguno.

En una serie de notas escritas durante octubre de 1970 en Londres, Javier Navarro andaba a vueltas con lo que llamó *Experiments in Situation*, una pieza híbrida que finalmente tuvo ocasión de mostrar en público en la Architectural Association en un evento fechado el 24 de noviembre de aquel año. Bajo el formato de conferencia performativa, Javier Navarro y su colaborador en este evento, el artista Henry Gough-Cooper, mostró sus ideas a un grupo de docentes y estudiantes de la Architectural Association entre los que se encontraban dos de los profesores por aquel momento más influyentes de la cultura arquitectónica inglesa del momento: Charles Jencks y Paul Oliver, que fueron anfitriones de Navarro en esta institución.[1] (Figura 1)

El título de aquella conferencia performativa fue «Towards a Theater of Situation», y el evento recogía muchas de las ideas espaciales que Navarro había traído consigo desde Madrid a Londres, todas ellas centradas en la relación que se produce en una situación escenificada entre el público, la propia disposición espacial y finalmente los aspectos inmateriales, comunicativos y afectivos que este tipo de dispositivos ponen siempre en juego (Figura 2). El interés de Javier Navarro, larvado durante largo tiempo en la escuela de arquitectura y el teatro universitario, estaba enfocado en las posibilidades que este tipo de disposición arquitectónica podría ofrecer de cara a renovar el edifico teatral en su totalidad y, con ello y de paso, la arquitectura en general. Gracias a este evento que está parcialmente documentado, es posible reconstruir lo que habría sido el proyecto del Teatro Móvil más allá de su mera documentación como artefacto arquitectónico, ya que este ambicioso proyecto es más que un conjunto de dibujos para ejecutar un edificio singular. En sus notas manuscritas de preparación de la conferencia, Javier Navarro define lo que entiende por situación del siguiente modo:

El personaje principal de una pieza es la propia situación por encima de los propios personajes. Y es la situación la que se desarrolla o se sostiene a sí misma a medida que el tiempo pasa, lo que formaliza el comportamiento de la gente en una pieza. Por descontado, esta situación debe ser de carácter general, de modo que logre afectar al conjunto de personas que intervienen.
El espacio tiene un papel importante en este tipo de teatro. Es lo que llamaría un espacio común de respiración, un espacio auto-motivado.[2]

Una serie de dibujos diagramáticos acompañan estas ideas. En ellos se insiste sobre el acto comunicativo desde una cadena de términos (situación-acción-reacción-comunicación), que relacionan dos cuerpos humanos en una red multisensorial, o que se enroscan

sobre sí mismos en una espiral. El primer esquema (Figura 3) advierte de la posibilidad de confundir la comunicación intersubjetiva con el narcisismo, que lógicamente desembocaría en el exhibicionismo del virtuoso, ya que el dibujo se acompaña de la advertencia *communication or showing-off*? Por su parte, la espiral sugiere otro tipo de desarrollo (Figura 4), que parte del centro y va progresivamente desenvolviéndose en una espiral logarítmica, hasta chocar con los límites del propio papel que establece su borde. Se trata sin embargo de un borde o límite transitorio, práctico o arbitrario incluso, porque según Navarro, solo la «destrucción fatal» o «el infinito» pueden poner fin a una situación que ha comenzado a desarrollarse de modo pleno y satisfactorio, es decir, si se ha superado el acto comunicativo meramente funcional, que conduce al virtuosismo narcisista, y se

ha ingresado en el acto comunicativo genuino, o espiraloide expansivo. El entusiasmo de estas notas manuscritas por un teatro de situación es absoluto, como lo es la duda planteada por la necesidad de orden, de límite y de legibilidad. Estos materiales teóricos se mueven en la incertidumbre entre forma estable y abierta, comunicación eficaz y estallada, espacio infinito y limitado, en dialécticas no resueltas y muy desafiantes, a las que el proyecto arquitectónico del Teatro Móvil procuró responder a nivel práctico.

El evento de Londres, que se mantuvo en un estado larvario y muy especulativo, tuvo lugar en una de las salas de la Architectural Association, a la que se entraba por un pasillo delimitado por paredes de plástico translúcido pintarrajeadas (Figura 5). El suelo de ese trayecto de entrada se cubrió de arroz y

Figura 1: Javier Navarro (izquierda) durante la conferencia «Towards a Theater of Situation», ante Charles Jencks (en pie a la derecha) y Paul Oliver (sentado). Londres noviembre de 1970. Cortesía de Javier Navarro de Zuvillaga.

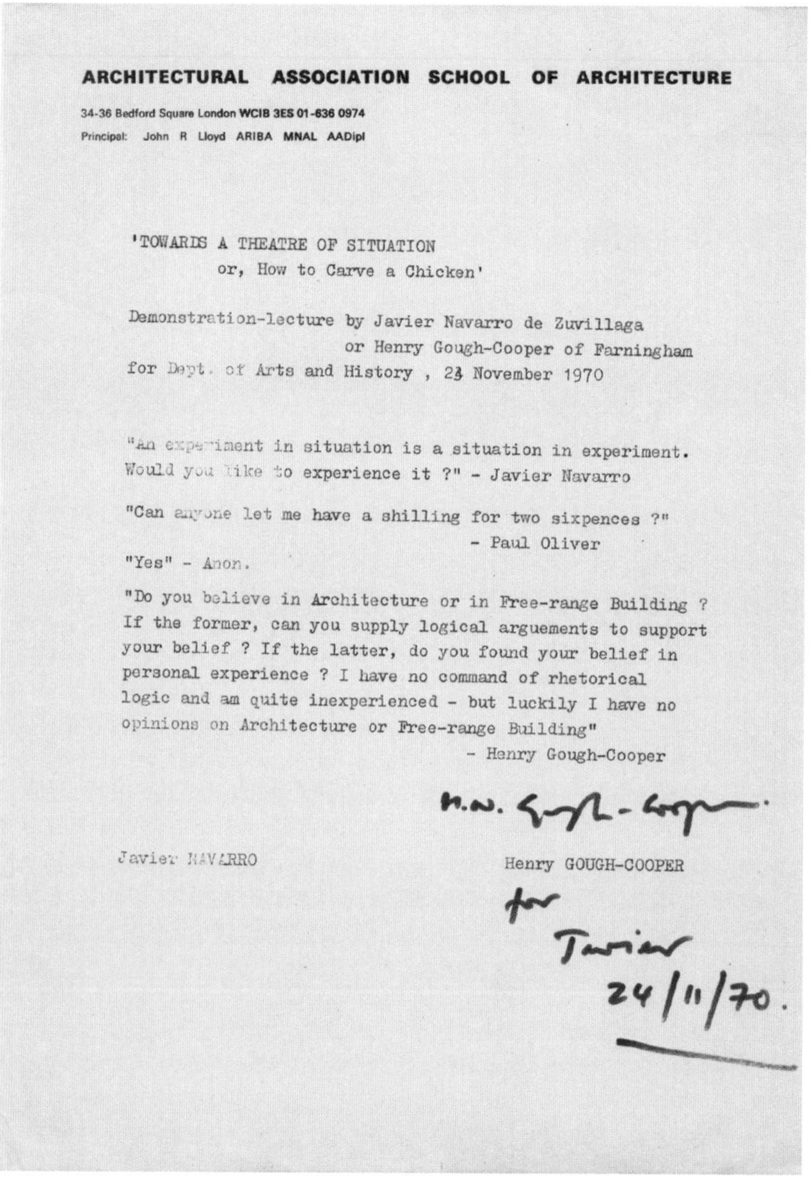

ARCHITECTURAL ASSOCIATION SCHOOL OF ARCHITECTURE

34-36 Bedford Square London WC1B 3ES 01-636 0974

Principal: John R Lloyd ARIBA MNAL AADipl

'TOWARDS A THEATRE OF SITUATION
      or, How to Carve a Chicken'

Demonstration-lecture by Javier Navarro de Zuvillaga
                   or Henry Gough-Cooper of Farningham
for Dept. of Arts and History , 23 November 1970

"An experiment in situation is a situation in experiment.
Would you like to experience it ?" - Javier Navarro

"Can anyone let me have a shilling for two sixpences ?"
                    - Paul Oliver
"Yes" - Anon.

"Do you believe in Architecture or in Free-range Building ?
If the former, can you supply logical arguements to support
your belief ? If the latter, do you found your belief in
personal experience ? I have no command of rhetorical
logic and am quite inexperienced - but luckily I have no
opinions on Architecture or Free-range Building"
                - Henry Gough-Cooper

Javier NAVARRO   Henry GOUGH-COOPER

for Javier

24/11/70.

Figura 2: Hoja volante de «Towards a
Theater of Situation». Londres
noviembre de 1970. Cortesía de Javier
Navarro de Zuvillaga.

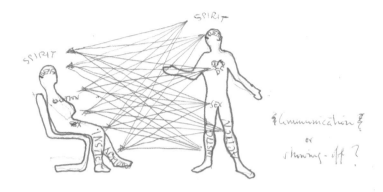

Figura 3: Dibujo de preparación de «Towards a Theater of Situation». Londres, octubre de 1970. Cortesía de Javier Navarro de Zuvillaga.

Figura 4: Dibujo de preparación de «Towards a Theater of Situation». Londres, octubre de 1970. Cortesía de Javier Navarro de Zuvillaga.

terrones de azúcar para propiciar un ingreso más cuidadoso de lo habitual, necesariamente lento, sonoro y cauto, claramente ritualizado. La pizarra de la sala estaba cubierta por materiales como dibujos, hojas volantes de piezas teatrales, textos, diagramas y esquemas. Sobre una mesa había material escrito y platos de comida para los invitados; sobre otra había dos magnetófonos accionados por Henry Gough-Cooper y un micrófono colgaba del techo de la sala. A los asistentes se les obsequió con algunos textos mecanografiados sobre papel con lemas como: *Love is communication/Make love/Communication can be love/Make Communication/If you like somebody or something/Caress it.* (Figura 6)

La clave de la situación de que trataba este evento radicaba en proporcionar al público un esquema situacional comprensible y sencillo, y los materiales para construirlo en común, de modo que se cumpliese con el objetivo trazado en las notas de preparación: «Dar un esquema de una situación que el público pueda hacer suya y, por lo tanto, interpretarla […] (una situación) capaz de ser manipulada por ellos». Las notas y los dibujos muestran un abanico de experimentos en situación que invocan arquetipos de relaciones actor-espectador, uno a uno o en grupos. Vemos cajas transparentes con pequeños grupos dentro enfrentadas a gradas, o laberintos de espejos y hexágonos unipersonales concéntricos, que serían accionados además por medios como magnetófonos o monitores de TV. (Figura 7)

Se trata por tanto de tentativas a medio camino entre la instalación y la arquitectura, de *happenings* cuya función principal sería la inducción a la comunicación y a la conciencia del espacio inmediato. El texto anotado junto a uno de los bocetos

preparatorios dice: «Ideas sobre diversos experimentos en situación. 1 Dar esquemas a la gente de su propia situación física (espejos). A 11 Un hombre en un laberinto de espejos, consciente de ello, todo el mundo alrededor de él en la misma situación, incluso físicamente, porque todos ellos son su propia imagen (concienciación). Estudiar las reacciones de las personas (incluso niños) en el hexágono de espejos. Probablemente necesite alguna voz hablándoles de lo que han sido conscientes. A 12 El experimento de John Cage. Una habitación insonorizada en la que puedes percibir dos sonidos: el de tu corazón latiendo y el de tu cerebro trabajando. Este es un tipo de experimento de situación, hacer a la gente consciente de su sonido. A 17 Caminar sobre azúcar. Temblando por algo. Tosiendo por causa del humo. Sintiendo opresión por la presencia del aire».

Estos son los materiales dramatúrgicos que pueden ser proyectados en el propio Teatro Móvil a escala arquitectónica, cuya ambición no radica tanto en la propia situación construida y particular, sino en sus posibilidades como artefacto arquitectónico que podría intervenir en el espacio de la ciudad alterando y profanando, momentáneamente, su materialidad física y su teatralidad social.

En el edificio teatral clásico la escenografía es el único elemento de variación espacial dentro de una estructura arquitectónica fija y en muchas ocasiones monumental. Esto llevó a Javier Navarro a considerar la posibilidad de fundir una arquitectura móvil con una escena móvil en un único elemento que pudiera dar lugar a lo que denominó «situaciones en desarrollo». Con ello se pretendía introducir el factor temporal, que es característico de la escena, en la arquitectura, carac-

```
          LOVE IS COMMUNICATION
          MAKE LOVE/
    5     COMMUNICATION CAN BE LOVE
          MAKE COMMUNICATION/
          IF YOU LIKE SOMEBODY OR SOMETHING
       .  CAREBS IT/
```

π HERE _____

```
       4       YOU ARE HERE
               ALL OF YOU ARE HERE
extracted  )   (ALL OF YOU ARE WAITING FOR SOMETHING) this phrase not to be recorded
from text 1.)  LOOK AT EACH OTHER/
               WHAT ARE THE OTHERS DOING?
               THE SAME YOU ARE DOING
               WHAT IS THIS?   THIS IS A SOTUATION, A GENERAL SITUATION
               YOUR SITUATION IS THE PERFORMANCE
               LET'S PERFORM IT/
```

Figura 5: Espectadores durante la conferencia «Towards a Theater of Situation». Londres noviembre de 1970. Cortesía de Javier Navarro de Zuvillaga.

Figura 6: Fragmento de materiales de trabajo empleados en «Towards a Theater of Situation», Londres noviembre de 1970. Cortesía de Javier Navarro de Zuvillaga.

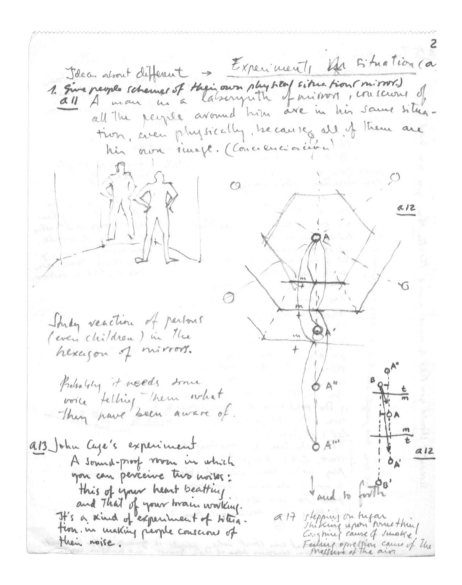

Figura 7: Fragmento de materiales de
trabajo empleados en «Towards a Theater
of Situation», Londres noviembre de 1970.
Cortesía de Javier Navarro de Zuvillaga.

terizada por la estabilidad formal, es decir por ser una forma estable en el tiempo.

En esa investigación personal, la tradición del teatro móvil o nómada de raíz popular fue clave para pasar de una aproximación teórica o reflexiva (la conferencia performativa) a la práctica arquitectónica directa, la acción (el proyecto de arquitectura del Teatro Móvil). Según esa tradición del teatro nómada, la caravana es el único elemento que establecería una constante arquitectónica frente a una configuración final que siempre sería cambiante para cada ocasión (Figura 8). El carromato sería por tanto la arquitectura primordial y básica de este tipo de teatro, pero no su arquitectura final, que solo quedaría definida con cada configuración y con cada puesta en escena de manera específica y, hasta cierto punto, imprevisible. Pero la caravana era, en la tradición nómada, un elemento subsidiario, un mero apoyo tecnológico que transportaba lo necesario para levantar una techumbre o bien, en otros casos, para convertirse la caravana misma en caja escénica elevada alrededor de la que se disponía el público.

En el Teatro Móvil se persigue un empleo exhaustivo de la caravana como elemento configurador de la forma arquitectónica del espacio total, de modo que la movilidad sea un parámetro que afecta literalmente tanto al desplazamiento físico de la propia arquitectura como a la transformabilidad característica del espacio de la escena y del público, un espacio que nunca sería igual a sí mismo (Figura 9). Junto a esta motivación conceptual, el proyecto de Javier Navarro se mueve en parámetros de economía, de máximo aprovechamiento de recursos a nivel material y conceptual, de modo que los elementos de transporte se usan «como almacén de todo lo necesario durante los desplazamientos, como elementos estructurales y de cerramiento una vez en el sitio y, a la vez, como espacios de servicios del teatro».[3]

Esta estructura espacial modular es por tanto auto-transportable y desmontable, y sigue un esquema de organización geométrico que «consiste en formar recintos poligonales regulares de lado=longitud del módulo, con número de lados 2n, siendo n el número de módulos empleado».[4] El esquema diseñado consiste en cuatro furgones que, en diferentes configuraciones poligonales, pueden llegar a constituir hasta veintiún recintos diferentes en forma y tamaño con la misma cubierta hinchable de forma octogonal. Los cuatro furgones se apoyan en el terreno con zapatas hidráulicas que sustituyen a las ruedas y que ayudan a nivelar el plano del suelo al llegar al lugar. Una lámina de nylon octogonal cableada en sus bordes se extiende por el suelo para conformar el plano horizontal de uso del espacio, actuando como replanteo del edificio, y es rodeada en cuatro de sus lados alternos por los cuatro furgones, que actúan como cerramiento del recinto. Los cuatro chaflanes se configuran desplegando los portones de los furgones hacia fuera ciento treinta y cinco grados, cerrando la figura octogonal que delimita el espacio total (Figura 10).

La cubierta del espacio así definido es una forma hinchable lenticular de doble piel de nylon con cloruro de polivinilo que cuelga de un anillo de compresión octogonal «montado sobre ocho mástiles telescópicos que salen de los propios furgones en la posición de los vértices del octógono de la planta».[5]

La cuidadísima puesta en obra del sistema, visible tanto en los dibujos del proyecto como en su descripción escrita, es concebida como una performance arquitectónica que remite conceptualmente al robot y literalmente a la tecnología realista y disponible en aquel momento. Por su parte, la racionalidad geométrica remite tanto a una motivación económica, o de un empleo de recursos muy medido a todos los niveles, como a conceptos espaciales ancestrales. En definitiva, este proyecto plantea una doble apuesta por el cinetismo y la movilidad por un lado, junto a la estabilidad, permanencia y monumentalidad por el otro. Esta duplicidad conceptual entre contemporaneidad técnica dinámica y a-historicidad geométrica estable caracteriza perfectamente a este complejo proyecto, que puede ser considerado como un fulcro de esas dos sensibilidades mediante las que la contracultura de los años sesenta y setenta se manifestó. El Teatro Móvil supone uno de los ejemplos más refinados y característicos de la exigua producción española de arquitectura experimental de aquel momento histórico.

La posible fusión entre vanguardia y tradición también fue investigada por Javier Navarro, inducido por intereses personales sobre la cultura teatral española popular, pero también por el ambiente de vanguardia experimental que emanaba de la Architectural Association de Londres en 1970. Este proyecto bebe de fuentes bien conocidas a las que el propio Navarro se refirió, como las estructuras desplegables de Emilio Pérez Piñero para teatros o cines, la actividad especulativa de Cedric Price, o el magisterio de Richard Buckminster Fuller, ejercido a nivel global y al que Navarro no fue ajeno en Londres, uno de los nichos de influencia de Fuller en la Europa de la época. En todos estos casos se dio una transferencia de la ingeniería a la arquitectura, civil en el caso de Piñero y Price; militar en el del Fuller. Todos ellos se inscriben cultural y políticamente en la Guerra Fría y en el dominio tecno-cultural de los Estados Unidos, con la España de Franco en su órbita por completo. Pero para la fecha de redacción del proyecto de Teatro Móvil las coordenadas culturales habían cambiado. Pérez Piñero trabajó bien para el gobierno de la dictadura de Franco en operaciones de propaganda cultural, o bien como empresario independiente con sus cines portátiles. Price lo hizo como especulador independiente y avanzado, vinculado a las iniciativas del gobierno británico con enorme insistencia y poco éxito en las realizaciones. Fuller, por su parte, trabajó sistemáticamente para el imperialismo norteamericano y para las grandes corporaciones trasnacionales.

Pese a las enormes deudas técnicas e incluso lingüísticas del proyecto de Javier Navarro con estos ilustres precedentes, el clima cultural era completamente distinto. Se trataba ahora de un clima de vanguardia que ya había asimilado esas innovaciones y que centraba sus intereses en los efectos culturales y políticos de este tipo de tecnologías arquitectónicas. El énfasis pasaba ahora del proyecto a la realización (precaria en muchas ocasiones), del artefacto mismo al usuario, y de la utopía de futuro a la historia y los arquetipos. La fisura de finales de los años sesenta ya había hecho mella en la cultura arquitectónica.

La documentación original del proyecto consiste en una serie de cuarenta planos tamaño DINA2 rotulados en inglés que fueron presentados para la graduación en la Architectural Association londinense, más ocho dibujos realizados a mano en tamaño

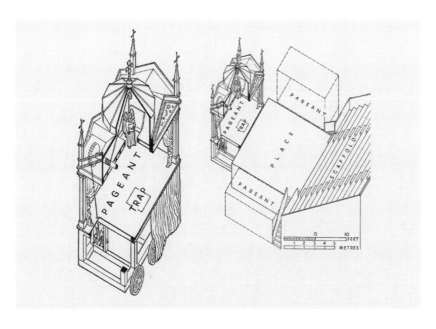

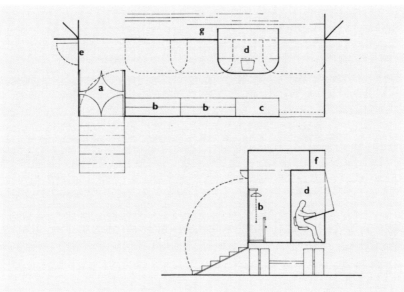

Figura 8: Reconstrucción de una caravana de cabalgata inglesa y conjunto espacial. Fuente: Glynne Wickham, *Early English Stages* (1958).

Figura 9: Fragmento del plano número 31 del Teatro Móvil, mostrando la adaptación de un furgón estándar a un espacio compartido entre un vestíbulo de entrada para espectadores y la cabina técnica. Leyenda:
a) entrada, b) ropero autoservicio, c) máquina de bebidas, d) cabina de control, e) puerta a aseos, f) puente de luces, g) paneles. Londres junio de 1971. Cortesía de Javier Navarro de Zuvillaga.

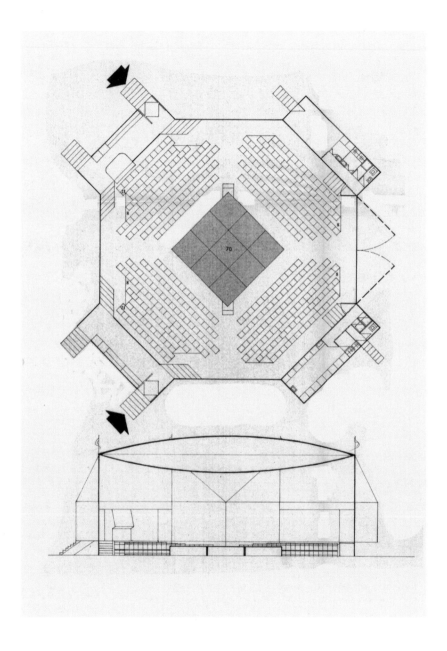

Figura 10: Plano número 19 del proyecto de
Teatro Móvil, versión octogonal con escena
central para 402 espectadores.
Londres junio de 1971.
Cortesía de Javier Navarro de Zuvillaga.

DINA4, también anotados en inglés, que completan algunos aspectos técnicos del proyecto, concretamente los elementos de la cubierta hinchable. En 1974 esta documentación gráfica se completó con veinte dibujos a mano tamaño DINA4. Estos dibujos resumen el proyecto original de teatro móvil con cuatro furgones y se completa con variantes, tanto en las posibilidades según el número de furgones empleados (de dos a seis), como en las posibilidades de uso y configuración, dando lugar a estructuras espaciales distintas, incluso a estructuras repetitivas que sugieren la posibilidad de una trama de carácter urbano mínima, es decir un embrión de ciudad. En concreto son seis las posibilidades de uso ofrecidas: teatro, cine,

sala de exposiciones y biblioteca, con cuatro furgones; y hospital o viviendas de emergencia, con cinco furgones o más. Se explora aquí la combinatoria exhaustiva del proyecto en todas sus posibilidades a efectos de forma y de programa arquitectónico.

El proyecto se completó con una adaptación del sistema a una versión ferroviaria compuesta con vagones de tren, y con una propuesta de viviendas de emergencia presentada al Ministerio de Vivienda y definido en seis dibujos realizados a mano en formato DINA4 y fechados en octubre de 1974. Además, y para su exposición en la 13ª Bienal de São Paulo de 1975 se construyó una maqueta muy detallada del edificio.

Notas

1. Charles Jencks (1939-2019) era solo tres años mayor que Javier Navarro. Jencks fue uno de los tutores de Navarro en la Architectural Association y una de las personas con quienes tuvo contacto personal. Nacido norteamericano y con un título de arquitecto por Harvard obtenido en 1965, Jencks se traslada ese año a Londres para realizar su tesis doctoral tutelado por el ingeniero e historiador Reyner Banham en el University College of London. La completa en 1970 y publica en 1969 y 1970 partes de esa investigación, que tuvieron un eco enorme en la cultura arquitectónica internacional. Dos de los temas más importantes que trató en ese trabajo fueron el pop en relación a la cultura de masas, y la semiología y su aplicabilidad a la crítica de arquitectura. Enseñó en la Architectural Association entre 1968 y 1988. Paul Oliver (1927-2017) fue historiador graduado en la University of London en 1955. Durante la década de los años sesenta se especializó en arquitecturas vernáculas, sobre las que impartía docencia en la Architectural Association. Además, también tuvo en esa década una carrera importante como estudioso de la música blues. En 1969 publicó un libro ya clásico llamado *Shelter and Society*, de una gran resonancia internacional y editado en España en 1978. Este libro recogía parte del trabajo realizado por el Departamento de Arquitectura Tropical de la Architectural Association, con el que Oliver colaboraba estrechamente. Fue director del Departamento de Arte e Historia cuando Navarro acudió, lo que le convirtió en su anfitrión oficial, junto a Charles Jencks, Dix Harrison, Warren Kenton y Keith Critchlow.

2. Javier Navarro de Zuvillaga: Notas manuscritas de octubre de 1970.

3. Javier Navarro de Zuvillaga, *Mobile Theater,* memoria del proyecto de graduación presentado en la Escuela de Arquitectura de la Architectural Association, Londres, junio 1971.

4. Ibidem.

5. Ibidem.

CAPÍTULO 1_
TEMPLO-MÁQUINA-
CARAVANA

El discurso de Javier Navarro está empapado de una voluntad de época característica de la contracultura contestataria, que insistió repetidamente en una vía destructiva de la tradición culta acompañada de la recuperación de ciertos valores de otra tradición menos visible pero igualmente continuada, la popular, pobre y ajena al poder y a las instituciones de la alta cultura. De ahí que su leitmotive principal fuese el de la desintegración espacial: «Está claro que el teatro necesitaba salir de los teatros para regenerarse, aunque ocasionalmente vuelva a ellos con un nuevo acercamiento espacial».[1]

Siguiendo la estela de los renovadores de la escena moderna como Adolphe Appia, Edward Gordon Craig, Vsévolod Meyerhold, Erwin Piscator y Antonin Artaud, el Teatro Móvil proponía las dos vías complementarias que, cada uno a su modo, estos renovadores plantearon en su momento: el desbordamiento de la escena hacia el público y el abandono de la tradición arquitectónica burguesa. Javier Navarro reúne estas dos vías bajo el término desintegración, pero manteniendo al mismo tiempo la idea de delimitación espacial como premisa incuestionable: «Es evidente que, se haga donde se haga el teatro, es necesaria la acotación de un espacio teatral. Pero es un espacio cuya arquitectura, como tal espacio teatral, debe ser efímera».[2] Se trata de la proyección a la arquitectura de las mismas dudas sobre los límites, expresadas en los experimentos de situación.

En su texto de investigación sobre el espacio teatral de 1976, Javier Navarro se refiere a una clasificación de tipos de edificio teatral que había sido establecida por el arquitecto italiano Guido Canella (1931-2009) en un estudio sobre las relaciones entre teatros y morfología urbana en Milán que nos dará las claves necesarias para establecer la posibilidad de un rol urbano para el Teatro Móvil.

Canella publicó en 1966 un libro llamado *Il Sistema Teatrale a Milano*, que analizaba el desarrollo histórico de lo que llamó sistema, en referencia a esa relación entre tipo arquitectónico, forma urbana y uso social del espacio teatral.[3] Canella diferenció drásticamente el punto de vista del arquitecto de aquel del director, escenógrafo o autor dramático. A los segundos, los artistas de la escena, corresponde una visión interna, referida al espectáculo mismo, al aparato escénico, a los requisitos técnicos y a la estética propia de esa forma de arte. Al arquitecto una visión más relacional y amplia, la establecida entre el edificio, la ciudad y el medio social, que se encarna en la relación arquitectónica específica entre escena y platea como una miniatura del modelo que puede así ensayarse a escala, pero con el deseo de superarla.

Canella estableció una clasificación en tres tipos de espacio teatral en función de su relación con la ciudad al asumir la posición del arquitecto, no la del hombre de teatro:

el «teatro-templo», «el teatro-máquina» y el «teatro-móvil». Navarro se valió de estos análisis de Canella para explicar el alcance teórico de su propuesta de Teatro Móvil y sus relaciones con los otros dos tipos, así como para explicitar su posición como arquitecto en este debate.

EL TRIPLE SISTEMA TEATRAL

En la ciudad existe siempre una teatralidad social difusa, no necesariamente artística ni institucional, que el edificio teatral encapsula e institucionaliza entre sus paredes. Esta teatralidad social es necesariamente múltiple e incluso inaprensible en términos formales, tanto como lo sea el medio social, por eso Canella habla de «sistema teatral» para designar al ámbito urbano que rodea a un edificio teatral en un ejercicio de analogía directa muy eficaz. En el vocabulario de Canella, «sistema» se refiere a un ámbito físico que supera al tipo arquitectónico del teatro y que comprende más factores, a los que un arquitecto debe prestar atención más allá de conocer y manejar las tipologías de espacio teatral a su disposición. Esta categoría de sistema tomará, en la rica terminología de Canella, otros nombres en algunos de sus análisis posteriores a su libro sobre Milán de carácter más teórico o historiográfico. Por ejemplo, Canella habló de teatros y de pseudoteatros explicando el conjunto de similitudes y de diferencias entre estos dos modelos de espacio público. Los primeros son los edificios que responden al concepto de tipo arquitectónico teatral en sentido estricto. Los segundos son espacios urbanos como plazas, espacios didácticos, espacios asociativos y espacios representativos cívicos o religiosos.[4] En la escena múltiple característica para escenificar la pasión de Cristo

(Figura 11), el infierno se abría a la derecha y el paraíso a la izquierda. Al palacio de Lucifer se accedía por una gran boca del infierno, a través de la que entraban y salían diablos. El espacio alrededor de las llamadas *mansions* estaba definido con el término latino *platea*, que en lengua vulgar se definió como *plaine* o *place*. Las *mansions* se disponían una junto a otra, en línea o incluso a lo largo de curvas.

Esta noción es muy similar al concepto de «teatro espontáneo» manejada por Le Corbusier en 1948, que fue muy influyente tanto en la cultura arquitectónica como en la teatral de su momento, dada la importancia de su autor y la difusión que tuvo en publicaciones de amplia circulación.[5] En aquel texto transcrito de una conferencia impartida en La Sorbona, Le Corbusier describía con admiración escenas de sus viajes por Europa, el norte de África y Latinoamérica, en las que el espacio urbano acogía manifestaciones de encuentro social no programadas a las que asignaba una fuerte carga escénica, en continuidad con las celebraciones populares, laicas o religiosas, de la vieja ciudad europea consolidada (Figura 12).

En otras palabras, Le Corbusier consideraba la calle de la ciudad tradicional, y no el edificio del teatro, como el máximo ejemplo de arquetipo espacial de la teatralidad. Para encuadrar estas manifestaciones sin coerciones físicas ni psíquicas, Le Corbusier propuso en 1960 unos teatros espontáneos para el Centro Cultural de Fort-Lamy, en el Chad, con espacios solamente formalizados con suelos equipados y superficies verticales (muretes, parterres o incluso pantallas de proyección), que dejarían de funcionar como marco o límite escénico una vez acabada la

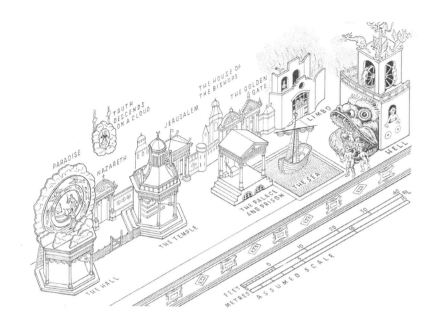

Figura 11: El Misterio de Valenciennes 1547.
Fuente: Richard and Helen Leacroft, *Theatre
and Playhouse. An illustrated survey of theatre
building from Ancient Greece to the present*,
Londres y Nueva York: Methuen, 1984.

Figura 12: El Misterio de Valenciennes 1547.
Fuente: Gallica/Bibliothèque Nationale
de France.

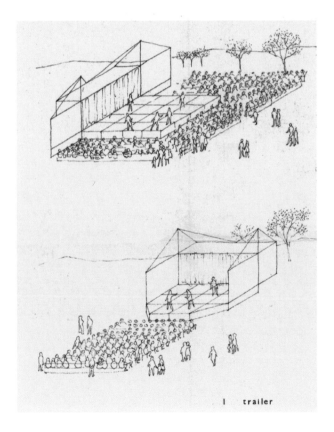

Figura 13: Le Corbusier, maqueta para el Teatro Espontáneo del Centro Cultural de Fort-Lamy, 1960. Fondation Le Corbusier.

Figura 14: Javier Navarro de Zuvillaga, fragmento del plano número 39 del Teatro Móvil mostrando la configuración parcial para un furgón al aire libre en dos posibles configuraciones. Cortesía de Javier Navarro de Zuvillaga.

acción en curso, pasando a ser simplemente elementos arquitectónicos de organización difusa del espacio urbano (Figura 13).

El Teatro Móvil, en sus configuraciones parciales sin cubierta y con los chaflanes abiertos, se comportaba exactamente como estos espacios urbanos, pseudoteatros o máquinas de actuar, tan aclamados por Le Corbusier por ser teatros espontáneos urbanos y contemplados como ejemplos en los estudios históricos de Canella (Figura 14).

Tanto en el caso de Le Corbusier como en el de Guido Canella, el objetivo era similar: la superación del privilegio históricamente asignado a una visión estrictamente profesional y tecnicista o tipológica de la relación entre escena y platea, y su sustitución por una visión social y urbana más amplia que, conceptualmente, desintegra el tipo arquitectónico del teatro y lo disemina en la ciudad, dando lugar a teatros y a pseudoteatros indistintamente y sin jerarquías entre ellos. Para ello ambos arquitectos propusieron dos procedimientos de superación disciplinar simultáneos en sus discursos respectivos. En primer lugar la superación del proyecto entendido como actividad de diseño al servicio de la dramaturgia escénica, es decir la superación de la escenografía como el campo de actividad propio del arquitecto. En segundo lugar, su análogo sistémico a nivel urbano, la superación del tipo teatral como el mero diseño del contenedor de una dramaturgia social ya existente, previamente escrita por los comportamientos sociales y urbanos comúnmente aceptados y hegemónicos.

Desde el punto de vista del proyecto, se trata de estrategias de transposición de valores o parámetros propios de la escena hacia el ám-

bito arquitectónico y urbano que además, contienen posibles capacidades de transgresión del orden social dominante (Figuras 15 y 16).

Según Canella, el arquitecto de teatros debe revelar o al menos facilitar esa teatralidad social múltiple, espontánea y difusa del medio urbano, y configurar sistemas tipológicos y programáticos más complejos, más allá tanto de la propia escena como del edificio teatral. Así podrá garantizar una cierta continuidad entre las formas más espontáneas de teatralidad social (que tienden a ser efímeras y en ocasiones irrepetibles) y las más institucionalizadas del edificio teatral propiamente dicho (que siempre tienen una fuerte tendencia a la repetición ritual).

Esta función del arquitecto del teatro es la que Javier Navarro asumía plenamente con su proyecto de Teatro Móvil en relación con sus experimentos situacionales, que se desarrollaron en una cronología estrictamente paralela, el año 1970-1971 en Madrid y Londres, y que claramente son uno de los filones que alimentaron este proyecto.

El término teatro-templo alude al período histórico iniciado por el establecimiento de los primeros teatros del Renacimiento y cuya culminación sería el teatro de Bayreuth de Richard Wagner de 1876 que es, según Canella, el mejor exponente de este tipo. Este se solapará históricamente con el siguiente, el teatro-máquina que proviene de los experimentos escenotécnicos barrocos pero que llega a su clímax con el *Totaltheater* de Walter Gropius para Erwin Piscator de 1927. El tercer tipo, el teatro-móvil, tiene una genealogía paralela e igualmente extendida en el tiempo que hunde también sus raíces en los mismos orígenes clásicos, pero con un desarrollo histórico irregular, así como un

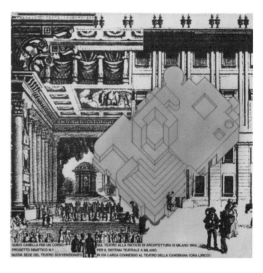

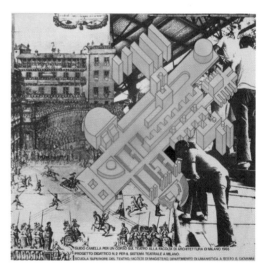

Figura 15 (Arriba): Guido Canella, Proyecto didáctico nº 1 para el sistema teatral en Milán, nuevo teatro público en Via Larga, conectado con el Teatro Canobiana, 1965. Cortesía de la Collezione Francesco Moschini y Gabriel Vaduva, AAM Architettura Arte Moderna, Roma.

Figura 16 (Abajo): Guido Canella, Proyecto didáctico nº 2 para el sistema teatral en Milán, escuela superior de teatro, facultad de magisterio y departamento de humanidades en Sesto San Giovanni, 1965. Cortesía de la Collezione Francesco Moschini y Gabriel Vaduva, AAM Architettura Arte Moderna, Roma.

protagonismo mucho menor y una escasa visibilidad documental que hace difícil su caracterización, aunque mantuvo siempre ciertos vínculos con los otros dos tipos. Esta rica tradición paralela del teatro-móvil fue de máximo interés para Javier Navarro a la hora de formalizar su propia propuesta de edificio teatral.

Después de Bayreuth, que culminó la visión crítica de la cultura teatral romántico-ilustrada contra el teatro de corte europeo establecido en el Renacimiento, la vanguardia teatral se concentró en tres vías fundamentales de trabajo. La primera supuso una insistencia en el teatro-templo, que experimentó con la representatividad del edificio teatral como monumento urbano y como símbolo de una forma política determinada, incidiendo en sus aspectos de templo laico y cívico. La segunda, la máquina, consistió en ensayar nuevos modelos de espacio para el interior de la sala teatral, experimentando en las relaciones platea-escena en función de los desarrollos de la escritura teatral y de los formatos escénicos, con especial incidencia en sus tecnologías, en renovación acelerada y permanente. La tercera, la caravana, fue la propuesta de un nuevo rol social para el teatro tras la emergencia de una nueva forma cultural de masas distintiva de las grandes ciudades y desconocida hasta entonces, que experimentó cierta eclosión con las vanguardias históricas y su fascinación por el fenómeno metropolitano. Esta taxonomía del espacio teatral en relación con lo urbano establecida por Canella fue discutida por otro autor italiano al que se refiere puntualmente Javier Navarro en su texto, el arquitecto e historiador de arquitectura Mario Manieri-Elia (1929-2011), que da aún más claves para una mejor interpretación del Teatro Móvil de Navarro y en general, de cualquier propuesta

análoga de espacio teatral ambulante por lo que se refiere, sobre todo, a su posible rol urbano, político y cívico.

Navarro acudió en el verano de 1975 a un seminario organizado por el Centro Internazionale di Studi di Architettura Andrea Palladio en Vicenza, donde presentó su proyecto de Teatro Móvil junto a una serie de ponencias de expertos, entre los que se encontraban Manieri-Elia y Manfredo Tafuri (1935-1994), los dos únicos ponentes que centraron sus aportaciones a aquel foro en el siglo XX.[6] Aunque el proyecto de Teatro Móvil ya había sido realizado, el texto de investigación no había sido completado aún, y el proyecto estaba en fase de adaptación a otros usos posibles (hospital, viviendas de emergencia, centro cultural o incluso espacio comercial itinerante).[7] En aquel encuentro Manieri-Elia impartió una conferencia llamada «Il teatro moderno» que retoma el debate abierto por Canella y que, dada la condición de historiador marxista de Manieri-Elia, se ve profundamente enriquecido en sus aspectos ideológicos.

En paralelo a la triada templo-máquina-caravana establecida por Canella, Manieri-Elia habló de tres momentos de la cultura teatral contemporánea: el lúdico, el productivo y el ritual, de cara a abordar qué relación pudiera establecerse entre teatro y arquitectura en el nuevo marco de la cultura de masas y de consumo, ya esbozada por la vanguardia histórica y muy presente en la fecha del encuentro de Vicenza. El momento lúdico fue sancionado por Manieri-Elia dogmáticamente, considerando que prescinde por completo de la arquitectura, porque la arquitectura siempre sigue una función social que es negada por la absoluta gratuidad del momento lúdico.

El acto lúdico sería anti-arquitectónico e in-cluso anti-teatral en sentido estricto porque «ha perdido su función catártica» que es la propia del rito, la función principal del teatro y de su arquitectura asociada podría decirse,[8] para desembocar en una forma de temporali-dad que excluye la dimensión ritual y con ello, su función social. Manieri-Elia distingue así claramente y con cierta crudeza lo lúdico del ritual porque el ritual está inevitablemente vinculado a «una intención funcional, busca solucionar una determinada situación críti-ca de la colectividad»,[9] frente a la agitación lúdica en estado puro, con funciones pura-mente destituyentes y críticas. Manieri-Elia encuentra así en el ritual el vínculo funda-mental entre teatro y arquitectura y su po-tencial político.

El momento o polo que denomina produc-tivo, por su parte, es el trabajo escénico propiamente dicho, en que el discurso pa-saría del ámbito teórico o de las ideas al ámbito de la práctica y a sus condiciones dentro del ciclo de producción, gestión y consumo. En relación con él, el polo lú-dico conlleva por lo tanto la total disolu-ción del dispositivo, la «desaparición del teatro» (y de la arquitectura), la explosión anímica que no conduce a función social alguna de carácter ritual en una tarea im-productiva en este tipo de economía sim-bólica que describe Manieri-Elia desde la óptica marxista.

El polo productivo, en su estado de máxima intensidad escénica, conlleva por su parte la absoluta reformulación del cuerpo social mediante lo que Manieri-Elia llama el «teatro de acondicionamiento total». Para el primer caso (un lúdico desatado) da el ejemplo de Yves Klein y su teatro vacío sin actores ni espectadores, con una taquilla abierta per-fectamente iluminada, un teatro en el que: «se pagará a los actores por desaparecer entre la gente; el público pagará su entrada para tener derecho a una butaca vacía con nombre propio. El teatro se convierte así en una caja vacía que cumple hasta el final, y mediante pago, su propia tarea improducti-va».[10] Para el segundo caso (un productivis-mo total) da el ejemplo de una propuesta de espacio escénico esférico de Piero Beren-go Gardin (Figura 17), derivada paradójica-mente del espacio propuesto por Antonin Artaud, que acondiciona psicológicamente al espectador mediante un artefacto tecno-lógico implacable, como se sigue del texto descriptivo que lo acompaña: «La envolven-te-esfera reconduce al espectador durante su "nutrición espectacular" (escenario igual a placenta) a una condición hipotética "ute-rina", en la que dicha envolvente "protege" al espectador».[11]

En ambos casos (Klein y Berengo Gardin) el resultado de la supuesta disolución es el espectáculo reforzado bajo dos formas opuestas pero finalmente confluyentes en su condición meramente espectacular. En el primer caso el viejo templo burgués comple-tamente vaciado de sentido y cuya función es la persistencia pánica de su propia su-pervivencia como institución estéril, que no permite la emergencia de nuevos ritos sino solo perpetuar los existentes. En el segun-do, la máquina renovada de producción de shock, una incubadora de nuevos tipos de sujeto que deben adaptar su propia fisiología y aparato anímico a las nuevas tecnologías de modo permanente. Para Manieri-Elia «hay que ver en estas posiciones el intento exor-cista de indicar nuevos caminos al teatro, y cuando se intenta prefigurar su forma se llega al extremo opuesto: el de un inusitado acondicionamiento del público».[12]

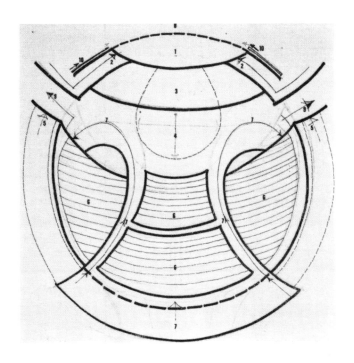

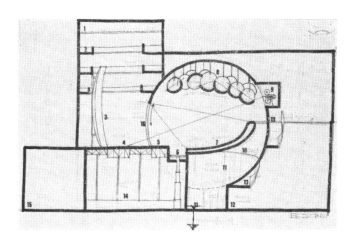

Figura 17: Piero Berengo Gardin, propuesta
de teatro esférico. Fuente: *I Problemmi di
Ulisse*, año XXII, vol. 10, encarte.

En medio de esos extremos, la arquitectura teatral habría venido oscilando hacia uno u otro, pero sin llegar jamás a tocarlos porque, caso de hacerlo y como acabamos de ver, desaparecería. El teatro-móvil, la caravana de Canella, es propuesta por Manieri-Elia como modelo posible para vincular teatro y arquitectura en una relación mutua de signo distinto respecto a su relación con el ritual: «Contra una relación tan condicionante entre máquina escénica y espectáculo, aparece el que hemos indicado como tercer tipo de teatro: el teatro-móvil en sus diferentes versiones. Pero aquí resulta más difícil hablar de arquitectura».[13]

Es precisamente «aquí» donde entra en escena Javier Navarro con una arquitectura que responde a esta cuestión teórica retroactivamente: su proyecto había sido realizado cuatro años antes de que este dilema teórico se propusiese abiertamente y a partir de preocupaciones articuladas desde experimentos prácticos, pero carecía de un relato o narración que solo ahora el propio autor estaba en condiciones de construir: ¿Qué y cuánta arquitectura para un teatro ritual de situación? ¿Qué y cuáles precedentes y homólogos válidos existían en aquel momento?

EL TEMPLO CÍVICO METROPOLITANO

A esta espinosa cuestión de cuánta arquitectura es necesaria para un teatro que no sea ni templo ni máquina intentó responder Guido Canella con algunas de las propuestas que presentó en su libro sobre Milán de 1966, realizadas el año anterior en su curso de proyectos del Politecnico di Milano. Y su respuesta fue: mucha, a diferencia de la respuesta de Javier Navarro, cuya formaliza-ción arquitectónica era reducida y modesta. En ambos casos, sin embargo, la movilidad en relación con la ciudad fue crucial para proporcionar soluciones diametralmente distintas en el plano del lenguaje arquitectónico empleado, pero extraordinariamente similares a nivel conceptual y en sus efectos urbanos y sociales.

En su estudio sobre Milán, Canella demuestra que los desarrollos sociales del periodo de entreguerras debidos a la implantación masiva del automóvil dieron como resultado una transformación tanto de los teatros burgueses centrales como del cinturón periférico de pequeños espacios escénicos que rodeaban el centro de Milán. Estos últimos eran frecuentados por las clases sociales trabajadoras, y su programación comprendía teatro clásico, popular, variedades, circo y teatro político. Durante ese periodo, y seguido de la posguerra, los teatros centrales adquirieron, con algunas excepciones, una tendencia estrictamente comercial, y los pequeños «cinema-teatro» de la periferia se transformaron en salas de cine con importantes transformaciones arquitectónicas, como la completa desaparición de los equipos escenotécnicos y la excavación de espacios subterráneos para lograr espacios comerciales ganados a estos edificios.[14]

A esa pérdida de variedad tipológica y al aislamiento del edificio respecto al contexto urbano que esto supuso, respondió Canella con algunas propuestas de grandes piezas arquitectónicas que combinaban el teatro con el pseudoteatro, lo construido con lo no construido, el objeto arquitectónico con la textura urbana solo mínimamente materializada. Eran conjuntos edificatorios con estructura lineal y gran escala

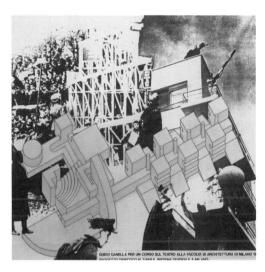

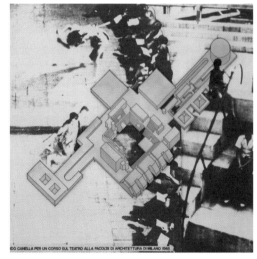

Figura 18 (Arriba): Guido Canella, Proyecto didáctico n° 3 para el sistema teatral en Milán, escuela secundaria y exposición de muebles en Lissone, 1965. Cortesía de la Collezione Francesco Moschini y Gabriel Vaduva, AAM Architettura Arte Moderna, Roma.

Figura 19 (Abajo): Guido Canella, Proyecto didáctico n° 4 para el sistema teatral en Milán, teatro al aire libre y escuela primaria en Novegro di Segrate, 1965. Cortesía de la Collezione Francesco Moschini y Gabriel Vaduva, AAM Architettura Arte Moderna, Roma

que conectaban las estaciones ferroviarias de transporte público con edificios de aparcamientos para el transporte privado (Figuras 18 y 19).

A lo largo de ese eje de movilidad se enchufaban equipamientos didácticos, como escuelas de enseñanza primaria o edificios universitarios, espacios comerciales, de producción artesanal y salas de teatro, combinando todos ellos con abundancia de espacios de graderíos al aire libre, plazas y todo tipo de pseudoteatros urbanos.

La respuesta de Canella no fue por tanto la ausencia de arquitectura o su disolución literal, sino todo lo contrario. Tampoco un teatro móvil o dinámico, sino un organismo arquitectónico de escala metropolitana que retomaba parcialmente algunos aspectos del teatro-templo, como su monumentalidad, estabilidad formal y capacidad de representatividad cívica. Era una arquitectura que estaba motivada por el deseo de producción de ciudad desde el teatro como actividad social de masas. Canella empleaba así la movilidad como motor conceptual de su proyecto urbano, donde lo móvil no era el teatro, sino el público, la sociedad misma y la identidad de clase, desafiando así al viejo modelo teatral por su incapacidad representativa de lo nuevo.

Por su parte, Javier Navarro tampoco disolvía completamente la arquitectura en una pura situación inmaterial o meramente comunicativa, tal y como se vislumbra en su insistencia en la absoluta necesidad de delimitación espacial de la situación misma. En su lugar la pone en movimiento, le confiere dinamismo e introduce el factor temporal en su constitución, ya que esta arquitectura solo puede considerarse completa una vez montada e

incluso desmontada tras ese proceso coreográfico-constructivo que le da pleno sentido.

Ese proceso de montaje (Figura 20) es a la vez arquitectónico y escénico, se realiza en secuencia y consiste en una serie de operaciones: 1: Lámina de suelo que define las veintiún plantas posibles. 2: Furgones en posición sobre lados alternados del octógono regular definido por la lámina de suelo y descansando sobre jacks hidráulicos. 3: Colocación de los ocho mástiles telescópicos extraídos de las esquinas de los furgones que coinciden con los vértices del octógono regular. 4: Fijación de la punta de los mástiles a los furgones mediante cables. 5: Operación de cuelgue desde los mástiles y mediante cables de los paneles que constituyen los costados interiores de los furgones, con objeto de que el giro se realice fácilmente. 6: Formación de uno de los veintiún recintos posibles. 7: Colocación del anillo de compresión sobre los mástiles, a base de ocho barras iguales que forman el mismo octógono regular de la planta. 8: Operación de izado de la cubierta hinchable. 9: Hinchado de la cubierta mediante el coche-bomba. 10: Colocación de los paños de cerramiento en los espacios entre la cubierta y los furgones, y la cubierta y los paneles. 11: Colocación de los asientos para el público y los módulos de escena, que puede ser simultánea con la operación anterior. 12: El recinto ya terminado ofrece su forma octogonal con el público entrando en el local a través de los dos furgones de entrada.

Las propuestas de Canella, elaboradas con sus estudiantes en 1965, se enmarcarían por tanto, y con todos los matices observados, en la tradición del teatro-templo, como revisiones literalmente estalladas del tipo arquitectónico burgués y de la capacidad

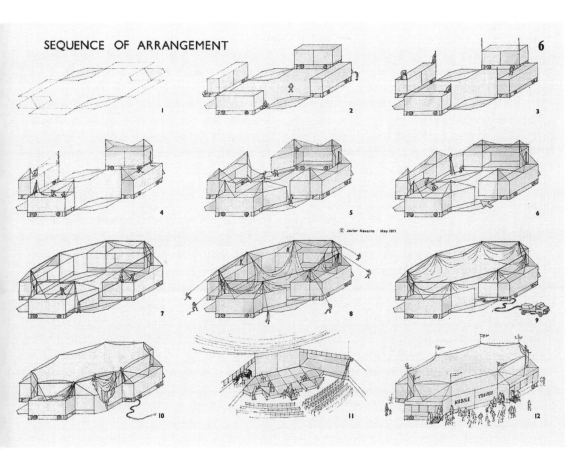

Figura 20: Javier Navarro de Zuvillaga,
plano 6 del Teatro Móvil. Secuencia de
montaje. Cortesía de Javier Navarro
de Zuvillaga.

de la arquitectura teatral para representar a la sociedad moderna laica, democrática y policéntrica, que según el propio Canella, un único edificio estable no podría recoger en toda su complejidad.

Pero el arquetipo del teatro-máquina, que atiende no tanto a la movilidad social sino literalmente a su propia movilidad espacial interna, también conoció un análogo revisionista exactamente en la misma fecha de 1965, con el proyecto de Maurizio Sacripanti (1916-1996) presentado al concurso para el nuevo teatro lírico de Cagliari.

LA MÁQUINA
DE LA VANGUARDIA

Este proyecto, de un virtuosismo formal y técnico pocas veces alcanzado por la arquitectura italiana del momento, proponía un gran espacio de eventos cuyo suelo y techo estaban compuestos de módulos cuadrados telescópicos, gracias a sencillos mecanismos hidráulicos, con un corredor perimetral de circulaciones y servicios (Figura 21). Conoció tres versiones sucesivas, en las que el espacio interior y el esquema estructural no experimentaron excesivas variaciones, siendo los cerramientos lo que fue cambiando en las versiones segunda y tercera, hasta hacer relativamente visible al exterior ese complejísimo sistema espacial móvil del interior. La evolución de las tres propuestas de cerramiento demuestra el deseo de generar una fachada capaz de transmitir las ideas de incertidumbre formal a su imagen final. En la primera solución es visible una modulación vertical muy marcada y una coronación repleta de signos lingüísticos, pura información, que habla claramente del deseo por transmitir un significado determinado y cerrado.

La segunda solución mantiene la modulación vertical de fachada, pero sustituye la coronación informativa por una manifestación explícita de las estructuras móviles de cubierta: la información proporcionada coincide con el movimiento de las estructuras internas en la fachada. Ese desarrollo en variantes demuestra que la concepción del espacio interior, que apenas varió durante la evolución del proyecto, experimentó ciertas dificultades para hacerse manifiesta en un plano de fachada convencional, es decir, para configurarse como un teatro-templo con un valor comunicativo coherente (Figuras 22, 23 y 24). Esto ponía de relieve la contradicción entre la espacialidad abierta de incertidumbre del espacio interior y la necesidad cívica de ofrecer una fachada estable, elocuente y pertinente a esa nueva espacialidad lábil. Dicho de otro modo, se perseguía una expresión formal de la incertidumbre del espacio, una unión directa de ambiente y representación.

En la memoria del proyecto se alude a la posibilidad de que los interludios entre eventos se conviertan en eventos ellos mismos, posibilidad ofrecida por la intervención de la programación del movimiento de las piezas del suelo y el techo mediante tarjetas perforadas que controlarían este automatismo al milímetro gracias a la programación informática. La tecnología informática se ofrece como ajustado mecanismo de control del espectáculo de masas con ese máximo aprovechamiento del espacio y del tiempo: nada debe escapar a la componente espectacular y auto-demostrativa de este imponente artefacto completamente informatizado (Figura 25). Tanto es así que se defiende para el proyecto no solamente una gran variedad de usos posibles, tales como teatro, congresos, exposiciones, mercados, ferias o manifestaciones políti-

Figura 21: Maurizio Sacripanti, proyecto
para el nuevo teatro lírico de Cagliari.
Croquis del interior. Cortesía de la
Accademia Nazionale di San Luca, Roma.
Fondo Maurizio Sacripanti.

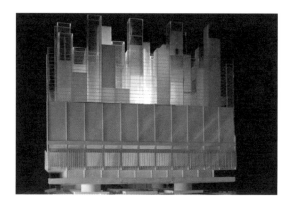

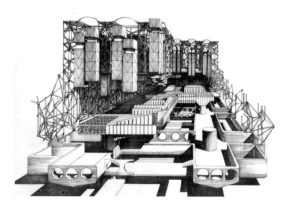

Figura 22: Maurizio Sacripanti, proyecto para el nuevo teatro lírico de Cagliari. Maqueta de la primera solución. Cortesía de la Accademia Nazionale di San Luca, Roma. Fondo Maurizio Sacripanti.

Figura 23: Maurizio Sacripanti, proyecto para el nuevo teatro lírico de Cagliari. Maqueta de la segunda solución. Cortesía de la Accademia Nazionale di San Luca, Roma. Fondo Maurizio Sacripanti.

Figura 24: Maurizio Sacripanti, proyecto para el nuevo teatro lírico de Cagliari. Perspectiva de la solución definitiva. Cortesía de la Accademia Nazionale di San Luca, Roma. Fondo Maurizio Sacripanti.

cas, sino que el espacio pudiera funcionar sin interrupciones de horario, de temporada o de hábitos sociales de consumo de ocio masivo. Ni siquiera los tiempos de cambios de espacio, gracias a los movimientos de las piezas prismáticas que componen suelo y techo, quedan fuera de la posibilidad de ser un evento susceptible de ser experimentado por el público en estado de shock admirativo.

Los elementos que componen la platea están sustentados por una malla metálica de dos metros de altura, con pistones hidráulicos solidarios con la malla sobre los que hay dos butacas, orientables en cualquier dirección del espacio. Por lo tanto, las butacas tienen una posibilidad de orientación en principio casi infinita en la combinación de altura variable y giro variable. Además, las butacas pueden eliminarse y convertir ese soporte de suelo en escena o en superficie de uso cualquiera. Un sistema análogo de prismas reconfigurables se propone para el techo a mayor escala, que puede funcionar como corrector acústico, como soporte de la iluminación o como pantalla de proyección. Sacripanti lo llamó «espacio parachoques» por su adaptabilidad.[15] La estructura de cubierta consiste en un sistema estéreo de cinco metros de canto en todas sus direcciones que atraviesa el espacio. Los intervalos entre los elementos de esta estructura acogen los prismas del techo cuando se recogen hacia arriba, y la propia trama de celosía que compone la estructura estérea de cubierta configura el cerramiento del edificio en una envolvente prácticamente continua. Se retomaba así la máquina teatral barroca de shock y de sorpresas mediante la tecnología de la ficha perforada del ordenador como leitmotive arquitectónico total, a la que se alude con la composición espacial general del edi-

ficio: era una gigantesca máquina cibernética productora de efectos de luz, color, sonido y ritmos dinámicos de todo orden (Figura 26).

Sacripanti se refirió a la conocida historia de la escena moderna y su crisis, especialmente sentida en esa década de 1960.[16] Es el momento en el que la investigación historiográfica ha arrojado la suficiente luz como para realizar una crítica completa, empírica y sistemática de la escena moderna, lo que permitió la posibilidad de proponer paralelamente alternativas a los modelos estudiados por los historiadores. El relato crítico de Sacripanti insiste en unas afirmaciones que, para esa fecha, eran ya recurrentes. Por ejemplo, que la escena humanista del Renacimiento abandonó —para representarse culturalmente—, los espacios sacros dispersos en las iglesias y su carácter coral, a favor de una relación nueva entre platea y escena unívoca, directa. Y en esa línea, propone su proyecto como un intento, otro más en la cadena vanguardista de teatros-máquina, de la superación de esa «oposición cristalizada entre sala y escena» (Figura 27). Su herramienta proyectual es la expansión de los principios técnicos de la escena hacia la platea y, por extensión (aunque de modo completamente involuntario) al público, que se vería análogamente afectado por el complejo proceso de automatización del edificio (Figura 28).

Sacripanti insiste en la vía de síntesis escena-platea característica de la vanguardia teatral, haciendo hincapié en la ruptura que supuso el Renacimiento a dos niveles: el específicamente arquitectónico con la invención de la cuarta pared implícita en la separación de la escena del público; y el sociopolítico, con la aparición del artista escénico profesional y la especialización, algo que,

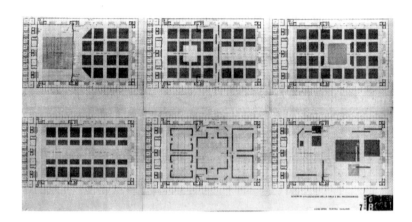

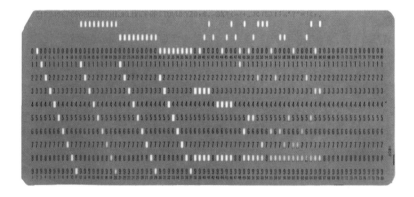

Figura 25: Maurizio Sacripanti, proyecto para el nuevo teatro lírico de Cagliari. Plantas y esquemas de la escena y la platea. Cortesía de la Accademia Nazionale di San Luca, Roma. Fondo Maurizio Sacripanti.

Figura 26: Ficha perforada. Cortesía IBM.

como bien sabemos, afectó profundamente a la práctica de la arquitectura igualmente tras la ruptura cultural del Renacimiento.

Para Sacripanti aquella revolución cultural no siguió el camino lógico de desarrollo paralelo y convergente de ambos ámbitos (escena y platea), ya que según su breve pero elocuente y partisano relato, mientras que la escena fue incorporando con naturalidad todo el repertorio de novedades socio culturales, técnicas y de lenguajes, la platea solo experimentó perfeccionamientos formales de su configuración física, manteniendo fijo e incluso especializando el rol del público en el rito. Toda la evolución del teatro desde el Renacimiento habría producido un incremento en la distancia entre los dos ámbitos. Desde esa voluntad de síntesis espacial, Sacripanti propone la extensión de los principios propios de la escena (mutabilidad, temporalidad y movilidad), al espacio de la platea, con la característica maniobra vanguardista de desbordamiento del ámbito de lo activo (la escena), hacia el ámbito de lo pasivo (la platea). Define así su edificio como una «puesta en escena» total, abriendo el espacio tanto a representaciones clásicas a la italiana como a escenas centrales, multifocales o disueltas en la totalidad del espacio. E incluso proponiendo la transformabilidad del espacio para los intermedios, sin descanso para un espectáculo total de movimiento y dinamismo, como acabamos de ver. Se trata de introducir, afirma Sacripanti, una «funcionalidad social y por tanto típicamente moderna» sin límites en su rentabilidad de uso: todo puede y debe pasar dentro de esta gigantesca máquina escénica y social durante un tiempo indeterminado y, en principio, infinito.[17]

Su proyecto supone una extensión radical de las tecnologías escenotécnicas, de modo que los elementos constitutivos de toda la arquitectura del edificio se sometan a la posibilidad de maniobrabilidad, lo que convierte al edificio en su conjunto en el objeto de trabajo y de transformación de la puesta en escena, con independencia de quien detente esa capacidad de maniobrabilidad, algo que el proyecto no indica y que resulta muy problemático (Figura 29). La intervención de la cibernética en este proyecto, gracias a la colaboración con el consultor experto en sistemas informáticos Giovanni Pellegrineschi, abre las puertas a una interpretación que acercaría enormemente este proyecto al *Fun Palace* de Cedric Price, y no solo en términos de similitudes de lenguaje arquitectónico, más que evidentes, sino en el plano ideológico, social y político.[18]

Pese a la declaración de intenciones del autor del proyecto, o quizás por la ambivalencia e incluso contradicción que existe entre la posibilidad de una «funcionalidad social» y el espacio de incertidumbre de eventos, Manieri-Elia calificó a este proyecto de teatro-máquina en estado puro: «la arquitectura contesta el concepto de *permanencia* del teatro-templo y se convierte en un mecanismo disponible [...]. Y el público es considerado como la parte puramente absorbente del mecanismo: inmóvil y atónito, estará en el centro del espectáculo inesperado, sorprendente, que escapa a cualquier control por su parte. Sin posibilidad de defenderse».[19]

Menos tajante en su valoración, Manfredo Tafuri interpretó este proyecto en una clave más matizada, como un claro intento de generación de una *opera aperta* a la Umberto Eco, un autor al que Sacripanti siguió muy de cerca.[20] Para Tafuri, el proyecto empleaba un principio que llamó «organicidad figural de la estructura forma», que transmutaba en figura

Figura 27: Maurizio Sacripanti, proyecto para el nuevo teatro lírico de Cagliari. Maqueta del interior. Cortesía de la Accademia Nazionale di San Luca, Roma. Fondo Maurizio Sacripanti.

Figura 28: Maurizio Sacripanti, proyecto para el nuevo teatro lírico de Cagliari. Maqueta del interior. Cortesía de la Accademia Nazionale di San Luca, Roma. Fondo Maurizio Sacripanti.

Figura 29: Maurizio Sacripanti, proyecto
para el nuevo teatro lírico de Cagliari.
Maqueta de la solución definitiva. Cortesía
de la Accademia Nazionale di San Luca,
Roma. Fondo Maurizio Sacripanti.

arquitectónica las estructuras informacionales espacializadas provenientes de la teoría de la información y la cibernética. Como consecuencia de esa operación, el edificio procuraba la «forma como destrucción del concepto tradicional de lugar», de modo que se hacía «necesaria una nueva organicidad semántica de la dialéctica entre disponibilidad de la estructura y concreción de los límites físico-expresivos programados en el acto de proyectar».[21]

A comienzos de los años sesenta, Italia fue uno de los centros de debate en torno a los avances de la lingüística y la teoría de sistemas, en gran medida gracias a Umberto Eco. Sacripanti experimentó en varios proyectos con estructuras aleatorias de cierta escala y con la idea de lo que llamó «eventos programados». Pero no puede olvidarse que en 1964 la Trienal de Arquitectura de Milán se dedicó al *tempo libero,* a la nueva ideología del ocio masivo diseñado desde políticas gubernamentales.[22] En esa fecha y años sucesivos, la cultura teatral italiana experimentó un florecimiento desde dos frentes bien distintos que encendieron los debates: el Piccolo Teatro de Milán y otros teatros experimentales de gestión pública (el medio cultural reformista de Canella), y la escena underground de Roma (el medio cultural rupturista de Sacripanti). En el primer caso el problema era el de la gestión, sujeta a las leyes de la competencia o colocada bajo políticas de proteccionismo que harían hablar a la crítica de izquierdas encarnada en Tafuri de una «política apolínea democrática del tiempo libre». Para el teatro independiente romano, de Carmelo Bene a Lucca Ronconi o Giuliano Vasilicò, el tema era otro bien distinto, el de la continuidad de las vanguardias internaciones

de Antonin Artaud, Jerzy Grotowski, el Living Theater o el Bread and Puppet.

Tafuri polarizó estas dos tendencias vinculándolas con dos tradiciones históricas. La culminación del proyecto ilustrado de Francesco Milizia para el caso milanés, un teatro de estado con un carácter moral y pedagógico, y la disolución del teatro de vanguardia en la ciudad para el caso romano en pequeños locales, salas periféricas, en la calle o en circos provisionales, siguiendo la vanguardia histórica cubofuturista, dadá y surrealista principalmente.[23] Al polarizarse así el rito teatral, el público también lo hacía peligrosamente, segmentándose en ámbitos de interacción social cada vez más aislados entre sí. Por una parte una burguesía culta, reformista e inclusiva que tendía a incorporar en sí a las clases trabajadoras en sus hábitos de gusto y consumo; y por otra una nueva clase social urbana marcada por una identidad desdibujada, flexible y nómada, que experimentaba una forma de consumo cultural mucho más singularizada, pero que la desvinculaba progresivamente de la conciencia de clase tradicional.

LA CALLE RECONQUISTADA

La solución a ese dilema, la tercera vía, era en palabras de Manieri-Elia el teatro-móvil como híbrido entre el templo y la máquina, del que proporcionó un ejemplo destacado en su crónica. Se trata del proyecto de concurso para el nuevo teatro de Udine presentado por Constantino (Nino) Dardi (1936-1991) y Mario Ricci en 1974, un proyecto jamás publicado en ninguna revista de arquitectura especializada,[24] pero mostrado y comentado en el encuentro de Vicenza por Manieri-Elia en 1975 y, solo un año después, en 1976, en un oscuro texto de Tafuri sobre la historia de la arquitectura teatral italiana.[25] Este fascinante proyecto captó el interés de Navarro en Vicenza al presentarle un análogo inmediato a su propio proyecto de Teatro Móvil, de modo que lo incorporó a su rico abanico de referencias como un caso ejemplar que guarda enormes similitudes con su propio trabajo, diseñado tres años antes y que presentaba una problemática proyectual idéntica.

La preocupación de Navarro acerca de la disolución del espacio teatral y su consecuencia en la arquitectura fue plenamente compartida por Manieri-Elia, que también abogó por un «teatro de total desaparición» que mantuviese para sí un soporte físico arquitectónico bien tramado con el tejido urbano y, por inmediata continuidad, con el medio social. Es ahí donde parece encajar a la perfección el proyecto de Nino Dardi y Mario Ricci, ya que consiste en un edificio llamado «teatro madre» ubicado en el solar destinado para el concurso, pero construido como una estructura modular de barras de 2.40 metros de lado desmontable y móvil que es capaz de ocupar calles, plazas y parques mediante el traslado de esos elementos modulares en máquinas transportadoras o *autotreni*. A esta configuración de barras la llamó Dardi «módulo de circulación teatral» (Figuras 30 y 31). Esa operación de montaje, traslado y desmontaje formaba parte plena del propio rito teatral, realizado para cada puesta en escena a la vista del público que, por consiguiente, participaba como espectador del rito de la construcción que lo alojaría inmediatamente después como público. El espectro del ritual, de la situación en que se desarrollaba y de su relación con la arquitectura, resultaba claramente enriquecido con esta propuesta de espacio teatral móvil.

Con el lema *Lego*, el proyecto de Nino Dardi y Mario Ricci proponía tal «teatro madre» compuesto por una estructura cúbica de 28.80 metros de lado, es decir doce módulos, con una altura total de 38.40 metros, es decir dieciséis módulos, tres de los cuales se ubican bajo la cota cero procurando con ello el espacio de platea en grada fija rodeando una escena central cuadrada. A dos de sus lados y a la cota cero, se ubicaban las vías de entrada y salida de los propios módulos, los *autotreni* que invaden las calles saliendo en procesión del «teatro madre» para configurar escenarios efímeros. La volumetría visible era por tanto un cubo perfecto, con algunos elementos adheridos con forma de cuña o semiesfera de gran escala e impacto visual, como apéndices expresivos de un espacio platónico ideal matriz, construido a partir del módulo de 2.40 metros (Figura 32). Dardi fue un arquitecto fascinado por las formas platónicas, la modulación y la estructura lineal, que trabajó intensamente en la reconciliación de la forma atávica abstracta con la industria.[26]

Sin embargo, más allá del propio edificio, son los escenarios efímeros múltiples lo que verdaderamente convierte a este proyecto en una propuesta muy singular que realiza el tránsito del teatro-máquina al teatro-móvil con una naturalidad sorprendente y un mínimo despliegue de recursos técnicos. Una parte muy significativa del volumen contenido en la basa del edificio se desmonta y se transporta a espacios abiertos de la ciudad, configurando escenas múltiples en la tradición de los *luoghi deputati* medievales. Algunos dibujos entregados al concurso muestran diversas posibilidades. Por ejemplo, para la Piazza I Maggio, se propone un escenario convencional frontal a la italiana, que ocupa el sector sureste de esta plaza ajardinada

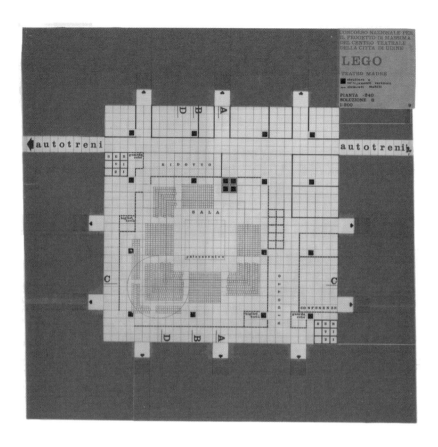

Figura 30: Nino Dardi y Mario Ricci,
proyecto para el nuevo teatro de Udine,
planta del «teatro madre» cota -2.40,
solución B, escala 1/200. Cortesía del
Archivio Progetti, IUAV.

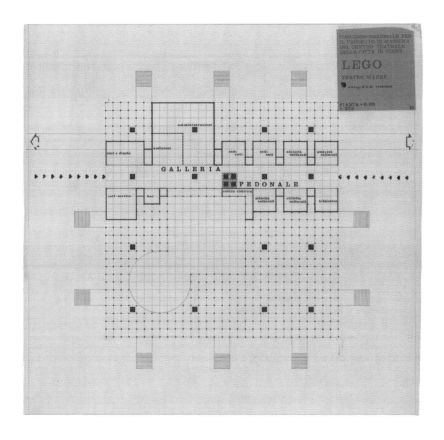

Figura 31: Nino Dardi y Mario Ricci,
proyecto para el nuevo teatro de Udine,
planta del «teatro madre» cota 0.00,
solución B, escala 1/200. Cortesía del
Archivio Progetti, IUAV.

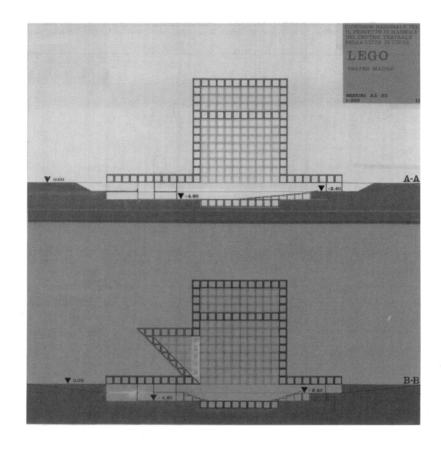

Figura 32: Nino Dardi y Mario Ricci,
proyecto para el nuevo teatro de Udine,
secciones del «teatro madre» escala 1/200.
Cortesía del Archivio Progetti, IUAV.

de Udine. Para la Piazza Mateotti (Figuras 33 y 34) se propone una estructura alargada en puente compuesta por tres núcleos conectados entre sí, cada uno de los cuales abraza una preexistencia: un baldaquino que cubre un pozo a un extremo, una alta columna exenta en el centro y una fuente al otro extremo, de modo que se trataría de una escena tripartita simultánea y/o alternante. Los textos que acompañan los dibujos de proyecto son muy explícitos en cuanto a este funcionamiento: «Acción en la Piazza Mateotti. Revestimiento —con elementos transportados desde la estructura del teatro madre— del baldaquino, de la columna y de la fuente de la plaza. Unión en puente de las tres protuberancias»; y también: «Sección por la Piazza Mateotti. El revestimiento de los elementos determina una serie de planos equipados con luces y proyecciones, donde los actores pueden desarrollar una serie de acciones múltiples que involucren espacialmente las tres protuberancias de la plaza».

Para la Piazza Patriarcato se concebía (como en la Piazza I Maggio) un escenario elevado tradicional abierto hacia la plaza, dejando a uno de sus lados la imponente fachada de la iglesia de San Antonio como cierre escénico lateral del espacio urbano (Figuras 35 y 36). En este escenario debía culminar una acción escénica iniciada con el transporte y montaje lineal a lo largo de la Via Treppo, proveniente del «teatro madre», por encima y debajo del cual se iba desarrollando la acción escénica acompañando el propio movimiento del público hasta ocupar sus butacas en el escenario principal. Las notaciones explican la total fusión de arquitectura y acción teatral: «Sección longitudinal por la Via Treppo. Elementos modulares del teatro madre que constituyen la cubierta para una

acción teatral que se desarrolla linealmente a lo largo de la calle»; «espectáculo tradicional escenificado en la Piazza Patriarcato con elementos retirados del teatro madre»; o «Conclusión de la acción a lo largo de Via Treppo con puesta en escena tradicional en la Piazza Patriarcato».

Estas posibilidades de ocupación de la ciudad presentadas al concurso demostraban la total flexibilidad y variabilidad de montaje y de tipos de escena y relación público-platea, siempre motivadas por la movilidad del público y de los propios elementos constructivos del edificio. Este proyecto disuelve el teatro-máquina (un producto arquitectónico estrictamente técnico y de producción de efectos), en el espacio urbano con escenarios que producen, como afirmó Tafuri: «una relación lábil y en el límite indeterminada, entre la morfología urbana y la tipología edificatoria».[27]

En la triada de arquetipos espaciales y arquitectónicos que acabamos de ver con detalle, la teatralidad juega roles distintos, pero en todos ellos la arquitectura es un umbral de paso imprescindible en todo ritual. En el teatro-templo burgués la arquitectura asume una función catártica enfocada a la reafirmación de un cuerpo social bien definido y compacto, que la propia arquitectura ayuda a construir y ensalzar, un cuerpo social laico (aunque secularizado desde un origen religioso) que mediante procesos de identificación con la escena adquiere cohesión e identidad comunitaria. Estas arquitecturas suponen continuidad con ritos aceptados por la mayoría y su principal objetivo es dar legitimidad y continuidad histórica a esos ritos. El teatro-máquina opera de modo similar en tanto que legitima rituales y los ensalza, pero introduce el shock en el ritual para renovarlo

Figura 33: Nino Dardi y Mario Ricci, proyecto para el nuevo teatro de Udine, esquema en planta para la Piazza Mateotti, escala 1/500. Cortesía del Archivio Progetti, IUAV.

Figura 34: Nino Dardi y Mario Ricci, proyecto para el nuevo teatro de Udine, croquis para la Piazza Mateotti. Cortesía del Archivio Progetti, IUAV.

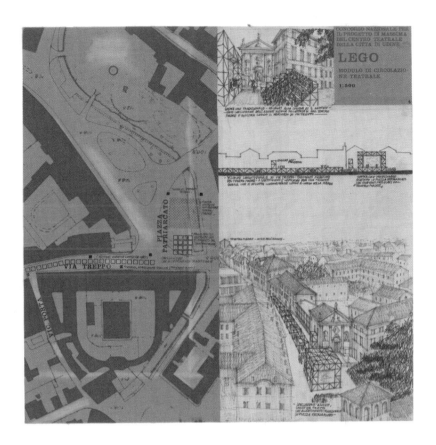

Figura 35: Nino Dardi y Mario Ricci, proyecto para el nuevo teatro de Udine, esquema en planta para la Piazza Patriarcato, escala 1/500. Cortesía del Archivio Progetti, IUAV.

Figura 36: Nino Dardi y Mario Ricci, proyecto para el nuevo teatro de Udine, croquis para la Piazza Patriarcato. Cortesía del Archivio Progetti, IUAV.

y producir así, con esa operación, nuevos rituales sociales que modifican sustancialmente al sujeto. Una parte muy significativa de la vanguardia teatral operó de este modo, procurando renovaciones profundas desde el propio interior del teatro, introduciendo alteraciones en los roles intervinientes en el rito teatral y desafiando los roles previos. Con la alteración de roles el rito adquiría nuevas formas, pero el dispositivo mantenía más o menos intacto su funcionamiento como aparato de legitimación de un determinado ideal moral y pedagógico.

Sin embargo, toda historia tiene un origen, y todo teatro-templo fue, en algún momento seminal y de agitación socio política, un teatro-máquina de renovación de los comportamientos, lo que los vincula en una relación inquebrantable. El arquetipo del teatro-móvil o caravana que pone en juego Javier Navarro investiga, por su parte, un origen aún más remoto o anterior para intentar escapar de esta historia de la que siempre conoceríamos su final trágico. Se trata de aquel origen en el que los roles están aún en formación y en completa reversibilidad, la propia «situación en desarrollo» como rito potencial, el espacio exterior al propio dispositivo teatral, la calle y la vida diaria, produciendo ensayos menos estables y duraderos, pero más atentos a los comportamientos reales, que experimentan un sinfín de transformaciones que otras arquitecturas no permiten capturar con tanta precisión y delicadeza.

1. Javier Navarro de Zuvillaga: «The Disintegration of Theatrical Space», *Architectural Association Quarterly*, vol. 8, n. 4, 1976, pág. 24.

2. Ibidem.

3. Guido Canella: *Il sistema teatrale a Milano*, Bari: Dedalo Libri, 1966. Aunque todo el libro contiene textos relevantes, es el capítulo primero «Il teatro e i compiti della architettura», el que recoge las ideas principales, págs. 7-17. También se recogen ideas similares en Guido Canella: «Il nuovo teatro cerca la città», *I Problemi di Ulisse*, año XXII, vol. 10, 1969, págs. 9-19.

4. Guido Canella: «Teatri e pseudo-teatri», *Zodiac*, n.2, 1989, págs. 70-93.

5. Le Corbusier: «Le théâtre spontanè», en André Villiers y André Barsacq (eds): *Architecture et dramaturgie*. Bibliothèque d'Esthétique, París: Flammarion, 1950. El texto logró su máxima difusión en los círculos arquitectónicos con su edición abreviada en las publicaciones en varios idiomas del Congreso Internacional de Arquitectura Moderna CIAM VIII de Hoddesdon, celebrado en 1951, tres años después de la conferencia de Le Corbusier de La Sorbona. La edición inglesa *The Heart of the City*, fue publicada por Lund Humphries & Co. Ltd., en Londres, y la española *El corazón de la ciudad*, por Hoepli S. L. en Barcelona, ambas en 1955 con edición de Ernesto Nathan Rogers, Josep Lluis Sert y Jacqueline Tyrwhitt.

6. El seminario, con el título *L'Architettura teatrale dal Palladio ad oggi*, contó con veintidós ponentes internacionales y todos ellos excepto Manieri-Elia y Tafuri se centraron en la historia del teatro desde el Renacimiento hasta el final del siglo XIX. La desproporción en la atención de los historiadores a los diferentes periodos históricos resulta notable y evidente.

7. La empresa Galería Preciados consideró la posibilidad de emplear el Teatro Móvil como dispositivo de exhibición de sus colecciones de moda en espacios de la ciudad de Madrid.

8. Mario Manieri-Elia: «Il teatro moderno», *Bollettino del Centro Internazionale di Studi di Architettura Andrea Palladio*, vol. XVII, Vicenza 1975, pág. 379. Existe versión castellana «El teatro moderno», en *Carrer de la Ciutat*, n° 12, Barcelona 1980, págs. 28-36. Se ha consultado la edición original.

9. Ibidem.

10. Ibidem, págs. 380-381.

11. Piero Berengo Gardin: «Teatro?», *I Problemmi di Ulisse*, año XXII, vol. 10, págs. 25-31. Berengo Gardin aparece en los créditos de la revista como publicista y defiende en su propuesta un teatro mediático de shock en la línea de Gropius y Piscator, que confronta con los medios de masas audiovisuales con un edificio esférico derivado del espacio escénico de Artaud.

12. Mario Manieri-Elia, op. cit., pág. 380.

13. Ibidem, pág. 386.

14. Guido Canella: *Il sistema teatrale a Milano*, op. cit., págs. 125-136, donde se analiza el estado actual del sistema teatral milanés en 1965.

15. Maurizio Sacripanti: «Il total teatro di Maurizio Sacripanti», *Domus* 437, abril de 1966, págs.1-11. Este proyecto fue ampliamente publicado en Italia y Francia. En Italia, además de la extensa reseña de *Domus*, apareció en Bruno Zevi: «Un concorso concluso con sei voti contro cinque. Nasce in Sardegna il teatro in condominio», en el periódico *l'Espresso*, del 16 de octubre de 1965 y como «Concorso nazionale per il teatro di Cagliari», en *L'Architettura. Cronache e Storia*, n° 123, 1966. En Francia se publicó como «Théâtre total», en *L'Architecture d'Aujourd'hui*, n° 128, 1966. En España apareció en el mítico número 28 de la revista *Nueva Forma*, de mayo de 1968, en el que Juan Daniel Fullaondo expuso su visión de la arquitectura del momento en su ambicioso y largo texto «Agonía. Utopía. Renacimiento».

16. Maurizio Sacripanti: «Il total teatro di Maurizio Sacripanti», *Domus* 437, abril de 1966, pág.1.

17. Ibidem, pág. 1 y siguientes.

18. La colaboración de Cedric Price con Gordon Pask, experto en cibernética, data de la misma fecha aproximada que la de Maurizio Sacripanti con Giovanni Pellegrineschi, entre 1963 y 1965.

19. Mario Manieri-Elia: op. cit., págs. 384-385.

20. Sacripanti estuvo muy próximo también a Bruno Zevi, que publicó algunos de los escritos de este arquitecto romano en relación con la semiótica de Umberto Eco. Véase Maurizio Sacripanti: «Città di frontiera», *L'Architettra Cronache e Storia* 187, mayo de 1971, págs. 56-60; y «Maurizio Sacripanti sulla linguística architettonica», *L'Architettra Cronache e Storia* 230, diciembre de 1974, págs. 531-533.

21. Manfredo Tafuri: «Opera aperta e spazio polivalente», *Grammatica-Teatro*, n. 2, 1966.

22. Manfredo Tafuri: «Architettura italiana 1944-1981», en *Storia dell'Arte Italiana VII. Il Novecento*, Turín: Einaudi, 1982, pág. 102.

23. Mafredo Tafuri: «Il luogo teatrale dall'Umanesimo ad oggi», en *Teatri e Scenografie*, Milán: Touring Club Italiano, 1976, págs. 38-39.

24. Junto a Dardi y Ricci, colaboraron en el proyecto de Udine Giovanni Morabito, Franz Prati y Ariella Zattera. Mario Manieri-Elia fue también colaborador ocasional de Dardi en su estudio.

25. Mafredo Tafuri: «Il luogo teatrale dall'Umanesimo ad oggi», op. cit.

26. Sobre Nino Dardi existe una monografía excepcional editada por Franceso Moschini: *Constantino Dardi. Semplice, lineare, complesso*, Roma: Editrice Magma, 1976. Recientemente se ha publicado Claudio Mistura (ed.): *Constantino Dardi. Forme dell'Infrastruttura*, Padua: Il Poligrafo, 2017.

27. Manfredo Tafuri: «Il luogo teatrale dall'Umanesimo ad oggi», op. cit., pág. 39.

CAPÍTULO 2_
ENVIRONMENT

A partir de la apropiación de la taxonomía de Guido Canella, Javier Navarro clasificó a su vez el tercer tipo, el teatro-móvil, en tres grupos distintos: «*environment* encontrado», «*environment* preparado» y teatro ambulante. El llamado teatro de *environment* o teatro ambiental fue una corriente estética de ámbito global, aunque sistematizada teóricamente en Estados Unidos en la década de los años sesenta con una enorme influencia. Al referirse a este fenómeno cultural, Navarro pretendía en primer lugar contribuir a una mejor definición del panorama de la actividad teatral experimental del momento, que conoció una enorme diversidad de formatos prácticos.

En segundo lugar Navarro buscaba un encuadre lo más preciso posible de su propio proyecto en el marco de un panorama de tendencias muy amplio. Para hacerlo, se valió de una aportación tomada de otro estudioso del teatro, el historiador y escenógrafo norteamericano Brooks McNamara (1937-2009), que distinguió entre lo que llamó el «*environment* encontrado» y el «*environment* transformado» en un texto publicado en la revista de la Architectural Association[1] en el verano de 1975, un año antes de la publicación del propio Navarro en esa misma revista quien, para esa fecha, se encontraba en Vicenza.

Con sus términos «*environment* encontrado» y «*environment* transformado», McNamara se refería en el primer caso a espacios existentes, cerrados o al aire libre, urbanos o no, y tomados tal cual o con mínimas transformaciones como escenarios; y en el segundo caso a espacios más asimilables a un teatro convencional, en concreto salas de cierto tamaño y también existentes, que experimentaban sucesivas transformaciones ambientales para cada pieza escénica en su totalidad, no solo de modo parcial, y sin distinguir áreas separadas para la acción y el público.[2]

Manteniendo esa clasificación y la terminología dentro del amplio paraguas terminológico de teatro-móvil, Navarro le añade un tercer tipo, el teatro ambulante, en el que lógicamente se ubica su propio Teatro Móvil con total naturalidad.[3] Pero la insistencia al comentar con cierto detalle los otros dos tipos, los dos *environments*, indica que existe entre todos ellos una cierta relación que su escrito dejaba solo apuntada. Sin embargo, algo quedaba claro en el relato de Navarro, que tanto el teatro-templo como el teatro-máquina eran a esas alturas vías agotadas para la renovación de la escena y de la arquitectura teatral, por lo que solo cabía investigar el teatro-móvil como filón de trabajo.

La ciudad como *environment* transformado en teatro había sido para la iglesia católica un filón ideológico que esta tendencia estética norteamericana retomaba a la contra, empleando los mismos métodos de trabajo y herramientas prácticas, pero con objetivos ideológicos opuestos. Los autos de fe de la inquisición española fueron grandes pues-

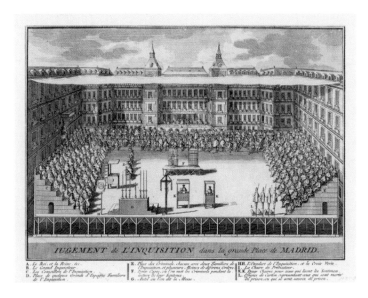

IUGEMENT de L'INQUISITION dans la grande Place de MADRID.

tas en escena del poder y de la dominación (Figura 37).

El ambientalismo norteamericano, sin embargo, buscó otros referentes en los que el proyecto estético y el ideológico coincidían con el suyo, eludiendo referirse a este tipo de celebraciones crueles. Uno de los principales antecedentes, que suele citarse como el origen del ambientalismo norteamericano, fue la *Tormenta de invierno* puesta en escena como espectáculo de masas y celebrado en la plaza del Palacio de Invierno de Petrogrado el 7 de noviembre de 1920 (Figura 38). Este evento fue concebido para el tercer aniversario de la Revolución de Octubre y seis mil personas participaron como intérpretes, entre ellos actores profesionales, estudiantes de teatro, soldados y trabajadores, para un público de unos cien mil asistentes. La dirección corrió a cargo de Nikolai Evreinov,

N. V. Petrov y Alexander Kugel. Fue concebido como una procesión con diversos puntos de acción en el recorrido, que culminaba en la plaza del palacio. En ella, el escenógrafo Yuri P. Annenkov construyó diversos grandes escenarios. En el centro y alrededor de la columna de Alejandro, se disponía una plataforma para los directores. Al fondo y sobre la fachada del Edificio del Estado Mayor, se instalaron dos escenarios. A la izquierda el llamado Ciudad Roja, a la derecha la Ciudad Blanca, y entre ellos un puente. El público estaba acordonado en dos grandes superficies cuadradas en el centro de la plaza, a ambos lados de los directores, dejando un quinto escenario como corredor desde al arco del fondo hasta el propio Palacio de Invierno.

En 1981 Javier Navarró tuvo la ocasión de proyectar un entorno ambiental completo para la Plaza Mayor de Madrid que emplea-

Figura 37: Anónimo, *Auto de fe en la Plaza Mayor de Madrid*, 1680. Museo de Historia de Madrid.

ba estos mismos recursos, haciendo un uso extensivo de las técnicas ambientalistas investigadas años atrás por la escena experimental norteamericana que él había estudiado y asimilado para la concepción de su Teatro Móvil (Figura 39).

En su artículo de 1976 Navarro recogía esas inquietudes con precisión a partir de McNamara. En primer lugar, Navarro afirmaba que su Teatro Móvil, y en general todo teatro ambulante, tiene algo de teatro-máquina, pero se refiere más a la necesaria tecnificación del propio dispositivo para ser móvil que a su funcionamiento como máquina social de acondicionamiento de sujetos. Esto no resulta en absoluto explícito en su texto, pero sí en el propio proyecto arquitectónico, ya que apenas informa sobre su funcionamiento como dispositivo social ni indica nada acerca del plano subjetivo del espectador, que es seguramente, junto al propio fenómeno de tecnificación, el punto en el que incidieron más los ideólogos del teatro-máquina. Piscator y Gropius buscaban bombardear al espectador en todo su sensorium para transformarlo como sujeto de percepción, no tanto de enunciación, aunque confiando en que el primer fenómeno dirigiría hacia el segundo. Y su heredero Sacripanti es aún más explícito al referirse a su teatro de Cagliari como una gigantesca máquina cibernética en la que el espectador opera como una de las perforaciones de la tarjeta que activa el mecanismo, como un activador más del gadget.

En segundo lugar, también afirmaba Navarro de la mano de McNamara,[4] que el teatro de *environment* no rompe, como sí hace el teatro-máquina, con la tradición de la farándula nómada callejera y su poder transgresor de la normatividad de comportamientos urbanos, sino que busca precisamente reactivarla bajo las nuevas condiciones impuestas por la modernidad, de ahí que Navarro asocie inmediatamente el concepto de teatro-móvil de Canella con el de teatro de *environment* de McNamara. En este sentido, el tipo de relación del teatro de *environment* con la ciudad no puede equipararse al del teatro-máquina, que no es sino un teatro-templo actualizado técnicamente por lo que se refiere a su rol urbano. En su lugar, el teatro de *environment* debe reactivar esa teatralidad difusa y en ocasiones partisana característica de la tradición nómada medieval. Las tres vías detectadas para ello, el *environment*

Figura 38: Yuri Annekov, *La Tormenta de Invierno*, dibujo preparatorio para la puesta en escena del espectáculo de masas celebrado en la plaza del Palacio de Invierno de Petrogrado el 7 de noviembre de 1920. Museo Estatal del Teatro A. A. Bajrushin, Moscú.

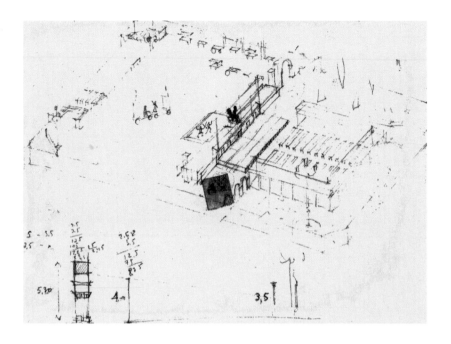

encontrado, el transformado y la escena ambulante, están por tanto muy imbricadas entre sí y conocen muchos solapes en el plano concreto de las realizaciones y de la propia teoría.

Podemos decir que lo que caracteriza a este modo teatral de hoy es que, en vez de hacer teatro en el lugar apropiado, busca en cada ocasión el lugar apropiado para hacer teatro. Esto que se podría confundir con una indiferencia respecto al espacio teatral no lo es. Al contrario, supone una mayor atención al mismo al considerar que el espacio teatral puede ser cualquier lugar: un teatro antiguo o moderno, cubierto o al aire libre, un palacio de deportes, una plaza, un parque, una fábrica.[5]

En el teatro de *environment*, sea encontrado o transformado, la movilidad se refiere no tanto a la del propio tinglado, sino a la de la comunidad artística y al público mismo como una parte del tejido social, que se mueve o bien por el propio espacio escénico unificado, o bien abandonando el edificio del teatro para producir un espacio nuevo que, sin embargo, ya posee una base física previamente construida. Además, ese movimiento dentro o fuera del edificio especializado tiene como principal objetivo la superación de la división dual característica del edifico teatral

Figura 39: Javier Navarro de Zuvillaga, *Proyecto de ambientación para la Fiesta de los Austrias*, homenaje a Calderón de la Barca en el III centenario de su fallecimiento. Plaza Mayor de Madrid julio de 1981. Imagen cortesía de Javier Navarro de Zuvillaga.

en platea y escena, y su reunificación en nuevas estructuras específicamente diseñadas para propiciarla.

El teatro-templo mantenía conscientemente la división para dar continuidad a las funciones de auto-representación social del teatro ortodoxo, mientras que el teatro-máquina, insatisfecho con esa división, ensayaba formas de reunificación o síntesis, pero estrictamente contenidas dentro de los muros del edificio teatral.

El teatro-móvil, dentro del cual Navarro ubica los dos tipos posibles de teatro de *environment* y el suyo propio, ensaya formas de unificación del espacio que pretenden superar el propio entorno del edificio teatral, procurando hacer esa unificación extensiva a la totalidad de la ciudad. Es lógico que el recurso principal fuese salir del edificio teatral literalmente, en paralelo a la huida de los artistas plásticos de los estudios y las galerías, es decir de los circuitos de producción y exhibición institucionales.

TRAGEDIAS EN UN GARAJE

McNamara fue, junto al director teatral Richard Schechner (1934) y el escenógrafo Jerry Rojo (1935-2018), el tercer miembro del núcleo duro del llamado teatro de *environment* norteamericano, con quienes había intervenido en un número considerable de producciones teatrales de una gran influencia, lograda gracias a una intensa labor académica en universidades norteamericanas y

una práctica editorial continuada desde la revista TDR, dirigida por Schechner, y algunas publicaciones monográficas. Las siglas de la revista se correspondían con las sucesivas vinculaciones académicas de Schechner, primero en Nueva Orleans entre 1962 y 1967 con *Tulane Drama Review* (Tulane University, donde la revista comenzó a editarse en 1957), y después en Nueva York entre 1967 y 1969 con *The Drama Review* (New York University, donde se sigue editando hoy). Michael Kirby (1931-1997), otro artista e historiador oficial de los *happenings*, es crucial en este contexto, y fue director de la revista TDR entre 1970 y 1986, cuando Schechner

Figura 40: Portada de la revista TDR *The Tulane Drama Review*, vol 10, n. 2, 1965.

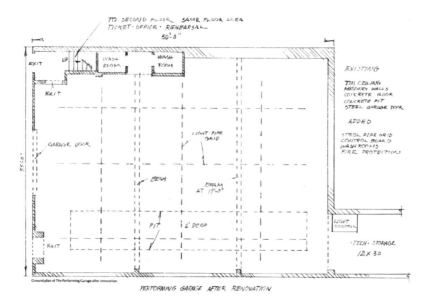

Figura 41: Performing Garage, planta del espacio tras la renovación, dibujada por Jerry Rojo y reproducida por Schechner.

volvió a hacerse cargo de ella hasta la actualidad. Esta revista logró dar a conocer la totalidad de la cultura teatral del momento sin límites geográficos ni culturales de ningún tipo, ofreciendo amplias monografías temáticas que cubrieron el teatro no-occidental, la teoría social de juegos y de roles, el teatro popular, la vanguardia europea y la totalidad de la escena experimental del momento a nivel global.[6] Kirby editó un número especial de *Tulane Drama Review* que contenía entrevistas, ensayos, conversaciones, diagramas y reseñas de piezas (Figura 40). En esa importante publicación intervinieron, además del propio Michael Kirby, Robert Ashley, John Cage, Ken Dewey, Letty Eisenhauer, Anna Halprin, Dick Higgins, Theodore Hoffman, George Maciunas, Jackson Mac Low, Robert Morris, Claes Oldenburg, Yvonne Rainer, Ramón Sender, Paul Sills, Kelly Yeaton y La Monte Young.

Richard Schechner fue el fundador del grupo The Performance Group en 1967 en Nueva York y el principal ideólogo del teatro de *environment*.[7] Este grupo teatral tuvo un espacio propio desde 1968, el llamado Performing Garage, situado en el SoHo en una antigua imprenta, que en la actualidad sigue operando como sede del Woodster Group desde 1980 (Figura 41). El espacio mide 50 pies de largo, 35 de ancho y 19 de altura (15. 24 x 10. 67 x 5.79 metros). Según la descripción de Schechner:

El edificio se había construido en 1960 entre medianeras como una imprenta de estampación de metal. Instalaron cuatro vigas de acero, dos a cada lado, y dos vigas cruzadas y construyeron sobre ese marco. La planta baja tiene un foso que se usaba para las tripas de la imprenta. El espacio nunca fue realmente un garaje, pero lo llamamos El Garaje porque la primera vez que lo vi había un camión de la basura aparcado allí. Como habíamos decidido llamarnos The Performance Group parecía apropiado llamarlo The Performing Garage. El suelo es de hormigón y los muros de bloque de hormigón, y hay un portón que da a Woodster Street (al este del edificio) y dos pequeñas ventanas donde más tarde pusimos el aire acondicionado.[8]

Entre 1968 y 1975, fecha en la que comenzaron las tensiones internas del Performance Group y una nueva época en su gestión, se ofrecieron cinco producciones imprescindibles para la historia del teatro de *environment* norteamericano en las que intervino como diseñador Jerry Rojo: *Dionysus in 69* (1968), basado en Las Bacantes de Eurípides con un texto de Schechner escrito a partir de sesiones de improvisación; *Makbeth* (1969), con texto de Schechner a partir de la obra de Shakespeare; *Comunne* (1970), un trabajo con autoría del grupo al completo; *The Tooth of Crime* (1972), de Sam Shepard; y *Mother Courage and her children* (1975) de Bertold Brecht.

La primera producción, *Dionysus in 69*, que un año más tarde fue llevada al cine por Brian de Palma, se puso en escena con dos torres de diecinueve pies de altura (casi seis metros), dispuestas diagonalmente que dividían el espacio en tercios, una galería de tres pisos en la cara norte, y tres plataformas bajas sobre el pavimento (Figura 42). Según Schechner, el propio grupo hizo gran parte del trabajo de construcción por carecer de presupuesto para contratar a una empresa

y, al pintarse las paredes de blanco, se construyeron dos andamios que quedaron integrados en los ejercicios que hacía el grupo durante la preparación de la pieza.[9] Una ligera estilización de los andamios dio finalmente forma al espacio. Schechner llamó a Kirby inicialmente para colaborar por ser escultor, pero sus ideas no resultaron satisfactorias y en su lugar entró Rojo al equipo. Las torres se construyeron con elementos de madera estandarizados y se convirtieron en una marca de estilo del Performance Group. Las plataformas centrales, que el grupo llamaba el «área sagrada», eran las colchonetas negras de cuero habituales que usaba la compañía para ensayar y aislarse del frío suelo de hormigón.

En mayo, solo un mes antes del estreno de junio de 1968, adquirieron alfombras negras en un saldo de una fábrica de tejidos, que cubrían parte del suelo y las paredes. Las dos torres se pensaron para el público, aunque parte de la acción sucedía en ellas. Pasado el estreno el espacio cambió ligeramente, con dos nuevas torres más bajas sobre ruedas, una en el fondo norte y otra cerca de la entrada. El espacio experimentó variaciones ocasionales, hasta el punto que dado el éxito de público (llegó a tener 163 representaciones en poco más de un año),[10] se añadió una tercera torre para poder incorporarlo (Figura 43).

Este espacio generó una relación con el público muy variable, de modo que el área central era claramente percibida como vacía y disponible para la acción a pesar de la total ausencia de obstáculos físicos, y el público se ubicaba según el grado de exposición que desease: menor si se colocaba en lo alto de las torres y mayor si se aproximaba a las plataformas centrales.

Figura 42: The Performing Group, *Dyonisus in 69*, foto del director rodeado del grupo, circa 1969.

Figura 43: The Performing Group, *Dyonisus in 69*, foto con Pentheus (William Shepard) arengando a los tebanos desde lo alto de una de las torres principales, circa 1969. Foto: Reanne Rubenstein.

Con esta pieza, Schechner llevaba a Nueva York una serie de técnicas y de ideas espaciales que había madurado desde al menos 1962 en la Tulane University, y que conocieron un amplio desarrollo en las producciones posteriores.[11]

ACCIÓN, ESPACIO Y AMBIENTE

Brooks McNamara, al igual que Schechner, había tomado el término «*environment* encontrado» de Michael Kirby, que lo usó en 1965 para referirse a los modos en que los *happenings* de finales de los años cincuenta trataban el espacio físico para sus manifestaciones.[12] Kirby realizó con su fecunda terminología una apropiación directa del concepto de «objeto encontrado» de Marcel Duchamp para trazar una continuidad entre la vanguardia europea y la norteamericana a partir del trabajo de John Cage y de Allan Kaprow, que son las piezas clave en esta compleja genealogía terminológica. Kirby distinguió claramente entre la forma artística de *environment* —entendido como un collage extendido a las tres dimensiones del espacio—, y la del «*environment* encontrado» —entendido como espacio sobre el cual proyectar acciones que tienen desarrollo en el tiempo.[13]

El factor temporal no juega por tanto el mismo papel en ambos formatos artísticos. En el *environment* es un tiempo subjetivo producto de la percepción absorbida y auto-referencial, muy similar a la condición del espectador del teatro burgués, mientras que en el «*environment* encontrado» el tiempo es idéntico al de la vida diaria porque viene dado por el propio espacio encontrado y todo lo que sucede en él, ofreciéndose como el escenario adecuado para el *happening*.

Además de esta precisión, Kirby observó que, para escenificar sus exposiciones, el dadá hizo uso de la noción de «*environment* encontrado», por ejemplo en la exposición de Colonia de 1920, en la que Jean Arp, Johannes Theodor Baargeld y Max Ernst instalaron las obras en el patio trasero de un café al que solo se podía acceder a través del aseo público. También señaló que André Breton, en 1921, animó a sus compañeros surrealistas a abandonar las galerías, teatros y espacios institucionales y salir a la calle para celebrar excursiones y visitas.[14] Con estas operaciones se teatralizaba la exposición de objetos y la experiencia cotidiana urbana en nuevos rituales sociales, de modo que suponían una profanación del espacio encontrado de la ciudad y al mismo tiempo un ataque contra la institución arte.

Para Richard Schechner, escribiendo también como Kirby en 1965, los *happenings* suponían dos grandes desafíos, que haría suyos en su propia propuesta de teatro de *environment* (Figuras 44 y 45). En primer lugar la introducción en un espacio de celebración de toda la complejidad semiótica de la calle como un entramado de estructuras de información; y en segundo lugar el juego con los modos perceptivos del espectador. Según Schechner: «aquellos que han tenido la experiencia de participar en un *happening* han comenzado un proceso de re-educación perceptiva».[15] Esta afirmación demuestra su profundo conocimiento de los protocolos que había puesto en circulación el *happening* como nuevo formato artístico.

También el mismo Kaprow en 1966 se refirió a estas cuestiones en uno de sus principios programáticos del *happening*, en concreto el que determinaba que: «G) La composi-

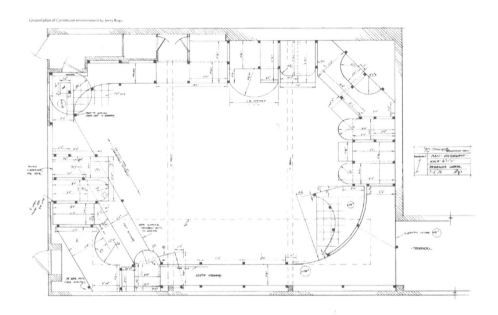

Figura 44: The Performing Group, *Comunne*, 1970. Planta de la escenografía de Jerry Rojo.

Figura 45: The Performing Group, *Comunne*, 1970. Maqueta de la escenografía de Jerry Rojo.

ción de un *happening* procede exactamente como los *assemblages* y los *environments*, es decir, se desarrolla como un collage de eventos en ciertos marcos temporales y en ciertos espacios».[16] Según su definición, este modo de composición no es clásico, ni en su modalidad orgánica ni en la mecánica, ya que no se persigue una unidad o totalidad como un objetivo en el que «los materiales se dan por supuesto» como medios para un fin. Más bien, este modo compositivo es absolutamente dependiente y subsidiario de los propios materiales que, en un evento escénico, incluyen «gente y naturaleza».[17]

Esta modalidad compositiva, que Kaprow heredó de John Cage, funcionó tanto en el teatro de *environment* de Schechner como en el Teatro Móvil de Javier Navarro, con escalas de trabajo y de intereses distintos, pero con procedimientos formales muy similares.

La composición por mera yuxtaposición de materiales espacio-temporales heterogéneos también era muy característica del teatro ambulante tradicional, sin embargo la relación del Teatro Móvil de Navarro con el teatro ambulante tradicional no es directa por dos motivos: porque en el teatro ambulante la caravana establecía un análogo a la escena y una separación con la platea (la calle o la plaza como platea del público); y porque en lugar de ir de ciudad en ciudad, se iría de emplazamiento en emplazamiento dentro de la propia ciudad.[18]

PARTITURAS URBANAS

Un precedente fascinante y radical a nivel urbano extenso es una pieza realizada el 9 de marzo de 1963 en San Francisco llamada *City Scale*. Este proyecto fue publicado por Kirby y Schechner en el número espe-

cial de TDR mencionado antes, dedicado a los *happenings*, y fue concebido por Ken Dewey, Anthony Martin y Ramón Sender.[19] *City Scale* era un ejemplo excepcional del empleo del «*environment* encontrado», ya que construía una partitura de eventos programados en la ciudad para un público en movimiento con transformaciones mínimas del espacio. El «*environment* encontrado» no era ya una galería de arte, un solar, un gimnasio o un parque, sino una enorme porción de la ciudad de San Francisco, que se convierte durante las seis horas de duración del evento en un gran contenedor teatral. El texto que compañó al proyecto en su publicación decía:

City Scale fue el evento culminante de una temporada dedicada a la exploración de la relación entre público y performers. Decidimos emplear el ambiente de la ciudad tan completamente como fuese posible, creando un viaje del cual emergieran elementos más o menos controlados. Muchos de los eventos fueron voluntariamente ambiguos, para que los miembros del público no tuvieran la certeza de saber si un incidente dado había sido planeado o estaba simplemente sucediendo. Los eventos más significativos fueron los que afectaron a la vida de la ciudad, interactuando con ella, o absorbidos en la estructura del trabajo. La llegada del público en dos camiones a un parque encaramado bien alto sobre una colina del distrito de Misión coincidió con la colisión entre dos bandas de jóvenes en el parque. Yo había llegado temprano para inflar cuatro globos meteorológicos de diecisiete pies, y percibí la presencia de los jóvenes. Justo cuando los dos grupos comenzaron a enfrentarse, nuestros camiones llenos de participantes excitados comenzaron a rugir. Sesenta personas comenzaron a correr a través del parque hacia los globos,

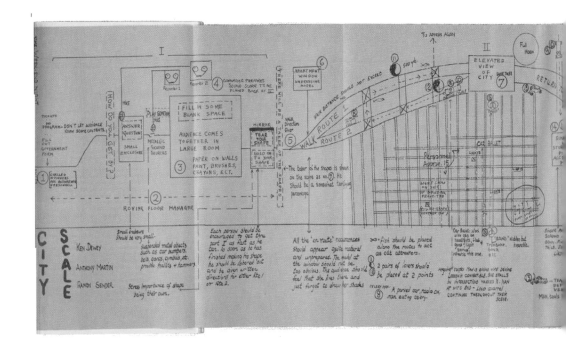

y los jóvenes se desplazaron hacia la perife-ria. No sé lo que les pasó por sus mentes en los momentos siguientes, cuando los adultos perseguían a los globos y unos a otros a tra-vés del parque. *City Scale fue una extensión natural de los experimentos sonoros en los que los miembros del Tape Music Center es-taban involucrados: improvisación de grupo, o piezas pregrabadas desplegándose en di-versos niveles de control. A partir de ahí se desarrolló nuestro actual interés por los tra-bajos ambientales, eventos de luz y sonido controlando tanto espacio dado como sea posible* (Ramón Sender).

Mi intención fue externalizar visualmente el mundo en nosotros mismos gracias a pro-porcionar un laberinto del entorno huma-no, una secuencia de eventos en la ciudad (Anthony Martin).

Ramón Sender Barayón fue su principal impulsor. Hijo del escritor español exiliado Ramón J. Sender, tuvo una educación mu-sical formal en la costa Este norteamerica-na completada en San Francisco, donde se vinculó de inmediato a la escena musical de vanguardia local. En 1961, mientras estudia-ba composición con Robert Erickson en el Conservatorio de San Francisco, dio los pri-meros pasos para fundar un grupo de enor-me relevancia para la contracultura musical del momento, el San Francisco Tape Music Center. Tras componer su primera pieza mu-sical de cinta magnetofónica, creó en el ático del edificio del conservatorio un estudio para esa modalidad musical específica, donde co-menzó a presentar trabajos junto a Pauline Oliveros, Terry Riley y Philip Windsor.[20]

Para *City Scale* se unieron a Sender dos figuras provenientes de ámbitos bien distin-

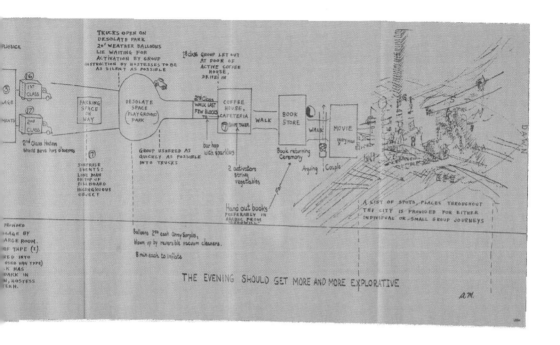

tos. Ken Dewey y Anthony Martin. Dewey tenía formación en escultura, escritura y artes escénicas con dos personas fundamentales de la costa oeste, Ronnie Davis, el fundador del San Francisco Mime Group, un grupo de teatro político callejero de guerrilla, y la coreógrafa Anna Halprin, fundadora del Dancers' Workshop y pionera de la danza posmoderna. Por su parte, Anthony Martin es un artista visual que se convirtió en el director artístico del San Francisco Tape Music Center. Martin se formó como pintor en el Art Institute de Chicago en la década de los años cincuenta. Al graduarse se trasladó a San Francisco, donde colaboró con Sender. Comenzó a elaborar piezas pictóricas realizadas con luz proyectada, vibraciones sonoras, imágenes reflejadas y masas líquidas luminosas, que adquirieron una enorme popularidad en los Acid Festivals de 1966.

A la composición musical expandida en el espacio que planteó Sender se unían por tanto la dramaturgia coreográfica de Dewey y la pintura expandida de Martin, como se puede observar en el documento gráfico que elaboró Martin para el proyecto, que tiene una gran elocuencia y recuerda vagamente a las restituciones de los escenarios múltiples medievales (Figura 46).

Figura 46: Ramón Sender, Anthony Martin y Ken Dewey, *City Scale*, 1963. Encarte desplegable con el mapa de la revista TDR, vol. 10, n. 2, 1965.

En este plano no existe una escala real, no posee coordenadas absolutas ni nombres de calles: ni las distancias, ni los tiempos, ni los tamaños se corresponden con relaciones exactas de proporción mutua. Solo se especifica «hora: noche de fin de semana» y «luna llena» para indicar el tempo del evento.[21]

El plano fue dibujado a mano por Anthony Martin y mide treinta y seis pulgadas de largo (casi noventa y dos centímetros), y fue reproducido como un encarte desplegable en el número especial de la revista TDR sobre *happenings* junto a un breve texto de Ramón Sender y una frase descriptiva de Anthony Martin.

Se trata de un ejercicio de transposición muy directa y casi inmediata de la partitura musical al espacio-tiempo urbano. Sin embargo, una interpretación minuciosa del mapa demuestra que todo el caos aparente se corresponde con una estructura en tres partes más una coda. El mismo Anthony Martin informa así sobre *City Scale*:

La gente se reunió en un entorno polisensorial y multimedia en nuestro espacio de Jones Street al final de la tarde, y se desperdigó por la ciudad para eventos preorganizados en las calles, colinas y túneles. El público se topó con eventos sorpresa pregrabados y en vivo en North Beach y con un "ballet de coches" en Telegraph Hill. Fue conducido en furgonetas alquiladas para elevar globos meteorológicos en Potrero Hill. El evento se extendió toda la tarde y hasta bien entrada la noche.[22]

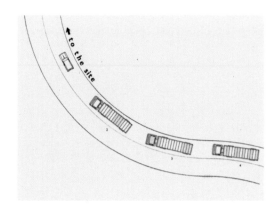

La transferencia de medios fue una estrategia central en el teatro del «*environment* encontrado» seminal como *City Scale*, como no podía ser de otro modo, ya que ponía en práctica ejercicios de transposición de unos medios a otros: de la música al ambiente, de la partitura al espacio mapeado. En el Teatro Móvil se ensayaban igualmente transferencias, pero se hacía a otro nivel. Según Navarro: «Así como el actor es lugar de personajes, el teatro es lugar de lugares, de todos los lugares imaginables. Es un lugar-ficción».[23]

Al realizar esta analogía o transposición del actor al espacio, se hace posible la consideración del espacio teatral y de su arquitectura como lugar-ficción, un espacio «actuado» por otros espacios, e invadido por la infinita sucesión de situaciones posibles, como lo es el actor en su relación con el texto dramático. El espacio escénico se presenta de este modo como un contenedor de ficciones que resulta imposible fijar en una arquitectura estática previa a la propia escritura del evento teatral, pasando a convertirse en una especie de escenografía arquitectónica variable, hasta el

Figura 47: Javier Navarro de Zuvillaga, fragmento del plano número 1 del Teatro Móvil, rotulado como The Caravan, mostrando parte de la caravana de furgones. Cortesía de Javier Navarro de Zuvillaga.

punto de llevar esa variabilidad a su posición física en el espacio más general posible, el de la ciudad (Figura 47).

El espacio teatral se hace móvil, viaja de un punto a otro; es además cinético, se construye en cada punto como performance arquitectónica o coreografía constructiva; y finalmente es ambiental-específico, se configura concretamente para cada evento que aloja según la ocasión. Es un pseudoteatro en la terminología de Canella y obedece a una combinación del espacio encontrado y el transformado. Sin embargo es el último elemento de esta cadena, el aspecto ambiental específico que exige una determinada configuración física para la situación, el que desata la secuencia conceptual que da lugar a este proyecto y el que, muy significativamente, tiene una menor formalización en el Teatro Móvil. Los documentos de proyecto son voluntariamente secos y convencionales, apenas muestran este teatro en funcionamiento, asumiendo que sus configuraciones específicas no deben anticiparse: el proyecto no tiene la necesidad de ser auto-demostrativo. No muestra su origen en los experimentos situacionales de Madrid y Londres, sin los que no obstante, no habría llegado a ser posible.

EL CANON AMBIENTALISTA

Esta operación de traslación del texto dramático al espacio, o del personaje como contenedor de ficciones al espacio como contenedor de otros espacios, supone una absorción concienzuda por parte de Javier Navarro de los preceptos enunciados en 1967 por Richard Schechner en sus famosos *Six Axioms for Environmental Theater*.[24] Estos axiomas eran: 1) El evento teatral es un conjunto de transacciones relacionadas; 2) Todo el espacio se usa para la obra, todo el espacio se usa para el público; 3) El evento teatral puede tener lugar en un espacio totalmente transformado o en un espacio encontrado; 4) El foco es flexible y variable; 5) Todos los elementos de la producción hablan su propio lenguaje; y 6) El texto no necesita ser ni un punto inicial ni el objetivo de una producción, puede no haber texto en absoluto.

Los seis axiomas no determinaban normas prescriptivas concretas, sino que animaban a desafiar las convenciones normativas de la escena, en particular las relativas al espacio. Los axiomas segundo y tercero enunciados por Schechner confirman esa preponderancia del factor espacial en su agenda y la idea clave de que el espacio del teatro convencional no puede ser el lugar para este tipo de manifestaciones artísticas.

En el Teatro Móvil se producía, con la noción de lugar-ficción, una transferencia del texto y/o del personaje al espacio que guarda enormes similitudes con el ambientalismo de Schechner y que se diferencia de él, sin embargo, en cuanto que supone un arriesgado y ambicioso salto de escala. El teatro de *environment* norteamericano propuso lugares acotados dentro de espacios construidos, como fue el Performing Garage, pero más allá de la teoría, no llevó estas ideas a la escena urbana real fuera de los espacios de exhibición. Fueron los artistas del «*environment* encontrado» quienes desarrollaron al máximo estas posibilidades que el propio Schechner investigó para desarrollar su propia propuesta. Por su parte, el Teatro Móvil también expande el *environment* hacia un espacio escénico-arquitectónico más amplio de escala urbana, algo que otros artistas sí estaban explorando insistentemente desde hacía casi una década.

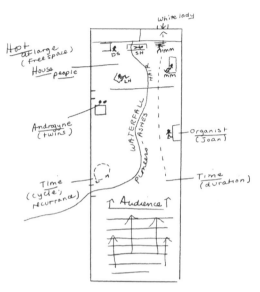

Vessel

Part I Open House
long, narrow space; depth
black canvas, lights illumine
points in space (localized
light — one point at a time)
whole space never revealed
black + white

Figura 48: Meredith Monk, *Vessel*, 1971.
Parte 1 Overture: Open House, mostrada
en el loft privado de la propia Monk en
Greenwich Village. Dibujo de Meredith Monk.

Figura 49: Meredith Monk, *Vessel*, 1971.
Parte 1 Overture: Open House, mostrada
en el loft privado de la propia Monk en
Greenwich Village. Foto: Peter Moore.

Una de las referencias más explícitas empleadas por Navarro para explicar esta posibilidad fue la pieza *Vessel* de Meredith Monk (1942), presentada en Nueva York en octubre de 1971, es decir con posterioridad a la redacción del proyecto del Teatro Móvil.[25] Desde 1967 Monk había trabajado la idea de lo que llamaba «specific sites», con piezas escénico-musicales compuestas específicamente para espacios urbanos o naturales, no para salas de teatro, galerías o museos. En concreto la pieza *Vessel*, una ópera épica en tres partes, tuvo lugar en tres espacios dispersos en la ciudad: el propio loft de Meredith Monk, el Performing Garage, y finalmente un aparcamiento al aire libre en Woodster Street, cerca de la sala de teatro. Tras asistir a la primera parte en la casa de la artista, el público iba en un autobús al Performing Garage para ver la segunda parte y, para la tercera, debía caminar al aparcamiento designado. Se manejaba la idea de un público en movimiento que ya había investigado Monk en piezas anteriores, y el movimiento del público tenía su propio paralelo en el «desarrollo del movimiento épico de la obra de Monk».[26]

El loft de Monk empleado para la primera parte de la pieza (Overture: Open House) estaba situado en la calle Great Jones, medía 100 x 25 pies (30.5 x 7.6 metros), y tenía un techo bajo de aproximadamente 9 pies (2.75 metros). Según Monk, ese espacio sugería un túnel o un espacio estrecho y largo en perspectiva, con los listones de madera del suelo fugando en perspectiva hacia un punto de fuga (Figuras 48 y 49). Este espacio fue empleado casi sin transformar por su duro «realismo», en franco contraste con las acciones e imágenes que tuvieron lugar allí, de gran extrañeza estética y formal.

Deborah Jowitt hizo una crítica y descripción de su experiencia como espectadora que contiene innumerables detalles de esta pieza. Según Jowitt «cada acto es la llave para el siguiente», de modo que los intérpretes reaparecen con distinto vestuario y actitudes, llevando las acciones del ámbito privado de la primera parte al público de la tercera. Mientras que en la primera parte la atmósfera es íntima, pero extraña, en la segunda es ritual y teatral, y en la tercera es «un campo de batalla, una plaza pública».[27] Para ir de la primera a la segunda se alquiló un autobús, pintado de azul con bandas de color rojo y amarillo. Primero llevaba al reparto del loft de Monk al Performing Garage, mientras el público tomaba un vino en la casa y la disfrutaba. Luego volvía a recogerlo. El autobús estaba enmoquetado en toda su longitud, con solo unos pocos asientos al fondo, dejando mucho espacio para sentarse en el suelo, es decir que tenía una espacialidad resonante con el loft. El autobús era «cálido y acogedor», con el objetivo de contrastar con la épica inherente a la obra y al hecho del desplazamiento mismo del público. Monk pensó en tener intérpretes en las calles a lo largo del recorrido, pero se dio cuenta de que el hecho de mirar la ciudad de Nueva York de noche a través de las ventanas de un autobús tras «haber experimentado un momento teatral y dirigirse a otro es suficiente de algún modo».[28]

Para la segunda parte (Handmade Mountain) se empleó el Performing Garage tal y como estaba, aprovechando las estructuras de Jerry Rojo para *Comunne*, y cubriéndolas con una enorme pieza de tejido de muselina blanca que conformaba la «montaña» que daba título a esta segunda parte y conectaba unas torres con otras (Figuras 50 y 51). Se buscaba un espacio voluminoso, lumi-

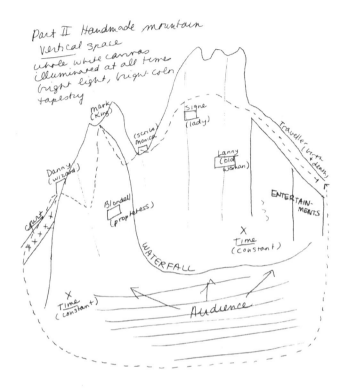

Figura 50: Meredith Monk, *Vessel*, 1971. Parte 2 Handmade Mountain, mostrada en el Performing Garage. Dibujo de Meredith Monk.

Figura 51: Meredith Monk, *Vessel*, 1971. Parte 2 Handmade Mountain, mostrada en el Performing Garage. De izquierda a derecha: Linn Varney, Meredith Monk, Coco Pekelis (abajo), Lanny Harrison, Daniel Ira Sverdlik, Monica Mosley, Haan. Foto: Peter Moore.

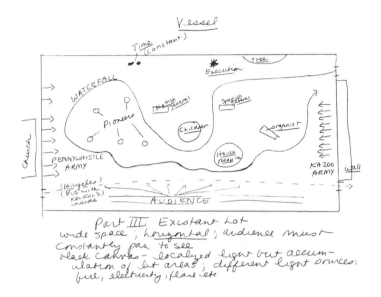

Figura 52: Meredith Monk, *Vessel*, 1971. Parte 3 Existent Lot, mostrada en un aparcamiento de la calle Woodster, en el SoHo. Dibujo de Meredith Monk.

Figura 53: Meredith Monk, *Vessel*, 1971. Parte 3 Existent Lot, mostrada en un aparcamiento de la calle Woodster, en el SoHo. Foto: Peter Moore.

niscente y ritual en consonancia con las acciones previstas.

Al final de esta segunda parte, el público salía de la sala y caminaba media manzana hasta el aparcamiento, un espacio concebido panorámicamente para una visión plana, que medía una manzana de anchura y un tercio de manzana de profundidad. El público se sentaba en uno de los extremos largos, con la Canal Lomber Company a un lado, y la iglesia de Saint Alphonsus al otro, encuadrando así un *tableau* poco profundo. Frente al público había una fábrica de caramelos, un edificio decadente con algunos árboles dispersos por delante. El suelo estaba completamente asfaltado (Figuras 52 y 53).

Si la estructura espacial y visual del loft era la del espacio tubo profundo, marcado por la perspectiva, es decir, que la distancia entre el público y la acción parecía ser enorme, en el Performing Garage era vertical y envolvente, cercana y sublime, mientras que en el aparcamiento la visión era plana y casi sin profundidad, de izquierda a derecha únicamente.

El elemento tradicionalmente aglutinador de la diversidad de saberes y prácticas en la escena, el texto, es transferido al espacio en el teatro de *environment* y a la ciudad en la ópera épica de Monk o el experimento de Ramón Sender. De este modo el espacio adquiere una preponderancia absoluta como objeto de trabajo común a todos los agentes que intervienen en la escena, incluyendo especialmente al público como parte fundamental de la composición espacial, de hecho el público llegó a participar en los ensayos de las obras del Performance Group en algunas ocasiones.[29] Se producía así una nueva división y reparto de los roles intervinientes en el rito teatral favorecida por este nuevo tratamiento del espacio. La intención de Schechner no era profundizar en la implicación del espectador propiciando su participación física, corporal y activa, o al menos no únicamente, sino que adquiriese la capacidad de alternancia entre empatía y distancia con independencia y agencia propias, exactamente como sucede en la vivencia de la calle.[30]

Salir del estado contemplativo y entrar en él de nuevo libremente: este era el principal objetivo de cara al espectador que Schechner estaba investigando con sus propuestas de espacios teatrales inmersivos.[31]

TRANSACCIONES EN EL ESPACIO

Frente a esta voluntad de entrenamiento perceptivo del espectador, que se vería empoderado en sus capacidades de maniobra, el Teatro Móvil no prescribía nada en cuanto al propio evento que pudiera alojar, más allá de configurar una multiplicidad de recintos posibles apuntados en las notas londinenses *Experiments in Situation*. Es el propio dispositivo material, su arquitectura más que la obra o el público, lo que parece imbuido de los axiomas del teatro de *environment* que Schechner promulgó y, más concretamente, de los tres primeros axiomas (Figura 54). Por tanto puede caracterizarse al Teatro Móvil como un *environment* arquitectónico que, como demuestran las sucesivas adaptaciones del proyecto a una diversidad de usos enorme, puede alojar una multiplicidad de programas sociales más allá del escénico.

El axioma primero de Schechner determinaba que el evento teatral es un conjunto de transacciones relacionadas del siguiente modo:

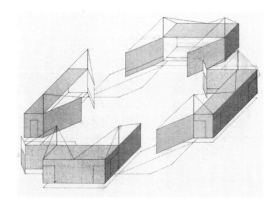

El evento teatral incluye público, intérpretes, escenario o texto dramático (en la mayoría de los casos), texto performativo, estímulos sensoriales, envolvente arquitectónica o algún tipo de demarcación espacial, técnicos y personal (cuando lo haya). Incluye desde obras no matriciales hasta teatro ortodoxo habitual, desde eventos casuales o multimedia hasta "la producción de obras". Un continuo de eventos teatrales mezcla una forma en la siguiente: vida "impura" - eventos públicos - manifestaciones - happenings multimedia - teatro ambiental - teatro ortodoxo - arte "puro". Ya que quiero incluir este arco completo en mi definición de teatro, las distinciones tradicionales entre arte y vida ya no son de aplicación.[32]

A continuación establece una serie de lo que llama «tres transacciones primarias», relativas a la componente relacional inherente al evento teatral, que puede darse entre los intérpretes, entre los espectadores en el público, o finalmente entre intérpretes y espectadores. La primera (la relación entre intérpretes en escena) queda perfectamente encuadrada en el método Stanislavsky,

en el que la cuarta pared diderotiana separa drásticamente la escena del público para garantizar la perfección formal y la percepción correcta, auto-reflexiva e individual. Estos principios son igualmente visibles en las notas de preparación de Javier Navarro para los experimentos situacionales de Londres en otoño de 1970. Vemos en los dibujos un entramado conceptual de elementos para componer situaciones en desarrollo alrededor de las variables: gente, espacio, tiempo, luz, sonido, color, aire y objetos. (Figura 55).

La segunda transacción de Schechner —la relación entre los espectadores en la platea— está firmemente codificada en el rol del público del teatro que Schechner llama ortodoxo en referencia al teatro burgués, pero adquiere sus capacidades plenas en los eventos próximos a lo que llama vida «impura», tales como las manifestaciones políticas y sus evidentes capacidades de representación de cohesión social activa frente al poder constituido.[33] Esta relación entre miembros del público quedaba minimizada en el teatro ortodoxo-burgués, en el que el código de comportamiento del público era, en completa oposición al del intérprete, muy limitativo, estricto y cerrado. El objetivo en este dispositivo era la absoluta imposibilidad de la reversión de roles entre intérprete y espectador que es, por su parte, característica de la manifestación política. Schechner apunta a las posibilidades de trabajo en este ámbito relacional, que exploró en su trabajo incorporando los códigos propios de los ritos de paso estudiados por la antropología, en concreto por el antropólogo Victor Turner.[34] Como afirmó Schechner:

Figura 54: Javier Navarro de Zuvillaga, fragmento del plano número 9 del Teatro Móvil, mostrando cuatro furgones en montaje. Cortesía de Javier Navarro de Zuvillaga.

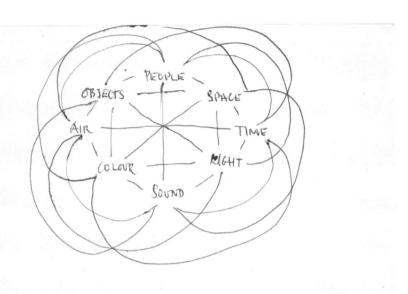

Figura 55: Javier Navarro de Zuvillaga,
dibujos de preparación de «Towards a
Theater of Situation» elaborado en Londres
en octubre de 1970. Cortesía de Javier
Navarro de Zuvillaga.

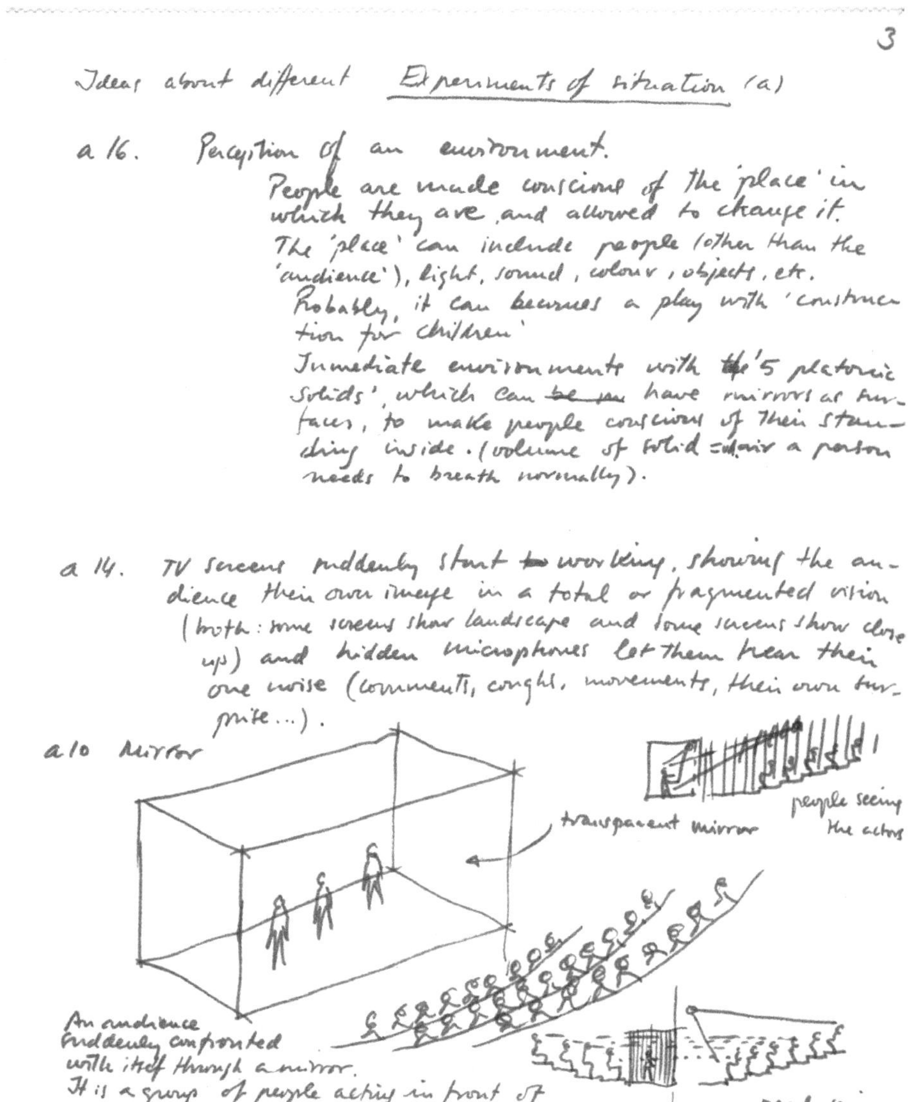

Ideas about different <u>Experiments of situation</u> (a)

a 16.   Perception of an environment.
        People are made conscious of the 'place' in
        which they are and allowed to change it.
        The 'place' can include people (other than the
        'audience'), light, sound, colour, objects, etc.
        Probably, it can became a play with 'construc-
        tion for children'
        Immediate environments with the '5 platonic
        solids', which can be you have mirrors as sur-
        faces, to make people conscious of their stan-
        ding inside. (volume of solid = air a person
        needs to breath normally).

a 14.   TV screens suddenly start to working, showing the au-
        dience their own image in a total or fragmented vision
        (both: some screens show landscape and some screens show close
        ups) and hidden microphones let them hear their
        own noise (comments, coughs, movements, their own fur-
        niture...).

a 10   Mirror

transparent mirror

people seeing
the actors

An audience
suddenly confronted
with itself through a mirror.
It is a group of people acting in front of
a mirror. So, what normally is a help for actors, or
a mean of study, becomes an effective dramatic element.

people seeing
themselves re-
flected.

Figura 56: Javier Navarro de Zuvillaga,
apuntes de preparación de «Towards a
Theater of Situation» elaborado en Londres
en octubre de 1970. Cortesía de Javier
Navarro de Zuvillaga.

Al contrario que los intérpretes, el público acude al teatro sin ensayar; trae al teatro la adherencia al decoro previamente aprendido pero sin embargo escrupulosamente aplicado. Normalmente el público es un grupo improvisado, que se encuentra en el lugar/hora del espectáculo pero que nunca se vuelve a encontrar como grupo definido. Tan poco cohesivo y poco preparado, es difícil de colectivizar y movilizar pero, una vez movilizado, es aún más difícil de controlar.[35]

Es evidente que el espacio ambiental y envolvente de Schechner incorporaba al público como ingrediente compositivo por encima de cualquier otra consideración, y que esta maniobra tenía el claro objetivo de explorar el choque o el conflicto entre el «decoro aprendido» y los códigos que la pieza teatral ponía en circulación. Es un conflicto en el que el público no tenía otra opción que participar del juego propuesto dada la posibilidad, siempre activa, de la reversión de roles. Y a la vista de los bocetos y anotaciones de Javier Navarro sobre los experimentos situacionales, esa misma transacción espacial centrada en el público era de su máximo interés (Figura 56). En otro de esos bocetos puede leerse:

A16. Percepción de un environment. La gente se hace consciente del «lugar» en que está, y se les permite cambiarlo. El «lugar» puede incluir gente (además del público), luz, sonido, color, objetos, etc. Probablemente puede convertirse en una obra con «construcción para niños». El environment inmediato con los cinco sólidos platónicos, que pueden tener espejos en superficie, para hacer a la gente consciente de su posición interior a ellos. (El volumen de sólido = vol. de aire que una persona necesita para respirar normalmente). A.14. Pantallas de TV comienzan a funcionar repentinamente, *mostrando al público su propia imagen en una visión parcial o total (algunas pantallas muestran paisajes y otras primeros planos) y micrófonos ocultos les permiten oír su propio sonido (comentarios, tos, movimientos, su propia sorpresa…). A10. Espejo/espejo transparente/gente mirando a los actores/ Un público repentinamente confrontado consigo mismo a través de un espejo. Es un grupo de gente actuando frente a un espejo. Así, lo que normalmente ayuda a los actores, como medio de estudio, se convierte en un elemento dramático de efecto/gente viéndose a sí misma reflejada.*

La tercera transacción primaria es, por supuesto, la más investigada y practicada en el teatro, la que se establece entre intérprete y público, mediada por los códigos comportamentales. Estos códigos se traducen en el decoro del lado del espectador (en la demostración de su mismidad impersonal), y en el virtuosismo en la encarnación de roles del lado del intérprete (en su demostración paralela y opuesta de multiplicidad y singularidad). En este rígido esquema el mejor público posible sería, en el teatro ortodoxo-burgués, aquel que responde armónicamente a la obra con sus reacciones anímicas, es decir según lo esperado, de modo estrictamente análogo a como el intérprete responde con su interpretación del texto y el personaje. En ambos casos, intérprete y espectador, media pues un texto respectivo. En el intérprete media el texto dramático y en el espectador el texto social que, a todos los efectos, Schechner considera análogos y que pretende cuestionar en su misma base.

Esta serie de «transacciones primarias» se enriquece con otra serie de «transacciones secundarias» que cobra una importancia crucial en el caso del Teatro Móvil, y que fue la

 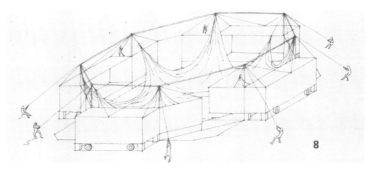

que los reformadores de la escena moderna investigaron con mayor dedicación y a la que Navarro prestó una atención especial.[36] Este segundo conjunto de transacciones es el conformado por la cuádruple relación entre los elementos de la producción (escenografía, vestuario, iluminación, sonido, maquillaje, etc.); entre esos elementos y los intérpretes; entre los elementos y el público; y finalmente entre la producción total y el espacio donde tiene lugar. Y estos elementos, que en el teatro ortodoxo-burgués son ajenos al público o están preparados sin su participación, secundarios de algún modo en cuanto a su visibilidad como *trabajo*, pasan ahora a un primer plano, se convierten en primarios, visibles y protagonistas absolutos.

Schechner habla en consecuencia de «técnicos performers»,[37] en tanto que poseen capacidad de improvisación durante el evento en igual medida que el intérprete la posee sobre el texto o la partitura.

Una parte crucial de su proyecto consistió en ensayar la transferencia de estas capa-

cidades también al espectador, para lo que Schechner se valió de sus análisis de los ritos de paso en civilizaciones no occidentales. Como corolario: «El intercambio final entre intérpretes y público es el intercambio del espacio».[38] En el Teatro Móvil, la puesta en obra del edificio es también una puesta en escena, y el recurso del técnico performer de que habló Schechner está muy conscientemente introducido, así como la posibilidad de que esta operación de bienvenida al público, que podría acceder al espacio durante el propio montaje arquitectónico, abra las puertas o facilite esa reversión de roles tan perseguida por la vanguardia teatral (Figuras 57 y 58).

Uno de los dibujos del Teatro Móvil — concretamente la secuencia de montaje número 8—, muestra cómo ocho técnicos montan la cubierta del espacio a la vista del público, actuando como posibles «técnicos performer». Para una obra treatral que fue el primer trabajo profesional de Navarro como escenógrafo en 1981, construyó un vagón de tren instalado sobre una rueda giratoria que contenía toda la acción dramática. Un con-

Figura 57: Javier Navarro de Zuvillaga, escenografía para la obra teatral *El Cero Transparente*, de Alfonso Vallejo, dirigida por William Layton en el Teatro del Círculo de Bellas Artes de Madrid, 11 de marzo de 1980. Cortesía de Javier Navarro de Zuvillaga.

Figura 58: Javier Navarro de Zuvillaga, fragmento del plano número 6 del Teatro Móvil, rotulado como Sequence of Arrangement, mostrando la secuencia de montaje número 8. Imagen cortesía de Javier Navarro de Zuvillaga.

ductor (Caronte), lleva a unos pasajeros de viaje en un tren (la barca de Caronte) contra su voluntad. Todos los pasajeros tenían algo en común: habían estado en manicomios y viajaban hacia la muerte y la locura.

El segundo axioma de Schechner determinaba que «todo el espacio se usa para la performance». Se resume en que la delimitación espacial estable queda eliminada o sustituida por una delimitación menos rígida a partir de dos ejemplos concretos suministrados por la antropología: los ritos en los que todo el espacio de la tribu que los practica es co-optado para el ritual, y su equivalente contemporáneo, la calle de la ciudad moderna, en la que las manifestaciones son leídas por Schechner como performances ejecutadas por los manifestantes para un público que acude en vivo, que mira por televisión, o que lee en el periódico.[39] Schechner lo toma por lo tanto como un recurso metodológico concreto, específico, para la renovación de la escena teatral instituida. El ejemplo más directo que empleó Schechner fue la puesta en escena del Living Theater de su serie *Six Public Acts* en Ann Arbor en 1975 (Figura 59). En este trabajo, los intérpretes del Living Theatre se movían de una estación a la siguiente por las calles de la ciudad, siguiendo fielmente el esquema espacial de los misterios medievales y sus estructuras urbanas dispersas.

Javier Navarro prestó una atención minuciosa a este tipo de transferencias al diseñar su Teatro Móvil, y en su texto hace menciones expresas a la relación entre el grado de transformación del espacio arquitectónico y el grado de representatividad del espacio urbano, comentando la ritualización institucional del poder en sus representaciones urbanas, como en las entradas triunfales laicas o en las procesiones religiosas. En ambos casos Navarro se refiere a una operación concreta y similar a la enunciada por Schechner, la «transgresión del espacio» urbano ejercida por el teatro sobre el poder instituido laico o religioso, y el potencial que esta operación tiene como herramienta de trabajo concreta característica de la cultura teatral: la capacidad de profanación del poder.

El «*environment* encontrado», característico de los primeros *happenings* norteamericanos, hacía uso exclusivo de pequeñas porciones de espacio urbano o natural o de la movilidad del público y la acción, incluso de ambas estrategias simultáneamente. El objetivo era deslocalizar la escena del arte y el teatro para lograr nuevas relaciones entre público y acción, espectador e intérprete, y así propiciar la reversión de los roles, operando para ello una deslocalización radical en el espacio físico que facilitase este objetivo.

Ese enorme protagonismo del espacio real, del *environment* a cualquier escala, no ya mero telón de fondo sino medio físico común, posibilitó los intercambios disciplinares: la música adquirió cuerpo al espacializarse, la danza adquirió objetualidad al aquietarse, la escultura temporalidad al escenificarse. Sin ese medio espacial del *environment* arquitectónico y urbano nada de ello habría sido posible.

Por su parte, el «*environment* transformado» del Performing Garage de Richard Schechner concebía ambientes únicos y totales para sus obras, procurando un espacio más controlado de cara a unos objetivos idénticos a los anteriores: la reversión o libre circulación de roles en un espacio único compartido en las mismas condiciones por todos los agentes. Se trata, de alguna manera, del mismo proceso histórico experimentado por el teatro en

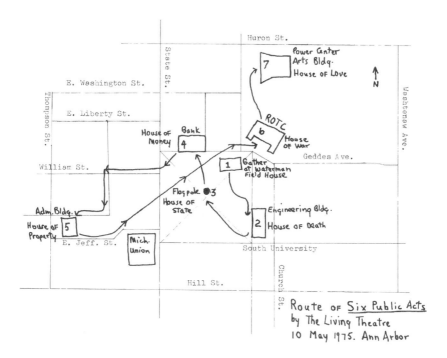

Figura 59: The Living Theater, *Six Public Acts,* plano de la ruta procesional que describe el mapa-partitura de la pieza en la ciudad de Ann Arbor, Michigan, para la puesta en escena del 10 de mayo de 1975. Reproducido en Schchner.

su paso de la dispersión urbana y de géneros medieval, a los primeros contenedores profesionalizados del Renacimiento, pero con una salvedad crucial, que el «*environment* transformado» se mantenía cautelosamente en el entorno conceptual del teatro-móvil, sin saltar al ámbito de la cristalización institucional característica tanto del teatro-templo como del teatro-máquina.

El Teatro Móvil de Javier Navarro, como tantos otros teatros ambulantes, puede interpretarse a estos efectos de dos modos simultáneos y complementarios: como un modelo a medio camino entre los dos tipos de *environment*, ya que tiene algo de encontrado y algo de transformado; o como un modelo superador de ambos que, paradójicamente,

entronca no con el teatro culto ni la vanguardia, sino con los arquetipos más atávicos del carromato, la caravana o el tablado.

Al adoptar el canon ambientalista basado en la transacción de medios expresivos en el espacio, el Teatro Móvil participaba en esa voluntad de desintegración de las jerarquías de los lenguajes que intervienen en la creación teatral. Esto, a su vez, facilitaba la transacción de los roles y de los comportamientos, que garantizaba una distribución del espacio no compartimentada, poco o nada especializada, en contraste con las ideas de flexibilidad y versatilidad empleadas por la arquitectura moderna, más basadas en composiciones aditivas dentro de grandes contenedores.

Notas

1.   Brooks McNamara: «Performance Space. The Environmental Tradition», *Architectural Association Quarterly*, vol. 7, n. 2, 1975, págs. 3-10. El mismo texto con ligeras modificaciones fue publicado con el título «The Environmental Tradition», en el libro editado por Brooks McNamara, Jerry Rojo y Richard Schechner: *Theatres, Spaces, Environmets: Eighteen Projects,* Nueva York: Drama Book Specialist Publishers, 1975, págs. 2-13.

2.   Ibidem.

3.   Javier Navarro de Zuvillaga: «The Disintegration of Theatrical Space», *Architectural Association Quarterly,* vol. 8, n. 4, 1976, págs. 26-27.

4.   Brooks McNamara: «Performance Space. The Environmental Tradition», *Architectural Association Quarterly*, vol. 7, n. 2, 1975, pág. 4.

5.   Javier Navarro de Zuvillaga, op. cit., pág. 24.

6.   Durante la dirección de Schechner, la revista *Tulane Drama Review* dedicó números al francés Jean Genet (vol. 7, n. 3, 1963), al alemán Bertold Brecht y la arquitectura teatral (vol. 7, n. 4, 1963), al belga Michel de Ghelderode (vol. 8, n. 1, 1963), al francés Antonin Artaud (vol. 8, n. 2, 1963), al teatro italiano de posguerra (vol. 8, n. 3, 1964), al isabelino Christopher Marlow con colaboraciones de Jerzy Grotowski (vol. 8., n. 4, 1964), al ruso Konstantín Stanislavski (vol. 9, n. 1, 1964), al teatro norteamericano y al Open Theater (vol. 9, n. 2, 1964), al psicoanálisis, la ho-

mosexualidad y el Teatro Laboratorio de Opole (vol. 9, n. 3, 1965), al teatro sureño norteamericano (vol. 9, n. 4, 1965), al teatro universitario, Broadway y el teatro canadiense (vol. 10, n. 1, 1965), al happening y Fluxus (vol. 10, n. 2, 1965), al humor, Pirandello y Samuel Beckett (vol. 10, n. 3, 1966), al teatro político y de guerrilla (vol. 10, n. 4, 1966), al cine expandido (vol. 11, n. 1, 1966), a la vanguardia británica (vol. 11, n. 2, 1966), a la vanguardia polaca, rusa y húngara (vol. 11, n. 3, 1967), y finalmente al teatro popular, campesino y no-occidental (vol. 11, n. 4, 1967).

7.   Martin Puchner: «The Performance Group: Between Theater and Theory», en James M. Harding y Cindy Rosenthal (eds): *Restaging the Sixties: Radical Theaters and Their Legacies*, Ann Arbor, Michigan: University of Michigan Press, 2007, págs. 313–31.

8.   Richard Schechner en un diálogo recogido en Books Mcnamara, Jerry Rojo y Richard Schechner: *Theatres, Spaces, Environmets: Eighteen Projects*, Nueva York: Drama Book Specialist Publishers, 1975, pág. 80.

9.   Ibidem. pág. 84.

10. Martin Puchner, op. cit., pág. 369.

11. El origen de esta obra se encuentra en la primera producción de environment de Schechner, la llamada *Victims of Duty*, puesta en escena en Le Petit Théâtre de Nueva Orleans en 1967, justo antes de marchar a Nueva York. Esta produc-

ción está ampliamente documentada en Books Mcnamara, Jerry Rojo y Richard Schechner: *Theatres, Spaces, Environmets: Eighteen Projects*, Nueva York: Drama Book Specialist Publishers, 1975, págs. 154-163.

12. Michael Kirby: *Happenings. An Illustrated Anthology*, Nueva York: E. P. Dutton & Co., 1965. Versión consultada: «Happenings. An Introduction», en Mariellen R. Sanford (ed.): *Happenings and Other Acts*, Londres y Nueva York: Routledge, 1995, págs. 1-24.

13. Ibidem, pág. 11.

14. Ibidem, págs. 14-15.

15. Richard Schechner: «Happenings», en Mariellen R. Sanford (ed.): *Happenings and Other Acts,* Londres y Nueva York: Routledge, 1995, págs. 181-182.

16. Allan Kaprow: *Assemblage, Environments & Happenings*, Nueva York: Harry N. Abrams Inc Publishers, 1966, pág. 202.

17. Ibidem, págs. 204-205.

18. Javier Navarro de Zuvillaga, op. cit., pág. 29.

19. Ramón Sender, Anthony Martin y Ken Dewey: «Cityscale», *The Tulane Drama Review*, vol. 10, n. 2, 1965, pág. 186a.

20. David W. Bernstein (ed.): *The San Francisco Tape Music Center. 1960s Counterculture and the Avant-Garde.* Berkeley: University of California Press, 2008, págs. 1-35.

21. Sarah Hill: *San Francisco and the Long 60s,* Nueva York y Londres: Bloomsbury, 2016. Este libro contiene una interpretación completa y minuciosa del dibujo *City Scale.*

22. Liz Glass: «Stirring the Intermix: An Interview with Tony Martin», en Andrew Blauwelt (Ed.): *Hippie Modernism. The Struggle for Utopia,* catálogo de la exposición del mismo título organizada por el Walker Art Center de Minneapolis, 2015, pág. 405.

23. Javier Navarro de Zuvillaga, op. cit., pág. 24.

24. Richard Schechner: «6 Axioms for Environmental Theatre», *The Drama Review,* vol. 12, n. 3, 1968, págs. 41-64.

25. Brooks McNamara y Meredith Monk: «The Scenography of Meredith Monk. An Interview», *The Drama Review,* Vol. 16, nº 1, 1972, págs. 87-103.

26. Ibidem, pág. 89.

27. Deborah Jowitt, sección de crítica de danza del periódico *The Village Voice*, 4 de noviembre de 1971, págs. 35-36.

28. Brooks McNamara y Meredith Monk: «The Scenography of Meredith Monk. An Interview», op. cit., pág. 96.

29. Richard Schechner: *Environmental Theatre. An Expanded New Edition including "Six Axioms For Environmental Theater"*, Nueva York: Applause Acting Series, 1973, 1994, pag: 69. Schechner aclara que los sábados por la tarde, durante los ensayos de *Dionysus in 69,* se abrían los ensayos al público para poder probar una escena en la que los intérpretes intercambiaban caricias con el público.

30. Ibidem, págs. 18-19: «En el teatro ambientalista hay infinitos grados de atención, gradaciones sutiles de implicación. La experiencia de ser un espectador, si te dejas llevar para entrar en ese estado, no es suave, sino vertiginosa».

31. Emeline Wong Finckel: *Navigating Shared Space: Audience Agency and Passivity in Environmental and Immersive Theater,* Thesis, Faculty of Wesleyan University, Middletown, Connecticut, Abril 2014, págs. 3-28.

32. Richard Schechner: «6 Axioms for environmental Theatre», *The Drama Review*, Vol. 12, n. 3, 1968, pág. 41.

33. Ibidem, pág. 42.

34. A partir de 1967, fecha en la que Schechner se trasladó desde Nueva Orleans a Nueva York, su interés por los ritos de culturas no occidentales aumentó, y una profundización en ellos fue posible gracias a la infraestructura interdepartamental ofrecida por la New York University. El trabajo de Victor Turner fue de una enorme influencia para Schechner, sobre todo a partir de sus libros *The Forest of Symbols* (1967), en el que estudió el universo simbólico de los Ndembu; *The Ritual Process* (1969), en el que propuso sus importantes nociones de liminalidad y communitas, incluso comparándolas con la contracultura; *Dramas, Fields, and Metaphors* (1974), en el que estudiaba las estructuras de los desplazamientos físicos de las peregrinaciones rituales; o *From Ritual to Theater* (1982), en el que realizaba analogías entre los procesos rituales tribales y el teatro.

35. Richard Schechner: *Environmental Theatre. An Expanded New Edition including "Six Axioms For Environmental Theater"*, Nueva York: Applause Acting Series, 1973, 1994, pág. XXIV.

36. Richard Schechner: «6 Axioms for environmental Theatre», *The Drama Review*, Vol. 12, n. 3, 1968, pág. 45.

37. Ibidem, págs. 46-48.

38. Ibidem, pág. 48.

39. Ibidem, págs. 48-49.

CAPÍTULO 3_
POBRE-POPULAR-POP

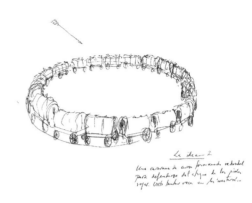

Javier Navarro estableció una equivalencia entre la retórica arquitectónica del edificio teatral y la retórica textual del drama burgués, para pasar inmediatamente a reclamar una ausencia de retórica en la escena que, siguiendo la terminología y las ideas de Jerzy Grotowski (1933-1999), llama teatro pobre.[1] Se trata de la misma operación que en su día enunció Richard Wagner al afirmar que su teatro de Bayreuth sería pobre, quizás de madera, simplemente un corral o patio cubierto para representaciones.[2] Desde entonces al menos, la idea de la desintegración del espacio teatral, entendido como espacio arquitectónico institucional y perfectamente formalizado que debe sufrir un proceso destructivo para regenerarse, ha sido una constante de una parte fundamental de la vanguardia.

La pobreza del teatro se refiere tanto a un repertorio material de elementos limitado, como a una ausencia de dependencia y subordinación a otros lenguajes artísticos, sea el texto, los elementos escénicos o la arquitectura teatral, permaneciendo exclusivamente la dialéctica actor-espectador como núcleo duro. Contra el ideal del teatro templo, que en su cénit implicaba una colaboración muy estrecha entre todas las formas de arte, el teatro pobre renuncia a la idea de templo y también a ser máquina y se identifica, como el teatro de *environment*, con el arquetipo de teatro móvil (Figuras 60 y 61). En la enunciación del teatro pobre la pobreza se contraponía a lo que Grotowski llamó teatro rico o de síntesis, e incluso teatro total.[3] En su formalización espacial concreta, la obra de Grotowski y su grupo Teatro Laboratorio se inscribe en el teatro de *environment*, ya que su obra más influyente y conocida, la realizada entre los años 1960 y 1965, estuvo vinculada al arquitecto Jerzy Gurawski (1935). Como en el caso norteamericano, sobre el que el ascendente fue absoluto, esta trayectoria estuvo marcada por un espacio arquitectónico muy concreto, el llamado *Teatr 13 Rzędów* de Opole, Polo-

Figura 60: La idea 1 caravana hacia el oeste. Dibujo de Javier Navarro de Zuvillaga, s/f.

Figura 61: La idea 2 una caravana de carros formando redondel para defenderse del ataque de los pieles rojas. Visto tantas veces en los *westerns*. Dibujo de Javier Navarro de Zuvillaga, s/f.

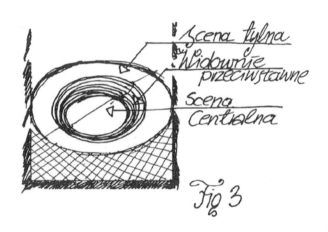

Figura 62: Diagramas 1 y 2 del campo
visual según Jerzy Gurawski, 1959.

Figura 63: Diagrama 3 de espacio escénico
según Jerzy Gurawski, 1959.

nia (Teatro de las trece filas), que Grotowsi entró a dirigir en 1959 a la edad de 26 años. La sala era bastante pequeña, medía 12 x 7 metros, con 3 de altura, y tenía solo una entrada. Como indica su nombre, la sala contaba con trece filas posibles de público, con un total de ciento dieciseis butacas de máximo aforo si el espacio se configuraba a la italiana, cosa que muy significativamente no se hizo nunca.[4]

LAS TRECE FILAS DE OPOLE

Siendo aún estudiante en 1959 en la Escuela de Arquitectura de la Universidad Técnica de Cracovia, Gurawski obtuvo un premio por un proyecto de teatro itinerante inspirado en las soluciones de Erwin Piscator y Vsévolod Meyerhold con mecanismos sencillos móviles. Para su graduación al año siguiente diseñó un dispositivo teatral bien distinto recurriendo a otras referencias, en concreto a las actividades parateatrales de la cultura popular, los misterios medievales, las corridas de toros españolas, los tablados de ferias ambulantes o las carpas circenses.[5] Lo que más llamó la atención de Gurawski fue la pervivencia tipológica y la pobreza material, vinculadas al carácter popular de estas tradiciones. La tradición popular presentaba, debido a su propia condición de baja cultura y de pobreza material, un grado de innovación ínfimo en comparación con el teatro burgués, en el que las permanencias eran constantemente desafiadas por novedades de todo tipo, principalmente técnicas.

A partir de un estudio sobre el espacio esencial del hecho teatral, Gurawski identificó lo que llamó el «espacio de intuición», que es el que rodea al espectador más allá de su campo visual. En un primer esquema que incluye un único espectador señaló con la letra griega α el campo visual activo de esa persona, y con β su campo no visual, al que denominó espacio de intuición. En un segundo esquema con dos espectadores, siendo el segundo espectador B un actor potencial para el anterior A, la totalidad del espacio de B, tanto el visible α como el intuido β, es visible para A (Figura 62). De este modo: «las reacciones de A en respuesta al espacio intuido de B son un reflejo de las impresiones y de la experiencia de los eventos que son invisibles para B». A partir de este análisis surgió un tercer esquema (figura 63), en el que existe un espacio teatral ideal con auditorios opuestos (*widownie przeciwstawne*), un escenario central (*scena centralna*) y un escenario trasero (*scena tylna*) que rodea al público.[6]

Fue este sencillo esquema el que atrajo la atención de Grotowski y supuso el inicio de una colaboración muy estrecha con Gurawski. La primera obra conjunta fue *Shakuntala*, un antiguo drama hindú erótico del siglo V, adaptada por Grotowski. En ella se dispusieron dos gradas enfrentadas con un motivo fálico fijo central. La acción experimentaba continuas interferencias del centro y de un lado al otro de las gradas opuestas, tanto en su parte delantera como trasera, activando simultáneamente espacios visibles e intuidos para todos, tanto intérpretes como público. A partir de este experimento espacial, el Teatro Laboratorio produjo en la sala de Opole varias obras con Gurawski, quien finalizó su colaboración en 1965 con *El príncipe constante*, en la nueva sala de Cracovia a la que se trasladó la compañía tras el cierre de Opole aquel mismo año.[7]

En todas estas obras teatrales se empleaban espacios derivados de la tradición popular medieval, con alusiones concretas a las *mansions* de los misterios religiosos y a la característica ausencia de ilusión espacial,

The conquest of space in the Theatre Laboratory, beginning with the Italian stage and ending with the full exploitation of the whole room even among the spectators.
Black areas: actors' place of action.
White areas: spectators.

59. Diagram showing the movement and areas of action in **Akropolis**, based on the text by Wyspianski.

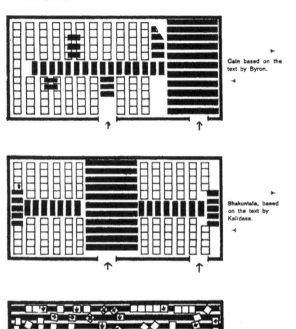

Cain based on the text by Byron.

Shakuntala, based on the text by Kalidasa.

Forefathers' Eve, based on the text by Mickiewicz.

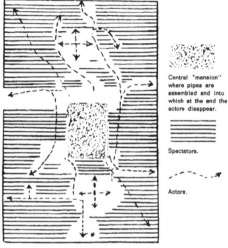

Central "mansion" where pipes are assembled and into which at the end the actors disappear.

Spectators.

Actors.

Figura 64: Diagrama del espacio para *Kain, Shakuntala* y *Dziady*. El pie de foto indica que el dibujo ilustra «la conquista del espacio en el Teatro Laboratorio». Fuente: *Towards a Poor Theatre*, 1968.

Figura 65: Diagrama del espacio para *Akropolis*. El texto leyenda del dibujo menciona una *mansion* central y un área rayada de espectadores a su alrededor. Fuente: *Towards a Poor Theatre*, 1968.

incluso a un realismo crudo en lo material que encaja a la perfección con la idea de pobreza. En *Towards a Poor Theatre*, publicado en 1968, Grotowski incluyó un famoso diagrama con tres de las disposiciones espaciales ensayadas por el Teatro Laboratorio: *Kain* (1959), *Shakuntala* (1960) y *Dziady* (1961).[8] En estos esquemas (Figura 64) se muestra el espacio abstraído en formas simples (cuadrados y franjas) de color blanco para los espectadores, y negro para los intérpretes, que poseen una enorme similitud con una abstracción gráfica del espacio urbano en diversas modalidades de funcionamiento, lo que invita a una comparación bastante directa.

Los dibujos diagramáticos del libro de Grotowski son un enorme filón interpretativo para establecer paralelos entre estos espacios escénicos y espacios urbanos. El diagrama de *Akropolis* (1962), con escenario central y doble grada, alude directamente a la nomenclatura medieval francesa de *mansion* para nombrar la escena central, rodeada por un rayado de líneas que corresponden a la masa de espectadores, surcada a su vez por líneas de movimiento de los actores, como vectores dinámicos (Figura 65). Para *Dziady* (1961) el espacio estaba totalmente construido en multinivel, con los espectadores dispersos, de modo que nunca era posible percibir la totalidad de las acciones, igualmente dispersas por todo el espacio. El mecanismo perceptivo estaba aquí a medio camino entre la calle, la plaza y el mercado medieval de atracciones.

Para *Kordian* (1962), Gurawski dispuso camas por la sala, (Figura 66) muchas de ellas literas de marco de acero, de modo que debían ser necesariamente compartidas por in-

Figura 66: Diagrama del espacio para *Kordian,* de Jerzi Gurawski. En blanco los espectadores, en negro los actores. Fuente: *Towards a Poor Theatre,* 1968.

térpretes y espectadores. Para un espectador ambulante, este espacio —que recreaba una institución mental— se comportaba como una disposición de *mansions* en un misterio medieval, en el que la acción se desplaza de un punto a otro incorporando ocasionalmente en ella al espectador más próximo, que está obligado a cambiar su condición al sentirse observado en algunos momentos y al verse tratado como uno de los pacientes de la institución. Desde otra posible perspectiva, era una manzana urbana compacta de casas *transparentes* que se podían recorrer a su alrededor o a las que se podía acceder; o una gran casa compuesta de habitaciones intercomunicadas en una trama en enfilada en las dos direcciones del espacio.

Para *Dr. Faustus* (1963) Gurawski construyó una larga mesa con dos tableros a lo largo de todo el espacio, cerrada por una transversal

en una de sus cabeceras, de modo que el esquema tenía forma de una estructura horizontal en forma de doble T, compuesta de dos bandas largas y una estrecha (Figuras 67 y 68). El público se sentaba a lo largo de la mesa, sobre la que tenía lugar la acción y Fausto desplegaba su vida. El banquete festivo, la última cena o el cabaret son aquí las estructuras espaciales directamente aludidas que, como en el resto de obras, buscan construir una situación ritual conocida por todos, perteneciente bien a la vida cotidiana, bien al repertorito popular religioso o laico.

La última colaboración de Gurawski y el Teatro Laboratorio se cerró con la obra que internacionalizó a la compañía y le dio su fama: *El príncipe constante* (1965), una adaptación de la obra de Calderón de la Barca sobre la vida del infante Fernando de Portugal. En ella el espacio de la acción estaba completamente

Figura 67: Diagrama del espacio para *Dr. Faustus*. Las notas indican «el sillón de Fausto» (arriba), «infierno» (izquierda y derecha), «bancos de espectadores» (abajo izquierda), y «mesas de comedor para actuar» (abajo derecha), de Jerzi Gurawski.

Figura 68: Espacio para *Dr. Faustus*. Foto de Opiola-Moskwiak. Fuente: *Towards a Poor Theatre,* 1968.

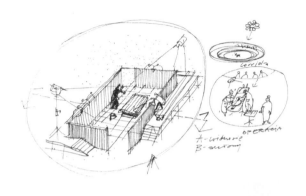

separado del público por una barrera física, por encima de la cual el espectador podía observar la escena central ligeramente desde arriba, casi de puntillas. La construcción se pintó de negro y según Gurawski, estaba directamente sugerida por la estructura espacial de una corrida de toros o un teatro anatómico (Figuras 69 y 70). El protagonista, el infante Don Fernando, se ubicaba sobre un plinto/altar/tumba en el centro y a su alrededor revoloteaban, siguiendo los movimientos de una bandada de pájaros, los miembros de la corte que lo mantienen preso y bajo tortura.[9] La obra escenificaba una serie de rituales típicos de la Pasión católica: la humillación, la aceptación de la cruz, la tortura a latigazos, la corona de espinas, el *Ecce Homo* o la piedad, seguidos de la resurrección y la ascensión. El espacio se asimilaba también, y quizás aún más significativamente, al espacio público del patíbulo, uno de los teatros de

la crueldad más duraderos de la historia de Occidente gracias a la infatigable barbarie de la iglesia católica hacia sus disidentes.

Si el patíbulo es el final, también es el principio. Javier Navarro relacionó astutamente el misterio medieval del martirio de Santa Apolonia con el teatro pobre de Grotowski, al considerar el martirio de la santa un precedente original del teatro móvil de *environment*.[10] En la miniatura pintada por Jean Fouquet para el *Livre d'heures d'Etienne Chevalier* (1465) se ve una estructura semicircular de fondo compuesta de *mansions* de dos plantas, con sendos remates característicos: el cielo a la izquierda con una escalera de ascenso, y el infierno a la derecha con la boca de ingreso. La mártir está en el centro, soportando una tortura que conlleva la extracción de sus dientes previa a su muerte.[11] El emperador Filipo el Árabe está junto a la santa, rodeada

Figura 69: Diagrama del espacio para *El príncipe constante,* de Jerzi Gurawski.

Figura 70: Espacio para *El príncipe constante*. Foto de Bernard. Fuente: *Towards a Poor Theatre,* 1968.

Figura 71: *El Martirio de Santa Apolonia* de
Jean Fouquet, del *Livre d'heures d'Etienne
Chevalier*, 1465. Musée Condéin Château
de Chantilly.

por dos de sus torturadores y un personaje que lleva en la mano izquierda un libro y en la derecha un bastón de mando, actuando como *metteur en scène* en directo ante los espectadores (Figura 71). La similitud de la santa con el príncipe Don Fernando, y de los torturadores con los cortesanos, formando dos círculos concéntricos de atención para el público, resulta más que evidente al comparar los dos modelos espaciales, además de suponer un dispositivo espacial meta-arquitectónico que es específicamente escenográfico, ofreciendo una arquitectura dentro de otra.

Calles, carromatos, plataformas, carpas y finalmente un patíbulo fueron los elementos arquitectónicos de la tradición teatral popular que Grotowski esencializó en todos y cada uno de sus experimentos arquitectónicos con Gurawski, llegando ambos a construir

conjuntamente un lenguaje muy reconocible para sus escenografías. El ciclo se cierra naturalmente con el patíbulo de *El príncipe constante* en 1965, que impide desarrollar más lejos los ensayos arquitectónicos del Teatro Laboratorio alrededor del espacio de representación popular.

EL CONTENEDOR ENTOLDADO

Los arquetipos de espacio de entretenimiento popular fueron un filón inmenso para la vanguardia teatral de los años sesenta y setenta. Navarro introdujo en su escrito de 1976 continuas referencias a estos arquetipos, que aparecen puntualmente en su relato dejando multitud de rastros imprescindibles para comprender el ambiente cultural en el que concibió su Teatro Móvil (Figura 72). Son rastros sueltos que no se ocupó de

Figura 72: *Prodige de la Chimie*, grabado de Maurisset de 1839 que satiriza la venta de Pomada de Lion. Un hombre con cabeza de león está ante un escenario, mientras una larga fila de curiosos espera turno para obtener el producto. Al fondo se ve un globo sobre el que podemos leer: *n. 537. Envoi de Pommade aux Habitants de la Lune.* Smithsonian National Air and Space Museum de Washington DC.

sistematizar, pero un análisis más preciso y ordenado de estos arquetipos fue realizado, una vez más, por el norteamericano Brooks McNamara en 1974. Fue el responsable de un número de la revista *The Drama Review* dedicado el entretenimiento popular. En la introducción McNamara establece tres tipos básicos de entretenimiento popular: el teatro de variedades, el teatro popular y el *environment* de entretenimiento. Y en el artículo de la revista que lleva su firma afina al extremo esta clasificación y considera siete tipos de espacio arquitectónico posible para estas formas teatrales populares:

La escenografía popular tradicional puede dividirse en siete amplias categorías basadas en los modos en los que el espacio y el diseño son empleados por el showman: 1) cabinas y otras disposiciones del espacio para intérpretes de calle itinerantes; 2) teatros improvisados; 3) la escenografía del teatro de variedades; 4) la escenografía del teatro popular; 5) espacios para mostrar espectáculos o efectos especiales; 6) formas procesionales; y 7) environments de entretenimiento, como los carnavales itinerantes y el parque de atracciones, donde el propio espectador organiza el evento. Aunque nada puede decirse que sea universalmente cierto sobre estas aproximaciones a la escenografía, está claro que a menudo implican una visión ingenua y desaliñada del diseño, un énfasis fuerte en el truco, la fantasía y el espectáculo, y una falta de interés por valores escénicos tradicionales como la verosimilitud, la consistencia y el llamado buen gusto. El diseño popular parece ser fuertemente tradicional y anti-académico, mucho más preocupado con el oficio que con el arte, y mucho más implicado con los objetos que con las ideas. En su mejor versión, produce soluciones vitales e imaginativas a problemas básicos del diseño y el espacio de representación.[12]

El Teatro Móvil de Navarro responde directamente a los tipos seis y siete en su propia configuración porque es una forma arquitectónica claramente procesional para configurar, a la llegada a destino, un *environment* de entretenimiento no prefigurado. Pero también está completamente abierto al resto de posibilidades, ya que uno de los camiones puede ser cabina teatral al aire libre, puede improvisarse un espacio completo a partir de sus elementos, lleva en los camiones elementos escenográficos básicos y empobrecidos, y está preparado para mostrar efectos especiales no directamente teatrales. Además, Navarro empleó referencias específicas de la cultura teatral popular en España, como las procesiones de Semana Santa o las antiguas entradas triunfales, para insertar su artefacto en esa tradición en la que domina la permanencia del arquetipo sobre la novedad tipológica, la posibilidad de emergencia de la fantasía sobre la verosimilitud prediseñada, en definitiva el objeto sobre la idea. Y esas referencias fundamentales que empleó Navarro responden igualmente al teatro itinerante de cabinas, a la forma procesional, al teatro improvisado o al *environment* espectacular que McNamara había señalado.

La primera de esas referencias es el llamado *envelat*, una estructura autoportante entoldada típica de la cultura catalana de los siglos XIX y XX, que se construía para las fiestas mayores de pueblos y ciudades en todo su territorio. No es casual que Navarro se refiera a los *envelats* en su artículo de 1976, ya que la ilustración que incluyó en ese artículo procedía de la influyente revista *Arquitecturas Bis*, concretamente del número cinco publicado en enero de 1975, justo cuando muy probablemente Navarro redactaba su texto (figura 73).[13] Parte de la agenda política de esta revista de ámbito nacional, editada en Barcelona en castellano, conllevó una pues-

ta en valor de la especificidad de la cultura arquitectónica catalana, tanto culta y moderna como, en mucha menor medida, popular y tradicional, en una clara homologación de la alta y la baja cultura, y en un intento de reconocimiento de las periferias culturales.[14] En este artículo se reproducía una entrada escrita por el arquitecto modernista Lluis Domènech i Montaner para una *Historia General del Arte* publicada en 1886, cuando el *envelat* gozaba de máxima popularidad en la cultura catalana.

Domènech i Montaner incluyó su entrada sobre los *envelats* con mucha habilidad en un apartado curioso, el de la arquitectura primitiva.[15] En esa sección se analizaban las tiendas nómadas de Asia central, el Tabernáculo judío y las tiendas tuareg, es decir, arquetipos geográfico-culturales de tecnologías arquitectónicas ancestrales, que están asociadas a identidades culturales muy concretas (Figuras 74 y 75). Con esa maniobra se le confería al *envelat* un estado mítico, a-histórico y un origen desconocido, pero perteneciente a la gran tradición constructora del hombre. Tras describir el uso del *envelat* como una estructura monumental improvisada en pocas horas y sin apoyo interior capaz de alojar a dos o tres mil personas en una fiesta, Domènech i Montaner se detiene muy detalladamente en una descripción de este artefacto, en sus principios estáticos, sus medidas, la racionalidad de sus componentes y la rapidez de montaje y desmontaje. Cierra la entrada con alusiones al origen desconocido del *envelat* y apuntando a los velarios romanos, la carpa oriental o las estructuras mediterráneas que combinaban la tienda de campaña con las «arboladuras de los buques». Domènech i Montaner realizaba una lectura que situaba al *envelat* entre un funcionalismo vernáculo y una monumentalidad repleta de simbolismo.

Figura 73: Lámina de un *envelat* según Lluis Domènech i Montaner reproducida en *Historia General del Arte*, vol. 1, 1886. Universidad de Barcelona, Biblioteca de Humanidades.

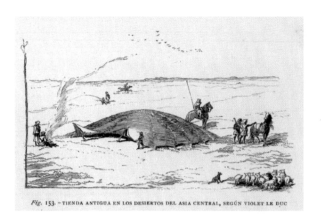

Fig. 153. - TIENDA ANTIGUA EN LOS DESIERTOS DEL ASIA CENTRAL, SEGÚN VIOLET LE DUC

Fig. 140. — ESTRUCTURA DE LA CABAÑA PRIMITIVA, SEGÚN VIOLET LE DUC

Tres años antes de la publicación de *Arquitecturas Bis*, la revista *Serra d'Or*, editada en catalán por l'Abadia de Montserrat y con un ámbito de influencia más local, publicó en el número de diciembre de 1972 un artículo del crítico Alexandre Cirici Pellicer sobre el mismo tema.[16] En este documento el *envelat* es descrito incluso con más precisión técnica, nombrando todos y cada uno de sus elementos y desgranando su etimología, e incluso incluyendo un magnífico dibujo en sección del propio Cirici (Figura 76), con sorprendentes similitudes con las estructuras tecnológicas que la arquitectura internacional ya estaba produciendo para esa fecha (Figura 77). Pero Cirici, al contrario que Domènech i Montaner, fue muy explícito en la arqueología cultural del *envelat* y en su origen histórico, que sitúa con precisión en 1840, con un rápido desarrollo que alcanza la estabilidad total en 1870.

Concretamente, atribuye la invención del *envelat* a la sabiduría popular de los pescadores del Maresme, la región litoral de Barcelona, a partir de unas estructuras entoldadas de pequeña escala realizadas con velas, botavaras y drizas o cuerdas. Mediante esta operación de transferencia tecnológica intuitiva, los marineros levantaban entoldados para protegerse en las playas de las lluvias o el sol durante las comidas y celebraciones festivas.

Así pues, Cirici demostraba que el *envelat* procede del bricolaje del marinero, de una ligera transgresión de la técnica náutica puesta al servicio de una necesidad social, y no se encuadra tan fácilmente en la gran tradición tectónica de lo vernáculo primitivo (Figura 78). En otras palabras, el *envelat* está más cerca del *adhocismo* de Charles Jenc-

Figura 74: Lámina número 140 de *Historia General del Arte*, vol. 1, 1886, que reproduce la cabaña primitiva según Viollet-le-Duc. Universidad de Barcelona, Biblioteca de Humanidades.

Figura 75: Lámina número 153 de *Historia General del Arte*, vol. 1, 1886, que reproduce la tienda antigua en los desiertos del Asia Central según Viollet-le-Duc. Universidad de Barcelona, Biblioteca de Humanidades.

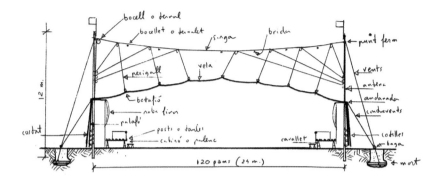

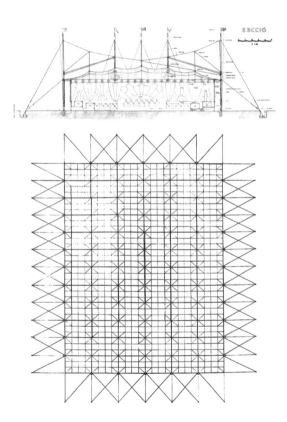

Figura 76: Sección de un *envelat* dibujada por Alexandre Cirici Pellicer. Fuente: Revista *Serra d'Or*.

Figura 77: Planta y sección de un *envelat* dibujada por el arquitecto Francesc Albardané i Llorens. Fuente: *Revista de Girona*.

ks,[17] uno de los tutores de Javier Navarro en Londres, que de las teorías quasi-ontológicas de Viollet-le-Duc que Domènech i Montaner parece sugerir en su propia valoración de estas estructuras populares (Figura 79). Cirici hizo una lectura del *envelat* más rigurosa históricamente que Domènech i Montaner, dado que sus objetivos críticos respectivos eran muy distintos. Mientras que Domènech i Montaner buscaba con su interpretación una continuidad con la tradición atávica más universal, persiguiendo la inserción del *envelat* en una saga ya asimilada por la alta cultura arquitectónica, Cirici hacía una lectura rigurosamente historiográfica más que una interpretación, que sin embargo acercaba el *envelat* a una asimilación contemporánea muy propia de su tiempo: ninguna interpretación histórica puede ser neutral. Cirici hacía converger los vectores de lo pobre, lo popular y el pop al ofrecernos un relato del *envelat* como producto *adhocista*, una opción muy

parecida a la que opera en el Teatro Móvil de Javier Navarro. En contadas ocasiones los hechos corroboran la historia y sus teorías, que obstinadamente suelen mantener una cierta independencia de los hechos mismos, incluso hasta el punto de imponerse sobre ellos con violencia para construir relatos de autoridad. En esta ocasión particular, sin embargo, fue Cirici quien resultó afortunado por el devenir de los hechos.

El Teatro Móvil de Navarro como ·*envelat* altamente tecnificado era la otra cara de una actualización tipológica alternativa y aún más pobre, popular y pop de este tipo de estructura ligera que Cirici conoció de primerísima mano. Se trata de una de las acciones efímeras realizadas el 3 de diciembre de 1972 en la Plaça Vella de Terrasa por el artista Lluis Jové (1948-1991).[18] En las pocas fotografías conservadas que documentan esta acción se ve una estructura construida, exactamente

Figura 78: Barcas de pesca de vela del litoral catalán. Fotografía de Esteve Puig. Arxiu Fotográfic de Barcelona.

Figura 79: Baile del *envelat* de Esquerra Republicana de Catalunya en la fiesta mayor de Santa Coloma de Gramanet, 1 de septiembre de 1935. Fotografía de Pérez de Rozas. Arxiu Fotogràfic de Barcelona.

igual que la vela de un *envelat*, sin soporte alguno y enteramente colgada de un sistema de cables (Figuras 80 y 81). Como material se emplearon bolsas de plástico, cuidadosamente desarmadas y cosidas entre sí para conformar una vela translúcida para cubrir la plaza urbana de Terrasa y acoger un evento público. Cirici escribió aquel año unas notas acerca de cinco artistas que trabajaban en ese entorno precario, conceptual y claramente *adhocista*: Josep Ponsatí, Francesc Torres, Josep Benito, Antoni Muntadas y Lluis Jové.[19] En aquellas notas Cirici advirtió sobre ellos que estaban unidos por una serie de contravalores respecto a la cultura institucional: un menosprecio del objeto fijo con pretensión de permanencia o como manifestación de una esencia; del hecho aislado que pretende ser un todo completo en sí mismo; y del hecho individual, como emanación de una personalidad o de una inspiración. Todos ellos son contravalores de los valores que revelan los arquetipos aludidos por Domènech i Montaner en su propia lectura histórica del *envelat*, y que podemos proyectar literalmente sobre el Teatro Móvil.

Si este tipo de espacios precarios y lábiles como los *envelats* no son constitutivos por sí mismos de una forma cultural cerrada o estable ni de una identidad individual o colectiva concreta, es porque precisan de dos elementos que son precisamente los que le confieren su significado e identidad cultural. Esos dos elementos son los contenidos semióticos, o los eventos que tienen lugar en ellos, y los protagonistas de los mismos, los agentes sociales que activan esos contenidos semióticos, aquello que llamamos público. Además, sucede con el *envelat* algo muy curioso que comparte con el Teatro Móvil: pese a ser estructuras autoportantes, autosuficientes y aisladas, los *envelats*, al contrario que el Tabernáculo judío o la tienda

Figura 80: Lluis Jové, acción con bolsas de plástico en la Plaça Vella de Terrasa, 3 de diciembre de 1972.
Cortesía de Antoni Verdaguer.

Figura 81: Lluis Jové, acción con bolsas de plástico en la Plaça Vella de Terrasa, 3 de diciembre de 1972.
Cortesía de Antoni Verdaguer.

tuareg, nunca surgían al margen del tejido urbano en emplazamientos aislados, sino que guardaban una relación de completitud o de culminación efímera con respecto al medio urbano ya existente.

Es algo similar al rol de cualquier teatro móvil, que culmina la forma urbana y su vida cultural momentáneamente, en lugar de realizar una operación de fundación cultural desde cero. Una vez desmontados tras las fiestas siempre parecía, durante algún tiempo, que algo faltaba en ese lugar (Figura 82).

EL CARRO DE TESPIS CON MOTOR DE EXPLOSIÓN

Navarro también se refirió, en esta misma línea argumentativa, a una iniciativa teatral muy particular de la historia española, la compañía teatral universitaria itinerante La Barraca. Este proyecto, puesto en marcha por el Gobierno de la República española en 1931, respondía a un déficit muy concreto y a un balance estadístico demoledor: en aquel año entre el 34% y el 44% de los veinticinco millones de habitantes que poblaban el país era analfabeto.[20]

La República inició una política cultural de corte ilustrado reformista mediante tres iniciativas de teatro popular complementarias entre sí: el Teatro Universitario La Barraca, impulsado y dirigido por Federico García Lorca y el escritor y director de cine Eduardo Ugalde, el Teatro del Pueblo de las Misiones Pedagógicas, liderado por el dramaturgo Alejandro Casona, y el Teatro Universitario de Valencia El Búho, dirigido por el también escritor y dramaturgo Max Aub.[21]

Figura 82: *Envelat* en la Plaça d'Espanya de Barcelona antes de su urbanización, 1908. Foto de Frederic Barrell. Arxiu Fotogràfic de Barcelona.

Los dos primeros compartieron la característica de ser itinerantes y en conjunto todos ellos fueron fruto de la tradición liberal progresista del llamado krausismo y su recepción en España, que sostuvo especialmente la Institución Libre de Enseñanza, fundada en 1876 por Laurenciano Figueroa junto a Francisco Giner de los Ríos, Gumersindo Azcárate, Teodoro Sainz Rueda y Nicolás Salmerón, entre otros, y mantenida activa hasta el estallido de la Guerra Civil en 1936.[22] Las Misiones Pedagógicas fueron fundadas el 29 de mayo de 1931 y a cada tipo o formato de iniciativa y trabajo se le llamó misión. Cada misión viajaba por el territorio y permanecía en el lugar de destino entre uno y quince días, y los llamados misioneros llevaban en sus instalaciones portátiles cine, bibliotecas o música. A estas misiones se añadieron otras dos que supusieron la configuración de arquitecturas móviles más específicas, logradas con la adaptación de camiones: el Museo Circulante y el Teatro del Pueblo.

El Museo Circulante era un camión que transportaba dos colecciones de catorce copias de pinturas del Museo del Prado.[23] Se llevaban así por el territorio rural, en un camión o incluso en mulas cuando era necesario, reproducciones de pinturas de El Greco, Murillo, Ribera, Goya o Velázquez, que eran expuestas en espacios institucionales como ayuntamientos, escuelas o centros asociativos de obreros. Un dispositivo similar se ideó para el Teatro del Pueblo, que llevaba en camiones los elementos físicos para representar un repertorio teatral propio de autores clásicos, con una escenografía estable compuesta de un tablado de madera de cuatro metros de ancho por seis de fondo, con una embocadura y un telón de fondo de arpillera hacia la mitad a cuyos la-

Figura 83: La Barraca. Compañía ante el camión. Centro Federico García Lorca. Archivo de la Fundación Federico García Lorca.

dos se abrían ciertas partes, armadas sobre ligeros bastidores.[24]

El Teatro Universitario La Barraca fue pensado como compañía ambulante de aficionados universitarios con un tinglado levantado en plazas y aldeas en la tradición de la farándula popular de los llamados cómicos de la legua.[25] En su himno se denominaban el nuevo carro de Tespis con motor de explosión (Figura 83). La Barraca se gestó en noviembre de 1931, cuando Lorca propone la idea de un teatro itinerante a la Unión Federal de Estudiantes Hispanos UFEH, que entre los días 8 y 16 de aquel mes celebraba un congreso ordinario.

El 25 de noviembre el por entonces Ministro de Justicia Fernando de los Ríos hablaba a un grupo de periodistas en el Congreso de los Diputados de la oferta que la Federación Universitaria Escolar había hecho al Ministro de Instrucción Pública Marcelino Domingo, para crear un teatro universitario de divulgación de los clásicos. Los estudiantes presentaron un doble proyecto, por una parte un teatro estable con orquesta y gratuito, para los ciudadanos de la capital, y por la otra, una «barraca universitaria» itinerante para viajar por aldeas y pueblos con el repertorio clásico, junto a proyecciones de cine y contenidos radiofónicos. El ministro aceptó financiar solo el segundo proyecto, que era políticamente mucho más rentable y barato. En una entrevista publicada en diciembre de 1931 Lorca amplía la información:

La Barraca serán dos barracas […] Instalaremos en Madrid, a ser posible en un parque público, la barraca permanente, que funcionará todo el invierno, sin que esto impida a los estudiantes sus labores. Y la barraca ambulante, eso que tú llamas (dirigiéndose al entrevistador) *el carromato, irá en un camión por los alrededores de Madrid, por esos pueblotes manchegos, los domingos y los días de vacación. Y durante las vacaciones caniculares, los que quieran vendrán en la gran excursión por España.*[26]

Ya con el apoyo político oficial, fue cuando la UFEH estudió el proyecto y lo asumió como propio. El espacio de invierno se pensó desmontable, para representaciones gratuitas dirigidas a obreros y estudiantes, y de pago para los miembros del círculo de *Amigos de La Barraca*.

La recaudación proporcionada por este segundo grupo, junto a la subvención solicitada al Gobierno, haría posible la financiación de las giras veraniegas. Sin embargo la dificultad para compatibilizar la actividad estudiantil con una dedicación intensa al proyecto, junto a la posibilidad de recibir ataques de los colectivos teatrales profesionales por competencia desleal, hicieron que finalmente solo se llevara a cabo el teatro itinerante. Gracias al nombramiento como nuevo Ministro de Instrucción Pública de Fernando de los Ríos el 15 de diciembre de 1931, el proyecto se aseguró el apoyo estatal. Fernando de los Ríos era amigo de la familia Lorca y ya les había apoyado institucionalmente con anterioridad. En una sesión parlamentaria del 23 de marzo de 1932, en la que se discutían los Presupuestos Generales del Estado, se aprobó una subvención de cien mil pesetas para La Barraca.

El 6 de junio comenzaron los ensayos en el auditorio de la Residencia de Estudiantes y en locales de la Universidad Central de Madrid de la calle San Bernardo. El 10 de julio por la noche tuvo lugar la primera representación pública en Burgo de Osma al aire libre. Se representaron tres entremeses de Miguel de Cervantes con figurines y decorados de

Santiago Ontañón, Ramón Gaya y Alfonso Ponce de León, y la recepción popular fue muy positiva. Desde aquel momento se dieron representaciones por una gran parte del territorio peninsular hasta la guerra iniciada en 1936.

La Barraca estuvo parcialmente inspirada por los trenes *agit prop* rusos, que conocían tanto Lorca como Eduardo Ugarte. Lorca incluso llegó a aclamar el cine ruso revolucionario sobre la literatura prerrevolucionaria, alegando que el cine proyectado en los trenes de propaganda política rusos era un vehículo de comunicación mucho más eficaz para un pueblo mayormente analfabeto que apreciaba más el gesto que la palabra. Además, el propio lenguaje cinematográfico ruso tenía, según Lorca, ciertas similitudes con la sensibilidad rural:

El cine de la Rusia soviética, con más razón que la literatura pre-revolucionaria de Dostoyevski, Gogol, Tolstoi y Puschkin, es mejor entendido por los españoles debido a su dureza de expresión, a su pasión rural y a su ritmo. Lo creo, por esta razón, un factor a tener presente en el desarrollo de la cultura de nuestro pueblo. [...] en el cine soviético representan una lección que los intelectuales españoles debemos asimilar.[27]

Esta asimilación por parte de Lorca fue por lo tanto mayormente técnica, ya que claramente se interesó más por los formatos *agit prop* que por sus contenidos. En lugar de emplear La Barraca como un vehículo de agitación y propaganda política directa, Lorca recurrió a la cultura teatral clásica para su proyecto. El repertorio de La Barraca estaba compuesto por obras teatrales del Siglo de Oro español, pero la estética de las puestas en escena

Figura 84: La Barraca en 1933. Sentados de izquierda a derecha: personaje desconocido, Federico García Lorca, Eduardo Ugarte, José Obradors, Jacinto Higueras y Diego Tarancón.

Centro Federico García Lorca. Archivo de la Fundación Federico García Lorca.

fue vanguardista, derivada de la plástica cubista y surrealista, como lo fue el *branding* de la propia compañía (Figura 84). Las treinta personas que la componían se organizaron con un carácter que podemos denominar falansférico,[28] como una comunidad de obreros de la cultura ilustrados y emancipados que, mediante su actualización estética de la cultura clásica, transferirían esa identidad a los campesinos analfabetos. Cada montaje y desmontaje se realizaba públicamente, mostrando ante los habitantes de estas pequeñas comunidades rurales una performance colaborativa más allá de la propia representación teatral. El uniforme de los miembros de la compañía, un mono estándar de obrero con un escudo abstracto ideado por el artista de vanguardia Benjamín Palencia, teatralizaba y dignificaba el trabajo físico ante la mirada del campesino, completamente ajeno a su propia dignidad como trabajador y a la misma idea del arte como trabajo. Por encima de las representaciones mismas, fue la performance coreográfica de cada estreno lo que se constituía en obra: este es el rasgo fundamental compartido por La Barraca y el Teatro Móvil.

La Barraca iniciaba cada actividad como una caravana compuesta por dos camiones que llevaban el tablado, los decorados y los cestos con vestuario y atrezzos y un autobús, al que llamaban el carro de Tespis, para los actores.[29] Visitó sesenta y cuatro pueblos y pequeñas ciudades con representaciones realizadas sobre un tablado de seis metros de profundidad y ocho de embocadura, plano y sin pendiente. El público se disponía de pie alrededor del tablado, normalmente levantado en la plaza principal del pueblo, aunque hubo ocasiones particulares como las visitas a Tetuán y Tánger en las que, en ausencia de un espacio de plaza ad hoc disponible, el evento tuvo lugar sobre la arena de la playa.[30]

La descripción del montaje (Figuras 85 y 86) nos da una idea muy precisa de las características arquitectónicas de este tinglado y de su enorme semejanza con las versiones reducidas para un camión del Teatro Móvil de Javier Navarro:

El tablado se apoyaba sobre caballetes cruzados que le conferían gran estabilidad [...] la vista de los caballetes se ocultaba con una cinta de cortina negra que corría de un lateral a otro, pasando por el centro. Al fondo del tablado, y a cada lado, había unas escalerillas de cuatro peldaños; tapando las mismas se alzaban unas cortinas negras colgadas de un tubo en forma de T, de tres metros de altura, verticalmente colocado. Dichas cortinas, a modo de rompimientos que se adentraban algo más de un metro en el escenario, y a otro tanto del fondo, permitían la salida del actor, puesto que también cubrían las escalerillas de bajada, ya que rebasaban, por su parte anterior o externa, el telón o cortina del fondo; detrás de tales cortinas laterales, cuando se necesitaba un recitado en off o cantar sin ser visto, también se podía colocar el personaje invisible. Y finalmente, al fondo, cerrando el ámbito de la escena, una amplia cortina negra de cuatro metros de altura sobre el escenario, se sujetaba a un cable de acero tirante entre dos tubos de hierro verticales, los que, a su vez, para no destensar la cortina del fondo, se afirmaban fuertemente con cables o vencejos, vientos también de acero tensado. Sobre el tablado, que carecía de embocadura sensu stricto, se colocaban los decorados convenientes.[31]

Al introducir el dispositivo clásico de auto-representación teatral en áreas del país desprovistas de instituciones culturales, La Barraca no buscaba solo inculcar una agenda política o ideológica específica, o la homologación de una parte grande de la población rural con la clase burguesa urbana.

El objetivo perseguido era de mayor calado y nunca unidireccional, dirigido en dirección única desde el espacio institucional culto al no institucional popular, es decir que no era meramente inclusivista a pesar de su tono paternalista. Se trataba de un proyecto altamente experimental que funcionaba en una doble dirección entre esos dos espacios. Al producir de hecho una coalescencia entre lo pobre y popular con la cultura teatral clásica y la estética visual de la vanguardia, La Barraca supuso un cortocircuito momentáneo entre todos estos vectores culturales que, tradicionalmente, funcionan en ámbitos sociales separados, incluso en espacios separados y para públicos separados, casi siempre en una dimensión de antagonismo o competencia: en abierto conflicto entre ellos. Puede verse en La Barraca un valor coincidente con el Teatro Móvil de Navarro y con otras iniciativas de la contracultura que buscaron sus fuentes en las vanguardias históricas y su aprecio por la cultura popular, tanto la tradicional como la más actual. En ambos casos y más allá de sus aportaciones respectivas al medio específicamente teatral, su precaria arquitectura portátil habla de una producción cultural ajena a la idea de espectáculo burgués que deja atrás la segmentación social de clase, de gusto y de periodización histórica. Estos dispositivos teatrales arquitectónicos parecían estar clamando por un nuevo público menos segmentado social y políticamente.

EL TINGLADO DECORADO CINÉTICO

La época en la que el Teatro Móvil fue concebido coincide plenamente con una nueva convergencia entre vanguardia y cultura de masas que, con diferencias, guarda algunos paralelismos con la atención prestada por las vanguardias históricas hacia ese filón de renovación formal (Figura 87). El interés vanguardista por este tipo de medios y de lenguajes es el mismo a lo largo del tiempo, pero cambian dos elementos fundamentales: los propios medios o lenguajes por una parte, y el concepto de público, es decir, quién es el destinatario. Como se vio antes en el caso del *envelat*, es la interpretación crítica la que finalmente determina la función cultural de

Figura 85: La Barraca. Montaje en Almazán, julio de 1932. Centro Federico García Lorca. Archivo de la Fundación Federico García Lorca.

Figura 86: La Barraca. Montaje en Almazán, julio de 1932. Centro Federico García Lorca. Archivo de la Fundación Federico García Lorca.

los dispositivos materiales cuando entran en la historia. Si para Domènech i Montaner, escribiendo sobre el *envelat* en 1886, y para los responsables de la revista *Arquitecturas Bis* en 1975, esta estructura arquitectónica ágrafa emparentaba con la gran tradición tectónica occidental, para otros como Cirici en 1972 servía para legitimar lo que de *popular* pudieran tener los experimentos formales y sociales de la neovanguardia a la que él mismo pertenecía en calidad de agitador o propagandista. En ambos casos, el mismo dispositivo material sirve a dos objetivos ideológicos bien distintos, cuya única característica común es la de servir de vehículos de legitimación cultural, pero de fenómenos diferentes. Dicho de otro modo, lo popular es tan semánticamente variable como lo sea el grado de apropiación que haga de sus formas la crítica o la historia, en función de unos u otros objetivos. El último episodio recorrido

por Navarro en el relato de los antecedentes populares de su propio experimento arquitectónico nos servirá para seguir esos vaivenes semánticos de lo popular manejados por la neovanguardia en la que está plenamente inscrito el Teatro Móvil.

Este último episodio es el Teatro Chino de Manolita Chen. Fue un teatro ambulante popular y comercial, activo entre 1950 y 1986, que precisamente dio el apelativo de *chinos* a todos los teatros portátiles españoles, ya que fue el de mayor éxito con diferencia. Manolita Chen (Manuela Fernández Pérez, 1927-2017) inició su carrera en el Circo Price de Madrid a comienzos de los años cuarenta, y contrajo matrimonio con el empresario y artista circense chino Chen Tse-Ping en 1944, de ahí el apelativo que hizo famosa a esta pareja (figuras 88 y 89). Por su troupe pasó gran parte de la comunidad de cómicos, bai-

Figura 87: Poster publicitario para *The Inivisible Circus*, realizado por Dave Hodges para el evento de 72 horas de *happening* comunitario ambiental en la iglesia Glide Memorial Church de San Francisco, organizado por el colectivo The Diggers en 1967. Cortesía The Diggers Archives.

larinas, acróbatas y todo tipo de farándula marginal, que acompañaban al núcleo del espectáculo basado en la revista de variedades, culminando con el número final de la super-vedette.[32] Frente a la revista musical estable de la gran ciudad, este modelo exploró las franjas sociales no urbanas, por lo que estuvo más caracterizado por el viaje y la gira permanente que por las temporadas teatrales estables. Esto forzó a construir un tinglado teatral derivado del circo clásico, pero atravesado por una estética propia con origen en el lujoso teatro de revista musical. En este caso, lo popular se mide desde dos raseros totalmente objetivos: el éxito de ventas, como producto, y el contenido, el teatro de variedades o revista. Ni una ni otra variable guarda ya similitud alguna con una idea de lo *popular* cimentada en la tradición, el rito y la forma clásica, sino en el entretenimiento de masas moderno, con mensajes inmediatos, rápidos,

eléctricos y de consumo rápido, es decir que nos sitúa por completo en la cultura pop:

Se trataba de una carpa bastante espaciosa y no poco confortable, fabricada para resistir vendavales y tormentas muy propias del caluroso verano español. La sala ni que decir tiene que estaba abarrotada de un público campesino e industrial. El espectáculo, sin embargo, nada tenía que ver con la China y se trataba sencillamente de un desfile musical arrevistado, de simples variedades, algo más cuidado que otros espectáculos de carpa que andaban por ahí y nada más.[33]

El teatro era una construcción rectangular estándar de acero con cerchas ligeras, enteramente cubierta de lonas impermeables en la cubierta y tres de sus fachadas. Para la fachada frontal se adhería un aparato decorativo en forma de marquesina publicitaria con

Figura 88: Teatro Chino de Manolita Chen, s/f. Cortesía de Juan José Montijano.

Figura 89: Póster publicitario del Teatro Chino de Manolita Chen, s/f. Cortesía de Juan José Montijano.

ampliaciones fotográficas sobre lonas (Figura 90). Un autobús transportaba a la troupe, mientras que los propietarios y las estrellas de cartel viajaban en vehículos privados, alojándose en hostales o en habitaciones alquiladas en los destinos de trabajo. La caravana se completaba con las roulottes en las que se alojaban durante las giras el cuerpo de baile, los artistas secundarios y los técnicos. Una flamante roulotte enteramente decorada con el mismo aparato publicitario que cubría la fachada principal se situaba junto al edificio y funcionaba como taquilla de venta al público. Este conjunto de arquitectura móvil recorría las carreteras como un auténtico *tinglado decorado* cinético, llevando un paso más allá algunas de las ideas que Robert Venturi, Denise Scott Brown y Charles Izenour manejaron contemporáneamente en su manifiesto *Learning from Las Vegas* (Figuras 91 y 92).

La carpa de este teatro tenía un aparato publicitario excesivo repleto de rótulos, colores brillantes y sobredosis semióticas con mensajes insistentemente repetitivos: «Varie-

dades arrevistadas. ¡50 artistas y 20 bellas señoritas! Manolita Chen (supervedette)», «dotado de calefacción», «aire acondicionado» o «toldos impermeabilizados».[34] El sistema de mensajes nos da una idea de hasta qué punto el lenguaje visual de este teatro estaba tautológicamente derivado de la publicidad, vendiendo comodidad, diversión y fantasía, todos ellos valores ausentes de la vida cotidiana del público con toda probabilidad. Sumado a ello, la prensa insertaba sistemáticamente la publicidad impresa a diario durante las visitas del teatro a las ciudades, constituyendo un agresivo mensaje global del que era imposible escapar.[35] Como en otros teatros ambulantes, este se instalaba en lugares urbanos nunca centrales sino periféricos, como recintos feriales municipales y otros análogos en ciudades de menor tamaño, o incluso en lugares abiertamente marginales, como los descampados abiertos en los bordes urbanos por las políticas urbanas del desarrollismo especulativo.

Esa particular mezcla de extremo realismo y de extrema fantasía, manejada alternativamente por la ubicación en el descampado o el ferial y por la alta espectacularidad de la fachada luminosa y del interior, es precisamente lo que propició una apropiación de este tinglado por una parte de la vanguardia, interesada en explorar códigos formales que fuesen al mismo tiempo fáciles de comprender y potencialmente subversivos (Figura 93). Las crónicas del momento son recurrentes al destacar esta doble condición realista e histriónica, tan característica de las formas artísticas críticas grotescas, envueltas en este caso en una estética pop elec-

Figura 90: Teatro Chino de Manolita Chen, s/f. Cortesía de Juan José Montijano.

trificada que conectaba directamente con la televisión, la prensa y demás mass-media. Los escritores Manuel Vázquez Montalbán y Francisco Umbral lo describieron con una precisión excepcional, introduciendo además un dardo crítico al señalar las similitudes lingüísticas entre este tipo de espectáculo y el teatro de vanguardia, lo que introduce una gran ambigüedad:

Este teatro sí que es happening, provocación, distanciamiento, teatro de la crueldad y ceremonia. Valle (Inclán) se inspiraba en estas cosas para el esperpento. Pero Valle murió y el esperpento sigue ahí, virginal, atroz, rojo de almagre y negro de España. Hacia la mitad del espectáculo, como no hay descanso y la cosa va para largo, conviene comprarle unos cacahuetes al tío de la cesta, por ir rumiando más que nada. Del cabaret de los pobres se sale con la cabeza caliente de carne agreste y los pies fríos de pisar en el santo suelo, en los guijarros del suburbio, en la tierra del invierno [...] Pan y circo. Cacahuetes y revista. Y a la salida, el rostro sucio y frío del barrio obrero, la frontera pálida entre el campo y el suburbio, la noche del extrarradio, latiente de trenes y de perros. Las chicas del conjunto, las obreras de la pasarela, se cambian de ropita entre trapajos y relente de madrugada.[36]

El periódico *Le Monde* publicó el 21 de octubre de 1971 un cuadro comparativo entre las características de la cultura teatral *avanzada* de la década de los años cincuenta y los setenta. Solo un mes después se publicó en España en la revista teatral *Primer Acto*, y tres meses después en *Serra D'Or*, lo que da una idea bien precisa de la agilidad y vivacidad de aquel debate.[37] Este cuadro comparativo se hacía eco de la fractura provocada por el mayo francés de 1968 que es extensible a la totalidad de la cultura occidental, tanto teatral como arquitectónica (Figura 94). Aquel cuadro comparativo se dividía en cinco apartados: *dónde*, que discutía el espacio y la arquitectura; *para quién*, que se refería al público; *a través de quién*, que aludía a las políticas culturales y de gestión; *para qué*, directamente referido a la ideología; y *de qué manera*, que enunciaba parámetros y herramientas concretos de los respectivos lenguajes comparados.

Figura 91: El autobús del Teatro Chino de Manolita Chen, s/f. Fotograma del documental de RTVE Radio Televisión Española producido en 2012.

Figura 92: El autobús del Teatro Chino de Manolita Chen, s/f. Fotograma del documental de RTVE Radio Televisión Española producido en 2012.

Los términos asignados a una y otra década en el primer apartado, el del espacio propiamente dicho, son muy significativos de todo lo visto hasta ahora. Si en los años cincuenta la cultura teatral y también la arquitectónica se manifestó en «locales nuevos/sin escenario tradicional/los actores, de cara al público», en los setenta se imponían «la calle, el lugar de trabajo/sin ninguna estructura fija/los actores, en medio del público». De ser el artista un artesano, especialista y un heredero legítimo, pasaba a ser un voluntario o aficionado al servicio del público, un militante y un agitador. De una democracia cultural universal ordenada se pasaba a una revolución en lucha permanente y en desorden. En resumidas cuentas, se transitó del rito a la fiesta, del rigor a la exuberancia, del aplauso al eslogan y de la reflexión a la acción.[38] Este fascinante cuadro comparativo manejaba treinta y tres parámetros que, en conjunto y por pares, describen ese tránsito entre formas culturales distintas pero relacionadas entre sí. Este debate introducido por *Le Monde* ayuda a comprender la atmósfera cultural en la que se movía Javier Navarro cuando promovía su Teatro Móvil, y puede resultar muy esclarecedor atender a este debate, algo que ha investigado minuciosamente Oscar Cornago:

Las nuevas generaciones rechazaban la idea de un público mayoritario indiferenciado social e ideológicamente, así como el tono didáctico y paternalista de un teatro llamado popular que había fracasado en la atracción de públicos obreros que, sin embargo, sí asistían al cine o al teatro musical de forma espontánea. […] el teatro joven buscaba un contacto directo con el público al margen de los lugares teatrales consagrados tradicionalmente, que se habían mostrado ineficaces. Las calles, plazas, garajes y los más insospechados espacios se presentaban

Figura 93: El Teatro Chino de Manolita Chen, s/f. Imagen cortesía de Juan José Montijano.

vez pobre y pop, austera y espectacular, grotesca e imaginativa. Si La Barraca solo contaba con un modesto tablado, a la vez construía escenografías sofisticadas de estética cubista, operando con una gran economía material para lograr una alta dosis de contenidos e información, una enorme eficacia semiótica. El objetivo era una comunicación directa y eficaz con el espectador.

Cuatro décadas después, y de cara a aumentar e incluso intensificar esa eficacia comunicativa se produjo, sumada a la reinterpretación de la cultura popular tradicional, la completa asimilación de formatos nuevos como el cómic, la televisión, los géneros teatrales de la revista o el circo, análogamente a como sucedió con las vanguardias históricas.

Como se desprende del texto de Javier Navarro, repleto de referencias contemporáneas a este tipo de registros, para la fecha de concepción de su Teatro Móvil ya existía todo un repertorio referencial de lenguajes de vanguardia que se sumergían en una total reinterpretación de lo pobre, lo popular y el pop indiscriminadamente, mezclando todos los códigos de estos formatos entre sí.[40]

como lugares idóneos para una comunicación teatral liberada de las marcas con las que se había identificado el teatro de la burguesía. La oposición a toda actitud culturalista llevaba al desarrollo de otro tipo de lenguajes escénicos de marcado tono festivo inspirados en códigos verdaderamente mayoritarios en el momento, como el cine, la televisión, la revista, los cómics o la publicidad, y sostenidos por referencias trasplantadas directamente de los sistemas culturales más inmediatos: iconografía, música o lemas que apelaban al imaginario colectivo de una sociedad y permitían una comunicación emocional efectiva. […] La escena popular recuperó un sentido de la espectacularidad, lúdico y festivo, que el teatro realista no había conseguido.[39]

La asimilación vanguardista de la cultura teatral popular en España fue similar a la que Brooks McNamara analizaba para la escena norteamericana e incluso internacional, a la

Figura 94: Transcripción del artículo *El teatro de los años sesenta* de *Le Monde*, aparecida en la revista *Serra d'Or*.

Notas

1. Javier Navarro de Zuvillaga: «The Disintegration of Theatrical Space», *Architectural Association Quarterly*, vol. 8, n. 4, 1976, pág. 24.

2. Richard Wagner: *Art Life Theories of Richard Wagner*, Nueva York: H. Holt, 1889, pág. 271.

3. Jerzy Grotowski: *Towards a Poor Theatre*, Nueva York: Simon and Schuster, 1969, pág. 19.

4. Richard Gaffield-Knight: *Grotowski. Igniting the Flame*, Owen Daly, 1992.

5. Jerzy Gurawski: «An Architect at the Teatr Laboratorium», en Paula Allain y Grzegorz Ziólowski (Eds.): *Voices from within: Grotowski's Polish Collaborators*, Londres: Polish Theatre Perspectives y The Grotowski Institute, pág. 88.

6. Ibidem, págs. 87-88.

7. Un recorrido completo de la colaboración entre Grotowski y Gurawski puede consultarse en Christopher Baugh: «Play with Space: the scenography of Jerzy Gurawski», en *Theatre and Performance Design*, vol. 1, 2005, issue 5, págs. 281-297.

8. Jerzy Grotowski, op. cit., pág. 160.

9. El texto original del programa de mano aparece en Ludwik Flaszen: «The Constant Prince», en Jerzy Grotowski, op. cit., págs. 97-117. Una descripción exhaustiva de la puesta en escena puede consultarse en http://www.grotowski.net/en/encyclopedia/constant-prince-ksiaze-niezlomny.

10. Javier Navarro de Zuvillaga, op. cit. pág. 27.

11. Un buen análisis de la trascendencia de la imagen de Jean Fouquet para la historia del teatro es Philip Butterworth: «Jean Fouquet's *The Martyrdom of St Apollonia* and *The Rape of the Sabine Women* as Iconographical Evidence of Medieval Theatre Practice», en *Leeds Studies in English,* n. 29, 1998, págs. 55-67, que suministra una abundante bibliografía.

12. Brooks McNamara: «Popular Scenography», en *The Drama* Review, vol. 18, n. 1, marzo de 1974, págs. 16-24.

13. Javier Navarro de Zuvillaga, op. cit. pág. 29.

14. Lluis Domènech i Montaner: «L'Envelat», *Arquitecturas Bis*, n. 5, enero de 1975, págs. 13-15. La revista *Arquitecturas Bis* ha sido objeto de una investigación que desvela muchas de sus claves ideológicas, Joaquim Moreno: *Arquitecturas Bis 1974-1985: from publication to public action*, Tesis Doctoral, Princeton University, 2011.

15. Lluis Domènech i Montaner, *Historia general del arte. Escrita e ilustrada en vista de los monumentos y de las mejores obras publicadas hasta el día.* Tomo I, Barcelona, Montaner y Simón, 1886, págs. 119 y 147-156.

16. Alexandre Cirici: «Els Envelats», en *Serra d'Or*, any XIV, n. 159, 1972, págs. 92-97.

17. Charles Jencks y Nathan Silver: *Adhocism. The Case for Improvisation*, Londres: Secker and Warburg, 1972. Jencks estaba preparando la edición de su libro cuando tutoraba a Javier Navarro ocasionalmente en Londres. En este libro Jencks y Silver abogaban por un diseño basado en la reutilización de elementos existentes en el mercado que subvertiría los usos normalmente asignados a los objetos producidos industrialmente.

18. Sobre Lluis Jové puede consultarse la información online publicada con motivo de una exposición organizada por Terrasa Arts Visuals (Ajuntament de Terrasa, Servei de Cultura) en 2016, comisariada por Toni Verdaguer y Miquel Mallafré: http://lluisjove-acontracorrent.com/

19. Alexandre Cirici: «Esdeveniment, environament, participació», en *Serra d'Or*, any XIV, n. 158, 1972, págs. 43-46.

20. Dato recogido por Azucena López Cobo: «Por caminos de piedra, charcos y olvido. Repertorios de la cultura universal: las Misiones Pedagógicas de la II República española», en *Pandora. Revue d'etudes hispaniques*, n. 7, 2007, pág. 83. Este dato se repite sistemáticamente (con ligeras diferencias cuantitativas) en todos los estudios existentes, por ejemplo en Marián Madrigal Neira: *La memoria no es nostalgia: José Caballero*, Tesis Doctoral, Universidad Complutense de Madrid, 2001, págs. 96-107.

21. AAVV: *La Barraca. Teatro y universidad: Ayer y hoy de una utopía*, catálogo de la exposición homónima organizada por Acción Cultural Española AC/E, en el año 2011, pág. ii.

22. José Luis Plaza Chillón: *El teatro y las artes plásticas. Escenografía y estética teatral de vanguardia: Federico García Lorca, La Barraca y otros montajes (1920-1937).* Tesis Doctoral, Universidad de Granada, 1996, págs. 198-201.

23. Martí Perán: «Del museo circulante al arte ambulante. Notas para una genealogía de la portabilidad»,

en *Roulotte: 9*, número especial editado con motivo de la exposición *Esto no es un museo. Artefactos móviles al acecho*, organizada por Acción Cultural Española AC/E en 2011, págs. 80-95. Sobre el programa y las actuaciones de las Misiones Pedagógicas, véase *Las Misiones Pedagógicas.1931-1936*, Madrid: Publicaciones de la Residencia de Estudiantes, 2006; *Val del Omar y las Misiones Pedagógicas*, Madrid yMurcia: Publicaciones de la Residencia de Estudiantes/ Sala Verónicas, 2003

24. José Luis Plaza Chillón, op. cit, pág. 203.

25. La génesis de La Barraca está minuciosamente descrita en Antonio Campoamor González: «La Barraca y su primera salida por los caminos de España», *Cuadernos Hispanoamericanos*, n. 435-436, septiembre-octubre 1986, págs. 779-790.

26. «Estudiantes de la FUE se echarán a los caminos con La Barraca. Un carromato como el de Lope de Rueda. Teatro clásico gratuito por las plazas de los pueblos», noticia del periódico *El Sol*, Madrid, 2 de diciembre de 1931. Citado en Antonio Campoamor González, op. cit., pág. 781.

27. José Luis Plaza Chillón, op. cit, pág. 316.

28. Eszter Katona: «Teatros ambulantes en la Segunda República española», en *Colindancias*, n. 5, 2014, págs. 39-61.

29. «Hubo, naturalmente, que comprar un camión para transportar los decorados y el tablado, así como los cestos de los vestuarios y atrezzos; la Dirección General de Seguridad prestó el autobús para los actores, así como los chóferes que se precisaran. […] Más adelante, coincidiendo casi con mi entrada en el teatro, se adquirió otra furgoneta destinada exclusivamente a transportar los decorados, las cestas baúles y los atrezzos.» Luis Sáenz de la Calzada: *La Barraca. Teatro Universitario*, Residencia de Estudiantes, 1998, págs. 58-59. Edición original en la *Revista de Occidente*, 1976.

30. Sáenz de la Calzada, op. cit., pág. 200.

31. Ibidem, pág. 176.

32. El investigador Juan José Montijano ha publicado varios libros sobre Manolita Chen y los teatros portátiles, entre ellos deben señalarse: *De la carreta a la carpa. Apuntes sobre los teatros ambulantes de variedades en España*, Vigo: Editorial Academia del Hispanismo, 2011; *La vedette que desafió a Franco*, Sevilla: Ediciones Ende, 2014; y *Manolita Chen y su Teatro chino* (en dos tomos), Almería: Editorial Círculo Rojo, 2015. Además, Televisión Española produjo el documental *Teatro chino de Manolita Chen, el cabaret de los pobres*, emitido por primera vez el 9 de noviembre de 2011 y disponible online en: http://www.rtve.es/alacarta/videos/el-documental/documental-teatro-chino-manolita-chen-cabaret-pobres/3438856/

33. José María Rodriguez Mendez: *Comentarios impertinentes sobre el teatro español*, Barcelona, Península 1972, pág. 35, citado en Juan José Montijano: *Historia del teatro olvidado: La revista (1864-2009)*, Tesis Doctoral, Universidad de Granada, 2009, pág. 839.

34. Revista *El Ritmo Semanal*, Valencia, 17 de febrero de 1960, citado en Montijano, op. cit., pág. 830.

35. Un repaso por la hemeroteca del diario *ABC de Sevilla* aporta innumerables reseñas de los encartes publicitarios sistemáticos durante las semanas de la feria de abril.

36. Manuel Vázquez Montalbán y Francisco Umbral: *100 años de canción y music hall*, Madrid: Difusora Internacional S.A., 1974, pags. 455-457, citado en Juan José Montijano, op. cit, pág. 845.

37. Este importante debate ha sido comentado por Oscar Cornago: *La vanguardia teatral en España 1965-1975. Del ritual al juego*. Madrid: Visor, 1999, pág. 161. En este estudio fundamental de la vanguardia teatral española, Cornago ofrece una lectura del tránsito de la vanguardia post-realista desde un teatro ritual hacia un teatro del juego, tal y como indica el subtítulo.

38. Versión catalana de Xavier Fábregas, consultada en *Serra d'Or*, any XIV, n. 149, febrero de 1972.

39. Oscar Cornago, op. cit., págs. 165-166.

40. Javier Navarro nombra en su texto de 1976 al Living Theatre, al Bread and Puppet Theatre, al San Francisco Mime Group, al Grand Magic Circus, al Teatro Campesino de Fresno, al Open Theatre y a Mabou Mimes, entre otros. Todos estos grupos practicaron la creación colectiva, el parateatro y una profunda renovación de los lenguajes del teatro popular, a la vez que estaban inscritos en la vanguardia cultural del momento.

CAPÍTULO 4_
LA DÉCADA ELÉCTRICA

Cuando Javier Navarro acude a la Escuela de Arquitectura de la Architectural Association en 1970 esta institución privada[1] era un hervidero de tendencias múltiples y no siempre bien avenidas entre sí; es más, sus gestores y su tradición pedagógica favorecieron conscientemente una gran diversidad ideológica y metodológica. La Architectural Association es una institución educativa privada fundada en 1847 por un grupo de estudiantes que reaccionaron contra el sistema pedagógico existente en ese momento en el Reino Unido.

Dos jóvenes estudiantes de arquitectura, Robert Kerr con 23 años y Charles Gray con 18, propusieron constituir una asociación de «delineantes» que auto-organizarían su propio aprendizaje profesional como arquitectos, desafiando al sistema oficial de tutelaje de habilitación profesional. En 1862 se estableció el llamado examen voluntario, que bajo el control del RIBA, acrónimo de Royal Institute of British Architects, emitía el título profesional a los estudiantes de la Architectural Association que pasaban esa prueba de control profesional.[1] El espíritu fundacional de la Architectural Association estaba imbuido del dandismo de la clase alta británica y de su modelo de asociacionismo de club, que a pesar de las muchas vicisitudes y crisis sucesivas de esta institución pedagógica, sigue plenamente vigente en la actualidad, con fricciones constantes en su relación habilitante con el RIBA y con el corporativismo arquitectónico profesional. La Architectural Association ha sido siempre una institución de élite y con vocación crítica, ambivalente y paradójica por definición, mantenida económicamente con precios de matrícula altos y en términos de prestigio con una dedicación intensísima de sus docentes y sus estudiantes basada en la competitividad crítica. La historia de esta institución es la historia de los roces permanentes entre el *establishment* profesional de la arquitectura inglesa, el poder político del gobierno central y sus modelos educativos, la independencia intelectual de sus docentes y líneas de aprendizaje, y la actualización permanente de sus modelos de financiación, ligados al capital privado de las élites culturales progresistas.

El espíritu contestatario de corte liberal estuvo en el ADN de la Architectural Association desde casi el principio. Ya en 1938 los estudiantes lanzaron una revista llamada *Focus*, que denunciaba la toma de poder de la generación precedente como una «dominación». Este clima de contestación crítica caracterizó a esta institución de manera permanente. Entre 1943 y 1950, y desde las páginas de la revista estudiantil *PLAN*, sus responsables desafiaron a los representantes ingleses de los Congresos Internacionales de Arquitectura Moderna CIAM, reclamando su propia presencia en ellos para ejercer influencia directa sobre los designios de la arquitectura moderna. Los arquitectos brutalistas fueron una generación crítica de los sistemas de trabajo de proyecto y organización de la generación anterior, que identificaron como dogma. En su asimilación de la cultura del manifiesto,

la actitud contestataria característica de los jóvenes procedentes de la Architectural Association hundía sus raíces en la vanguardia histórica de la primera arquitectura moderna, con múltiples momentos de crisis y de agitación.[2]

En uno de esos habituales momentos de transición crítica[3] de esta institución aparece Javier Navarro en búsqueda de un cierto clima cultural que la España de 1970 no podía ofrecer, y con una formación como arquitecto de tipo politécnico, sólida y profesionalista, pero también marcada por una disidencia ideológica fuerte, traumática y en absoluto plenamente desarrollada en España por aquella fecha debido a la represión política y la desorganización de la disidencia. El 24 de enero del año 1969, el gobierno del dictador Francisco Franco proclamó el estado de excepción en España durante tres meses

(Figura 95). El texto del Consejo de Ministros decía: «Acciones minoritarias, pero sistemáticamente dirigidas a turbar la paz de España y su orden público, han venido produciéndose en los últimos meses, claramente en relación con una estrategia internacional, que ha llegado a numerosos países».[4] El Ministro Manuel Fraga Ibibarne realizó unos comentarios a la prensa que retratan a la perfección la atmosfera de conspiración paranoide que se respiraba:

Y si ustedes me permiten un breve comentario al decreto, que yo creo que en su laconismo matiza la cuestión con bastante nitidez, quiero subrayar lo de acciones minoritarias porque, gracias a Dios, la salud social y política del país es excelente. Pero repito que se trata de acciones claramente concertadas para meter al país en una ola de confusión y de subversión mundial, que en sus propias noticias está perfectamente clara todos los días; una estrategia en la que se utiliza la generosidad ingenua de la juventud para llevarla a una orgía de nihilismo, de anarquismo y de desobediencia que ha sido denunciada, por lo demás, en estos días por todos los hombres de Estado y por todas las grandes tribunas del mundo. Dentro de ella, unos cuantos malvados y ambiciosos han querido capitalizar en su beneficio esta situación.[5]

Con el Estado de Excepción recién decretado, la Escuela Técnica Superior de Arquitectura de Madrid retomó su actividad normal el 29 de enero de 1969 tras meses de movilizaciones, huelgas, encierros y asambleas. Su cuerpo docente fue sacudido por los acontecimientos y no se libró de actos de revancha, escaladas académicas imprevistas

Figura 95: Noticia de la proclamación del Estado de Excepción en el periódico *Nuevo Diario* del 25 de enero de 1969.

y una incertidumbre intelectual generalizada que se extendió durante mucho tiempo. Ese es el clima que Navarro dejaba atrás al acudir a Londres a finales del verano de 1970. En Londres, como en otros lugares de Europa, la contracultura contestataria se dividía entre el anarquismo radical y una nueva izquierda organizada que preparaba el asalto institucional al poder. El crítico Jeffrey Kipnis relata la atmósfera de esta escuela en aquel momento con elocuencia:

Architecural Association de Londres 1970-72: una escuela bañada en sexo, drogas y rock and roll. David Bowie pasando el rato en el bar. Descarga en una persona con histeria experimental acelerada por los proyectos visionarios de Archigram, la respuesta de la arquitectura a los Beatles. Arquitectura galvanizada, de algún modo, por la política de acción de Mayo del 68, intoxicada por el urbanismo del amor espotáneo americano de Woodstock y su sombra, por la violencia erótica de Altamont, edificada sobre la espuma de los rumores del pensamiento intelectual francés, arrastrada al diseño mod de Carnaby Street y al antidiseño, al pavoneo de las ciudades infinitas de Yona Friedman y los italianos Superstudio y Archizoom. Todo vale, todo puede ser. Para tu curso de proyectos, escribe un libro si quieres. Baila o hazte pis en los pantalones si quieres. Incluso dibuja y haz maquetas si lo deseas. Todo vale con estar convencido de ello.[6]

De hecho Peter Cook, el líder indiscutible de la Architectural Association en aquel momento, había estudiado allí graduándose en 1960 y además de su intensa labor docente, dirigió el Institute of Contemporary Arts (ICA) entre 1970 y 1972. Esta institución, avanzada la década de los años cincuenta, había destronado la línea curatorial de Herbert Read, un militante del formalismo moderno,

a favor del inclusivismo pop y su ambivalente estética del consumo de masas, encarnado en el llamado Independent Group, un grupo interdisciplinar que retomó parcialmente la retórica corbuseriana expresada en la revista de vanguardia *L'Esprit Nouevau.*[7] El ICA fue la institución que, tras la destitución de Herbert Read, no solo introdujo el pop, sino que le dio continuidad hasta su agotamiento. Peter Cook fue estudiante de la Architectural Association con docentes como Peter Smithson, John Voeckler, James Stirling y Edoardo Paolozzi, muchos de los cuales intervinieron en las exposiciones del ICA de la década de los cincuenta, como la organizada por Theo Crosby *This is Tomorrow* en 1956. La cadena ideológica entre el joven Jeanneret de *L'Esprit Nouevau*, el pop multiformato del Independent Group, y finalmente la labor de Peter Cook al frente del grupo Archigram, fue casi ininterrumpida en los jóvenes arquitectos ingleses.[8]

EL DRAMA ELÉCTRICO DE LA DISOLUCIÓN

Archigram fue el nombre inventado por los jovencísimos arquitectos Peter Cook (1936), David Greene (1937) y Michael Webb (1937) para su colectivo y la revista que lanzaron en 1961, uniéndose al año siguiente para el segundo número de la revista Ron Herron (1930-1994), Dennis Crompton (1935) y Warren Chalk (1927-1987), profesionales en activo en el departamento de arquitectura del London County Council. Esto supuso una habilísima maniobra de unificación de dos frentes supuestamente contrapuestos: la especulación académica y la práctica profesional institucional de una parte del brutalismo inglés. Desde el principio, la influencia de la revista y su potencial propagandístico fue decisiva entre algunos estudiantes de arquitectura, aunque también objeto de crítica

por parte de los arquitectos más politizados tanto entonces como ahora.

Aunque Javier Navarro no tuvo contacto directo con Cook, ni con ningún otro de los componentes de Archigram, una cierta hegemonía delineada sobre los planteamientos de ese grupo de arquitectos bañaba muchos de los discursos y de las prácticas de la Architectural Association en esa fecha, y el artículo de Navarro de 1976 cita dos referencias cruciales de Archigram para su proyecto de Teatro Móvil justo en su enigmático cierre:

Al estar el entorno humano más condicionado cada día por el propio hombre surge la necesidad de que ese entorno posea una cierta flexibilidad que lo haga modificable en alguna medida. Esta flexibilidad se consigue por dos caminos: o incluyéndola en el diseño de nuevos entornos —adaptabilidad y movilidad del espacio teatral— o diseñando entornos superponibles a los ya existentes —teatro de environment—, desde el Suitaloon de M. Webb (1968) hasta la Instant City de P. Cook (1969). Como sugiere este último, quizá el futuro de la arquitectura esté en la explosión de la arquitectura.[9]

En 1963 el grupo Archigram, gracias a una intensa labor de producción gráfica, pedagógica y editorial, logra aún mayor visibilidad con la exposición *Living City* del ICA de Londres, por encargo de Theo Crosby (Figuras 96 y 97). Dentro de las instalaciones arquitectónicas del ICA construyeron una estructura dedicada a la exaltación de la experiencia metropolitana. La construcción material de este artefacto visitable era una carpa triangulada facetada con forma cupular deformada, que contenía una lámpara giratoria con efectos similares a la máquina

Figura 96: Fotografía de Dennis Crompton de la exposición *Living City* del Institute of Contemporary Arts de Londres de 1963. Archivo Archigram.

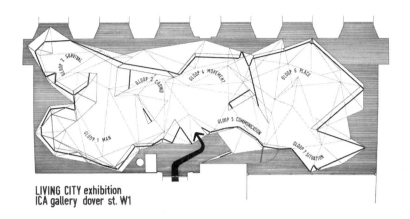

LIVING CITY exhibition
ICA gallery dover st. W1

de luz de Lázló Moholy-Nagy en una de sus siete áreas, denominadas «gloop», un término que significa sustancia pegajosa pero también y muy significativamente bobo, persona sin criterio. Esta instalación invita a una hipotética comparación con el Teatro Móvil en algunos de sus aspectos, concretamente en lo que se refiere a la disolución de la propia arquitectura en fenómenos sensoriales asistidos tecnológicamente.

Cada una de las siete secciones de The Living City contenía información gráfica de gran formato y se organizaba alrededor de un lema: Hombre, Supervivencia, Muchedumbre, Movimiento, Comunicación, Lugar y Situación. Según el historiador y estudioso de la obra de Archigram Simon Sadler, esta exposición supuso la absorción impresionista por parte de la cultura británica del existencialismo francés y de algunas consignas si-

tuacionistas descontextualizadas y aliviadas de su carga política.[10] Hombre mostraba las relaciones entre personas y objetos en un «juego psicosocial» parecido a una oca o rayuela trazada sobre el suelo; Supervivencia mostraba un robot homenaje al ICA y su pasado pop futurista de los años cincuenta, y hablaba de los efectos de las extensiones del cuerpo con prótesis mecánicas e informacionales; Muchedumbre presentaba la individualidad resiliente frente a la muchedumbre avasalladora, de modo que un caleidoscopio de sujetos producía a partir de sus percepciones compartidas una multitud colectiva sin proyecto, movida exclusivamente por impulsos sensoriales desaforados; Movimiento y Comunicación aludían a los norteamericanos Jane Jacobs y William Whyte y sus respectivas críticas a la ciudad zonificada moderna;[11] Lugar se hacía eco del discurso del Team 10, una organización de arquitectos críticos y revisionistas de los principios del urbanismo del Movimiento Moderno que reclamaron la recuperación de los entornos urbanos a escala humana; y finalmente *Situación* aludía directamente al vocabulario situacionista francés despojado de la carga política original.

Esta instalación mostraba a la perfección los principios de disolución disciplinar que los Archigram manejaban por entonces y que impregnaron una parte de la cultura arquitectónica estudiantil de la década de los años sesenta en Londres, que pretendía contestar frontalmente a la cultura arquitectónica instituida, heredera de la absorción británica del Movimiento Moderno en equipos profesionales ligados a las administraciones locales y desarrollada en el brutalismo. En el catálogo de esta exposición Peter Cook escribió algo que resume esa sinfonía impresionista, tecnológica y eléctrica que impregnaba la sensibilidad de estos arquitectos ingleses: «Cuando llueve en Oxford Street la arquitectura no es más importante que la lluvia, de hecho el clima tiene probablemente más que ver con la pulsación de la *Living City* en un momento determinado».[12]

En 1960 Reyner Banham publicó su tesis doctoral con el título *Teoría y diseño en la primera era de la máquina*. En este libro fundamental del siglo XX Banham introducía definitivamente a Richard Buckminster Fuller como el nuevo canon, en una relectura del Movimiento Moderno que equiparó los lenguajes técnico y compositivo de la disciplina arquitectónica. La influencia de Fuller como antecedente absoluto de estas arquitecturas fue enorme, planeando por el Teatro Móvil en la misma medida que otras referencias.

En 1967 una antología muy completa del trabajo de Archigram se publicaba en España en la revista *Hogar y Arquitectura*, dirigida

entonces por el arquitecto Carlos Flores, algo que le valió ciertas amonestaciones por parte de las autoridades políticas, académicas y profesionales (Figuras 98 y 99).[13] Cuando Javier Navarro llega a Londres conoce bien, como cualquier arquitecto o estudiante joven del momento con inquietudes disciplinares críticas, el discurso y las imágenes propagadas por este colectivo inglés, pero no solo a través de las revistas inglesas como *Architectural Design*, sino también gracias a esa publicación española.

La recepción española de Archigram a partir de *Hogar y Arquitectura* es especialmente interesante, porque el comentario introductorio del editor Carlos Flores y el análisis detallado del entonces estudiante de cuarto curso Francisco González Quintana fueron rigurosos y muy medidos. Fue esta publicación la que más y mejor difundió la obra de Archigram en España, y fue la primera en dar a conocerlos en castellano. Hasta el año siguiente no apareció, ya en 1968, el monográfico de la revista argentina *Cuadernos Summa – Nueva Visión*, ampliamente distribuida en países de habla hispana, que publicaba sistemáticamente versiones en castellano de algunas revistas internacionales como *Architectural Design, Architectural Association Quarterly* o *The RIBA Journal*, por mencionar solo las inglesas. El monográfico de *Hogar y Arquitectura* se componía de un editorial de Carlos Flores, un artículo de Reyner Banham, otro del estudiante Francisco González Quintana, y un cuaderno de obras y proyectos de Archigram muy completo.

Carlos Flores defendió la obra de Archigram en su editorial frente a los críticos que la tacharon de utopía de ciencia-ficción. Para Flores los proyectos de Archigram estaban más próximos a problemas reales del entorno construido que los trabajos de aquellos

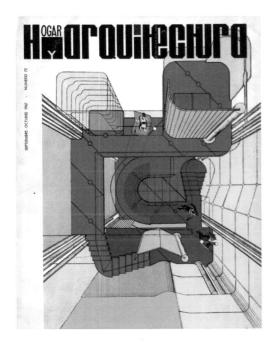

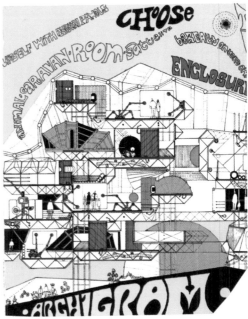

Figura 98: Portada de la revista *Hogar y Arquitectura* de octubre de 1967. Cortesía de la biblioteca de la ETSAM.

Figura 99: Imagen portada interior del monográfico de Archigram de la revista *Hogar y Arquitectura* de octubre de 1967. Cortesía de la biblioteca de la ETSAM.

críticos que empleaban lo que Flores llamó «procedimientos *razonables* al uso», dejando bien clara su postura.[14] El texto de Banham se hacía eco de la evolución de la producción de Archigram, desde los proyectos urbanos iniciales, retóricos y monumentales, hasta las propuestas más recientes que Banham llamó *environments*.[15] Así pues, esta revista española mostraba ya a los lectores la obra de Archigram en pleno desarrollo, como un cuerpo de trabajo evolutivo y no meramente como un catálogo de imágenes sueltas y llamativas, sino incluso analizada por fases o desarrollos de la mano del mismo Banham, una evolución que culminaba en proyectos en los que la tectónica estaba ya disuelta o liquidada. Banham finalizaba su texto afirmando que: «Cualquiera que empaqueta una tienda, una cocina de gas embotellado, una lámpara de pilas y una radio-transistor en el porta de su moto-scooter y se marcha para acampar, está ya disfrutando de una primitiva versión de la nueva visión de Archigram». Francisco González Quintana, por su parte, encabezaba su largo ensayo con una cita de Bruno Taut tomada de una de las cartas de la *Gläserne Kette*:

Vamos a ser conscientemente arquitectos con imaginación. Creemos que solamente una completa revolución puede guiarnos en la tarea. Nuestros conciudadanos, incluso nuestros colegas, sospechan, con razón, que la revolución está en nosotros: disolver, desintegrar todos los conceptos, todos los principios fundamentales que han existido hasta el presente […] Desaparición de lo individual, absorción en algo más importante si la arquitectura quiere volver a ser, una vez más, lo que era: el maestro será anónimo.[16]

Su sagacidad al reconocer las similitudes procedimentales entre Archigram y parte de la vanguardia histórica es innegable, como lo es su agudeza al analizar el entorno cultural de Archigram. La cita de Taut habla de disolver y desintegrar, exactamente el mismo vocabulario de Javier Navarro en su texto de nueve años después. González Quintana acertó al desvelar que las claves del éxito internacional de Archigram se basaron en tres pilares estratégicos y uno táctico. El primero de los estratégicos fue la oportunidad histórica, al ser capaces de detectar el agotamiento del discurso brutalista; el segundo fue la plena aceptación en las escuelas de arquitectura más influyentes del Reino Unido; y el tercero la propia revista que editaban y su enorme potencial propagandístico. A estos tres pilares, propios del «entorno académico y profesional», debe sumarse un cuarto no menos importante y de orden táctico: la penetración de Archigram en el «terreno de lo popular», al aparecer sistemáticamente en medios y en eventos de masas, como la exposición *A House for the Year 1990* que organizó el periódico *Daily Telegraph* en los grandes almacenes Harrods de Londres en 1967, acompañada de un suplemento especial en prensa, o el suplemento *2000*, de la revista de gran tirada *Woman's Mirror*, sumados a la exposición del ICA y el lujoso catálogo *Living City* de 1963. De todas estas incursiones en los medios concluye González Quintana que:

Archigram, con el éxito y atracción despertadas entre el profano por el medio de la constante difusión de sus proyectos e ideas, ha demostrado que una de las más legítimas razones de su existencia radica en que puede desbordar, al menos potencialmente, ese privilegiado entorno y acercar el fenómeno arquitectónico al público ordinario que es el que lo habita —y esto parece continuamente olvidarse— mucho más positivamente que todos los sofisticados y estériles intentos realizados hasta el momento por los llamados continuadores del Movimiento Moderno.[17]

En 1967 existían aún pocas reseñas antológicas de la obra de Archigram y de su rol cultural tan claras y penetrantes como esta; solo Reyner Banham y su discípulo Charles Jencks podrían considerarse excepciones a este hecho. Que fuese un estudiante de cuarto curso de arquitectura —procedente de una cultura completamente periférica como la española de 1967—, quien tan astutamente percibiera las cualidades y los procedimientos de Archigram al verse puntualmente expuesto a ellos no puede considerarse una mera extravagancia, coincidencia o desliz histórico. Este hecho nos habla de una determinada conciencia cultural generacional a la que, por descontado y aunque no fuese en absoluto dominante en los ambientes académicos españoles, pertenecía Javier Navarro, estudiante entonces del mismo curso que González Quintana en Madrid. En una de las cartas al editor de la revista Carlos Flores, remitida desde Londres, este joven estudiante informaba puntualmente de esas incursiones culturales, entre el asombro y la seducción, con un grado de inmersión que resulta sorprendente:

Y ahora voy a ponerte al corriente de cómo marchan las cosas por la capital de los sixties. Estoy metido hasta el cuello en la arquitectura-ficción y no me resulta fácil asimilar de repente tanta idea nueva. […]

Y ahora ASÓMBRATE: Cook y Crompton (y este año también lo será Herron) son profesores en la Architectural Association de proyectos de 5º curso (el último) y explican proyectos de ARQUITECTURA FUTURISTA; es decir, que las ideas y proyectos de Archigram no podrían tener campo mejor abonado para propagarse y desarrollarse —lo mismo

ocurre en Virginia—[18] *donde supongo estarán mimados por los americanos.*

Ya conoces que aquí funciona el sistema de tutores y que cada alumno tiene asignado uno de ellos, especialista en la materia objeto de estudio. Pues bien, de los estudiantes de arquitectura de la Architectural Association de 5º curso, no todos tienen como tutores a arquitectos, sino a especialistas en electrónica, materiales plásticos, computadores, etc. […] Celebran constantemente congresos, simposios, etc., y no solo en la Architectural Association sino que mantienen contacto con otras escuelas inglesas y extranjeras.

[…] De Londres ya te hablé en mi carta anterior. Siento no tener más tiempo libre y no precisamente para ver edificios, pues ya sabes que últimamente me interesan más las personas, cómo viven y piensan. Aquí existe una fascinante gama humana.

Londres, agosto de 1967.

CIRCOS CIBERNÉTICOS

Pero a pesar de las alusiones de Navarro al *Cushicle* y al *Suitaloon*, otros proyectos de Archigram informan más y mejor sobre algunas de las ideas manejadas en su Teatro Móvil, sobre todo en lo relativo a la movilidad arquitectónica, el protagonismo del artefacto industrial y finalmente, el rol que lo teatral-escénico podía llegar a jugar como herramienta emancipadora por su potencial pedagógico, un elemento este último no desarrollado explícitamente en el Teatro Móvil, pero implícito en el proyecto ideológico de Navarro.

El llamado *Autoenvironment*, desarrollado por Michael Webb en 1964-65, supuso una especulación fundamental de las posibilidades

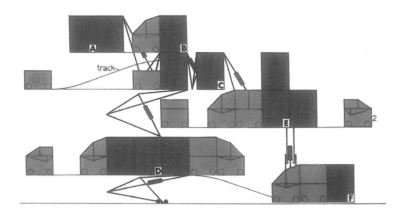

de la industria de los artefactos móviles de consumo en la habitabilidad contemporánea (Figura 100):

Si tomas un automóvil, puede ser un símbolo de estatus, un objeto de virilidad masculina y un medio a tu disposición para lograr ir a un montón de sitios, que gusta poseer y conducir, pero también puede ser una habitación móvil que se puede enchufar a un lugar y convertirse en espacio extra. [...] En una autocaravana el volumen en un momento dado es directamente proporcional al número de personas en ella. Cuando la familia está fuera en la playa la casa consiste solo en unidades apilables plegadas. Durante una fiesta, al menos treinta contenedores pueden organizarse alrededor de una unidad para formar un gran espacio. De modo que la estructura puede organizarse para ser mayor o menor, dependiendo del número de contenedores presente.[19]

A partir de sus comentarios sobre la autocaravana industrializada disponible en el mercado, Michael Webb propuso una adaptación arquitectónica muy estilizada que, frente a la dimensión social familiar de la autocaravana al uso, abría las posibilidades de entornos individuales móviles, una especie de casa a cuestas para el sujeto contemporáneo solo y sin ataduras familiares o sociales estables. Webb refinó estas ideas hasta proponer el *Suitaloon* en 1968, al que se refiere Navarro en su texto y que, a su vez, parte del llamado *Cushicle*, un dispositivo de habitación individual hinchable «completamente nómada y totalmente equipado», que se desplegaba de un núcleo llamado «armadura» o sistema «espinal», un derivado formal del automóvil.[20] Su versión más elaborada, el *Suitaloon*, era una casa-traje «para un único piloto»[21] en la que ese núcleo de servicio y de propulsión ha sido eliminado, quedando únicamente una fina superficie envolvente auto-propulsable y

Figura 100: *Autoenvironment* de Michael Webb. Drive-In Housing. Diagrama de la segunda fase de levantamiento. 1966. Archivo Archigram.

ya no enchufable a elementos de suministro de energía, sino a otros usuarios igualmente equipados con sus correspondientes trajes. Como se ve, esta línea de investigación de Archigram conducía directa y deliberadamente a las esferas individuales y absolutamente autosuficientes, despegados ya de las estructuras (arquitectónicas y sociales) de base, en una exaltación de la individualidad radical típica de uno de los filones discursivos de sus autores: la analogía del gadget arquitectónico y el objeto de consumo que establece la ecuación «*design by choice*»,[22] y que anuncia lo que hoy conocemos por customización comercial como vehículo de identificación social del individuo contemporáneo.

Esta línea de investigación guarda con el Teatro Móvil ecos evidentes en cuanto a las alusiones a la movilidad como agente de emancipación y a una cierta desmaterialización arquitectónica. Sin embargo el Teatro Móvil no *customizaba* la industria automovilística para proponer un hábitat radicalmente individual, sino que la ponía al servicio de un proyecto de espacio colectivo que manejaba solo algunos de los parámetros popularizados por Archigram. Se trataba por tanto de un proyecto más posibilista que prospectivo.

El proyecto de Archigram llamado *Ideas Circus,* ideado por Peter Cook en 1968, guarda mayor similitud conceptual con el Teatro Móvil que las estructuras individualizantes de Michael Webb (Figuras 101 y 102). *Ideas Circus* se propuso como una estructura educativa arquitectónica móvil que se debía desplazar por el territorio inglés llevando información especializada mediante seminarios y actividades pedagógicas en sus instalaciones, una especie de adaptación del *agit-prop* a la nueva era informacional post-fordista, que los Archigram formalizaron perfectamente en algunos de sus proyectos. Según se dice

en el texto descriptivo: «*Ideas Circus* es una instalación educativa capaz de llevar información especializada entre centros fijos. [...] Las respuestas son devueltas en *feed-back* al origen y también desarrolladas en un circuito completo».[23]

La novedad de este proyecto era no obstante relativa, porque otro arquitecto próximo a Archigram pero absolutamente individual en su práctica, Cedric Price (1934-2004), elaboró junto a la directora teatral Joan Littlewood (1914-2002) un prototipo de factoría educativa-teatral entre 1963 y 1965 que sin embargo debía ser estable en su localización, el archiconocido *Fun Palace*.[24] Se trataba de un artefacto que debía haberse construido en un lugar llamado Mill Meads, junto al río Lea en el este del Londres portuario, en una zona que ya experimentaba una tendencia visible a la desindustrialización, con el consiguiente conflicto social que anunciaba la pérdida de empleos para la clase trabajadora a la que este proyecto estaba destinado. Era una estructura de gran tamaño construida con puentes grúa que cobijaba un espacio indeterminado compuesto de *kits de partes* de escala intermedia, móviles y transformables, a varios niveles (Figura 103). Los intereses de Littlewood por un teatro proletario y moralista, de carácter fuertemente pedagógico y desarrollados durante décadas de trabajo con su compañía *Theater Workshop*, se aunaron con los intereses de Price por la indeterminación programática y formal por un lado, y por la cibernética y los circuitos informacionales de estímulo-respuesta por el otro. En paralelo en 1965 Price elaboró otro proyecto no realizado llamado *Potteries Thinkbelt*, que proponía la reutilización de las estructuras ferroviarias en desuso de la región industrial de North Staffordshire, castigada por la desindustrialización y el desempleo, para su conversión en una

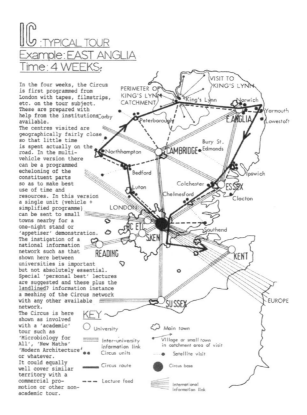

Figura 101: *Ideas Circus* de Peter Cook, 1968. Archivo Archigram.

Figura 102: *Ideas Circus* de Peter Cook, 1968. Archivo Archigram.

estructura móvil que debía funcionar como un campus universitario tecnológico para la formación de titulados. Este proyecto hacía un uso extensivo de los vagones de tren como aulas móviles y de contenedores adaptados como vivienda estudiantil y de personal docente.

Resulta claro que una parte de la cultura arquitectónica inglesa del momento, en la que Javier Navarro estuvo involucrado durante su estancia en Londres, estaba muy centrada en las posibilidades de la movilidad arquitectónica, y que el repertorio de lenguajes técnicos posibles ya conocía un cierto desarrollo en 1970. El ingrediente de novedad fundamental introducido por Archigram con respecto a estos dos brillantes antecedentes de Price fue la superposición de los dos conceptos (la movilidad y la pedagogía) en un único proyecto que describe los modelos de factoría educativa descentralizada tan característicos de la actual economía digital post-fordista. En la actualidad, la auto-formación permanente y competitiva ya no es, como en estos proyectos de los años sesenta, un vehículo de emancipación de clase, sino de mera supervivencia de cara a lograr o mantener un puesto de trabajo no necesariamente bien remunerado en la sociedad de la información. Cuando estos proyectos se redactaron, sus autores no podían imaginar que las destrezas tecnológicas que estos dispositivos inocularían en la clase trabajadora no solo no le servirían para aumentar su bienestar eliminando parcialmente las barreras de clase, sino que anclaría aún más a los trabajadores a una inestabilidad económica absolutamente dependiente de la adquisición de tales destrezas, es decir, que incidiría aún más en su condición de clase inferior y precaria.[25] *Ideas Circus* se configuraba como un antídoto cultural:

Un paquete de cinco o seis vehículos que contienen todo el equipo técnico necesario para montar seminarios, conferencias, exposiciones o espacios docentes. El paquete puede enchufarse a un edificio existente. […] El Circo también puede ser completamente autónomo: si es necesario se instala sobre un descampado. La idea es circular entre los mayores centros provinciales, aprovechando las universidades locales, vampirizando sus personalidades, documentación y cosas tales como películas o experimentos de laboratorio: y luego moviéndose al siguiente pueblo.[26]

La descripción del dispositivo de *Ideas Circus* es muy similar, en cuanto a la formalización arquitectónica se refiere, al Teatro Móvil de Javier Navarro (Figura 104), aunque lo que los separa es la completa ausencia de intervencionismo por parte de Navarro en los contenidos epistemológicos que debían circular por sus estructuras arquitectónicas. Aún mayor es la similitud retórica, formal o aparente entre el Teatro Móvil y la *Instant City* de Peter Cook:

Un proyecto de investigación basado en el conflicto entre centros locales, aislados culturalmente, y las instalaciones bien equipadas de las regiones metropolitanas. Investigando el efecto y la practicidad de inyectar la dinámica metropolitana en estos centros, gracias al medio de una instalación móvil que lleve la información —educación—, servicios de entretenimiento de la ciudad, extendido mediante el establecimiento de este mecanismo junto a la red nacional de telecomunicaciones.[27]

Instant City contó con la asesoría del experto en cibernética Gordon Pask, que también había intervenido en el *Fun Palace*, introduciendo en el proyecto un cambio de rumbo respecto a los experimentos previos de

teatro proletario de Littlewood. Este cambio tendía a establecer como el principal objeto de diseño no ya el propio artefacto físico, sino su rol como dispositivo informacional y de generación de comportamiento en sus usuarios, es decir, que entraba de lleno en el diseño de una nueva forma de «decoro» en su público, si empleamos el vocabulario de Richard Schechner, o de «acondicionamiento» si empleamos el de Mario Manieri-Elia, o incluso la terminología de Cedric Price para el proyecto de *Potteries Thinkbelt*: «life conditioning» (Figura 105).[28] Como en los teatros móviles de Guido Canella, los artefactos de Price y Archigram también optaron por arquitecturas poco disueltas pese a las apariencias y a los eslóganes de sus autores. Y como en la máquina cibernética de Maurizio Sacripanti y Giovanni Pellegrineschi, la arquitectura móvil performativa de Archigram y Price estaba destinada, en última instancia, al sensorium nervioso e incluso afectivo del usuario.

Los conflictos laborales de los trabajadores desempleados de los muelles próximos al *Fun Palace* no fueron, finalmente, el objeto de estudio y de interés para sus diseñadores y el núcleo de sus proyectos arquitectónicos, y esos conflictos tuvieron lugar en los tradicionales espacios de la lucha obrera, como las fábricas cerradas y los muelles portuarios abandonados, manteniendo por tanto la representación clásica de la manifestación, la huelga y la protesta callejera que Richard Schechner investigaba casi paralelamente como posible ingrediente para una nueva escena ambientalista. El mestizo Teatro Móvil de Javier Navarro se mueve así entre todas estas posiciones ideológicas, sin pertenecer abiertamente a ninguna de ellas, pero a todas a la vez en algunos aspectos concretos.

Tanto el *Fun Palace* como en mayor medida *Ideas Circus* o la *Instant City* manifiestan una ideología reformista y paternalista de raíz ilustrada analizados desde la distancia, que

Figura 103: Maqueta del *Fun Palace* de Cedric Price, 1963-1965. Canadian Centre of Architecture.

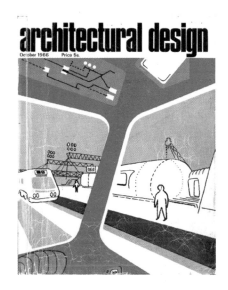

se evidencia en el obsesivo y virtuoso exceso de diseño no ya solo del contenedor arquitectónico, sino de sus contenidos semióticos y de valores morales. En ese sentido, más que suponer un auténtico desafío a la escena burguesa y moralista, este tipo de arquitectura performativa supuso una brillante actualización de los protocolos del teatro burgués y de su decoro comportamental, o dicho en otras palabras, del teatro-templo-máquina. Estas metrópolis ambulantes debían:

Dar (a la comunidad local) un cierto sabor de la dinámica metropolitana —que es temporalmente injertada en el centro local— y mientras que la comunidad aún se está recuperando del shock, emplea este catalizador como el estadio inicial de un enganche nacional. Una red de información-educación-entretenimiento, unas instalaciones de tipo juega-y-conócete a ti mismo.[29]

Por lo tanto, estas arquitecturas móviles inglesas, como ya percibió Manfredo Tafuri para sus homólogas italianas, respondían a una situación o atmósfera social muy determinada que ha sido pasada por alto muy a menudo entre los arquitectos: en esos años se comienza a entender que la clase trabajadora industrial estaba entrando en una era de declive que se manifestaba en la disolución del tiempo y el espacio de trabajo en un nuevo tiempo y espacio continuo de ocio productivo, por lo que el nuevo objeto de diseño no era ya la fábrica, sino el tiempo libre. La fábrica y la casita suburbana, junto a su dialéctica arquitectónica, desaparecen a favor del trabajo deslocalizado y del centro de ocio y comercial, como los hechos posteriores han demostrado. Hasta entonces el ocio de las masas de los trabajadores había sido cuestión de estado y su arquitectura fue moderna, higiénica, ligera y anti-monumental.

Figura 104: Maqueta de uno de los camiones del Teatro Móvil de Javier Navarro de Zuvillaga. *ABC de las Américas*, Nueva York, febrero de 1973. Cortesía de Javier Navarro de Zuvillaga.

Figura 105: Portada de la revista *Architectural Design* de octubre de 1966, con el proyecto *Potteries Thinkbelt* de Cedric Price, presentado con el título de *life conditioning*. Cortesía de la biblioteca de la ETSAM.

Estos proyectos de recintos móviles electrificados fueron una respuesta arquitectónica al nuevo fenómeno del declive de la clase trabajadora y de su asimilación social como consumidores activos, resta por determinar si ayudaron a precipitarlo.

EL REPOSO DE LAS MASAS

En la cultura arquitectónica española no faltaron casos similares de esta evolución, pero siempre dentro de la propia excepcionalidad del marco ibérico y de su particularísima evolución política. En 1961 el entonces joven estudiante de cuarto curso de arquitectura Emilio Pérez Piñero ganó el concurso de la Union Intermacional de Arquitectos UIA con su afamado proyecto de teatro ambulante desmontable para quinientos espectadores. Este proyecto fue reproducido por Peter Cook en su libro *Architecture: action and plan*, de 1967 (Figura 106). Entre 1961 y la fecha de su precipitada muerte en 1972, Pérez Piñero produjo una serie importante de artefactos y prototipos de estructuras liegras desplegables ligadas mayoritariamente a usos de lo que podría llamarse ocio tecnocrático de estado, muy en línea con las transferencias tecnológicas de Fuller. Sin embargo, Piñero no partió jamás de modelos teóricos de diseño o de cálculo, sino de la fabricación directa y artesanal, enteramente basada en la visión espacial y en las habilidades manuales. La mayoría de sus proyectos fueron desarrollados a partir de maquetas más que de planos dibujados. Con la excepción de su serie de proyectos para salas ambulantes de cine, pensadas para una empresa familiar, y de las colaboraciones con Salvador Dalí, la mayor parte de sus proyectos estuvieron li-

gadios al gobierno del General Franco y sus políticas de propaganda internacional iniciadas a finales de la década de los años cincuenta. Conviene retroceder incluso más allá para encontrar en la arquitectura española propuestas que décadas antes ya estaban anunciando esta temática proyectual de una arquitectura tecnocrática del tiempo libre de las masas de trabajadores/consumidores con una enorme carga ideológica.

En paralelo a La Barraca de Federico García Lorca, que debía proporcionar una forma culta de entretenimiento a partir de lo popular, el Gobierno de la República también promovió proyectos para organizar el tiempo libre de las clases medias urbanas emergentes, ligadas a la movilidad social y la portabilidad arquitectónica como su respuesta lógica. Pero si la respuesta dada al medio rural con La

Figura 106: página 79 del libro de Peter Cook *Architecture: Action and Plan.*

Barraca era la saturación puntual de un medio culturalmente yermo, la del medio urbano era precisamente la opuesta, una de-saturación lograda por el escape al campo. La movilidad y la arquitectura portátil servían por tanto a proyectos ideológicos solo aparentemente distintos, ya que realmente eran complementarios.

El órgano editorial del GATEPAC,[30] la revista *AC Documentos de Arquitectura Contemporánea*, publicó en su segundo año de andadura un monográfico titulado «Es necesario organizar el reposo de las masas», fechado en 1932 (Figura 107). Entre otros proyectos, la revista incluyó dos que resuenan con todo lo visto hasta ahora: un prototipo doméstico de «casa para el fin de semana (week-end)» y un prototipo urbano de «ciudad de reposo». La casita de fin de semana no es sino un contenedor móvil, portátil y desmontable enteramente prefabricado, que aparece publicado junto a imágenes de grupos sociales en pleno movimiento en trenes, autocares y demás medios de locomoción. Aunque la casita de fin de semana está envuelta en una retórica funcionalista, realmente es una operación arquitectónica *adhocista*, en la que un vagón de tren o un camión son solo ligeramente adaptados como vivienda, funcionando así como una unidad móvil que ha adquirido cierta estabilidad (Figura 108). La planta, tan esquemática como las de Cedric Price, apenas un diagrama ergonómico, es extraordinariamente similar a los camiones adaptados de Javier Navarro, e incluso es rematada, como se aprecia en el dibujo en perspectiva, por un aparato retórico lúdico, una banderola, como único signo visible de su verdadera función: ser una casa de vacaciones entendida como máquina lúdica de descanso y desconexión.

En la ciudad de reposo, propuesta para una zona costera próxima a Barcelona, se proyectó una auténtica *Instant City* racionalista que de algún modo, como la arquitectura veraniega del sur de Inglaterra inspiradora del imaginario lúdico de Archigram, anticipa la idea de Peter Cook.[31] Se componía de una zona de baños, otra de casetas de fin de semana, otra de residencia temporal y otra de (sic) cura de reposo, articulando así la propia arquitectura sobre estrictos parámetros de ocupación temporal breve: horas, días o semanas (Figura 109). La totalidad de estas arquitecturas responde a una mera multiplicación de ideogramas funcionales y ergonómicos que, como la casita de vacaciones, estaban literalmente derivados de los dispositivos móviles de transporte, o de los elementos portátiles y efímeros característicos de las construcciones costeras. Funcionaba por tanto, y empleando el vocabulario de Price, como una auténtica máquina de acondicionamiento vital, hasta el punto de que, para el servicio de cabinas de baños de mar, los arquitectos hablan de «180 personas por hora» para una cabina de baños (Figura 110). La ciudad del reposo, junto a la casita de fin de semana son, como la *Instant City*, extensiones casi literales del sistema metropolitano de transportes, que en términos estrictamente arquitectónicos están mínimamente caracterizadas.

Peter Cook comenzó su libro de 1967 *Architecture: Action and Plan* afirmando que «La arquitectura puede calibrarse según tres criterios: performance, identidad y economía de medios».[32] Son criterios absolutamente compartidos por las iniciativas del GATEPAC en la casita de fin de semana, sobre la que dicen que: «ha de ser una vivienda reducida a su mínima expresión, con un plano simplificado; ha de causarnos la impresión de contacto

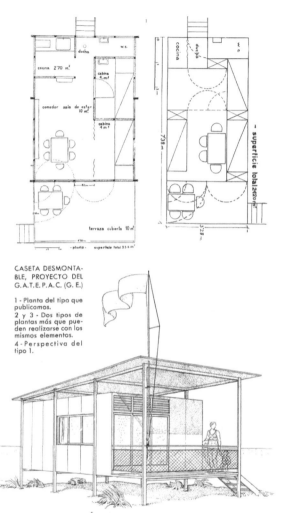

Figura 107: Portada de la revista *AC Documentos de Arquitectura Contemporánea* de 1932. Biblioteca Nacional de España.

Figura 108: Casa desmontable de fin de semana del GATEPAC (Grupo Este) de 1932. Biblioteca Nacional de España.

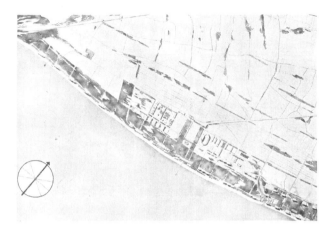

CIUDAD DE REPOSO DE BARCELONA.—
Servicio de cabinas para baños. Planta
de conjunto de un grupo de elementos.

Cabida por elemento: 180 personas por
hora.

Cabida del grupo de cinco elementos:
900 personas por hora.

1. Cabinas para vestirse.
2. Armarios guardarropa.
3. WC. caballeros.
4. WC. señoras.
5. Duchas caballeros.
6. Duchas señoras.

CIUDAD DE REPOSO DE BARCELONA. — Servicio de cabinas para baños.
Detalle, planta y sección de un elemento.

Funcionamiento. La cabina responde únicamente a su fin utilitario: vestirse
y desnudarse. Una vez cumplida dicha función, vuelve a quedar libre.
La cabina (1 en la planta superior) tiene una pequeña abertura por donde
el ocupante, una vez desnudado, entrega la ropa al encargado mediante
un comprobante para que sea guardada en los armarios (2) durante el
baño, quedando así la cabina en disposición de ser ocupada seguida-
mente (véanse fotos inferiores).

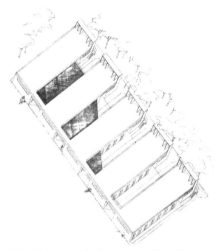

Perspectiva axonométrica de un grupo de elementos.

Figura 109: Planta de la *Ciudad del reposo*
del GATEPAC (Grupo Este) de 1932.
Biblioteca Nacional de España.

Figura 110: Cabinas para baños de mar
de la *Ciudad del reposo* del GATEPAC
(Grupo Este) de 1932. Biblioteca Nacional
de España.

con el sol, la tierra y el aire: una construcción libre de los prejuicios sociales de las formas académicas empleadas hasta ahora».[33] La ciudad de reposo debía dar acceso masivo a esas condiciones, incorporando al proyecto la movilidad extensiva: «Trenes, tranvías, autocares, metros, etc., todos cuantos medios de locomoción existen, son utilizados por la gran masa de ciudadanos que sienten esa ineludible necesidad: salir —huir— de la ciudad, para encararse con un ambiente reparador y sedante. Reposo. Euforia física y espiritual, deseo humanísimo y común a todas las clases sociales».[34] El contraste entre la *Instant City* o *Ideas Circus* y la ciudad de reposo no puede ser mayor en apariencia, aunque de fondo los medios arquitectónicos en juego sean tan extraordinariamente similares, lo que introduce una ambigüedad nada desdeñable. De algún modo, Archigram estaba culminando y llevando al paroxismo el proceso de *organización del reposo de las masas* ya que, empleando los mismos recursos proyectuales que el GATEPAC, basados en la movilidad, extendía definitivamente la metrópolis y sus modos de vida de lunes a domingo, y de la metrópolis al campo.

TECNODISPOSITIVOS DE EMERGENCIA SOCIAL

El dispositivo móvil de Javier Navarro fue propuesto como teatro, pero también como una estructura multiuso adaptable a multitud de supuestos funcionales. Una de esas adaptaciones se estudió en detalle por encargo del Ministerio de la Vivienda, para convertirse en prototipo industrializado de viviendas de emergencia en 1974 (Figura 111). Esta adaptación afectó a los furgones, que pasan de ocho a seis metros de largo y cambian su configuración interior, pero sobre todo a los modos de agrupación, que manifiestan una voluntad proyectual muy fuerte de configurar

recintos para grupos sociales, no individuos aislados. La versión *urbana* del Teatro Móvil no es una ciudad para el descanso, el aprendizaje o la evasión, sino un campamento temporal para grupos sociales desalojados por catástrofes.

La llamada *Estructura Móvil Autotransportable y Desmontable para Viviendas de Emergencia* de Javier Navarro, contaba con una «Unidad Básica» compuesta de cuatro furgones de 6 x 2.5 metros que configuraban una hilera de tres viviendas con patios cubiertos por cojines hinchables y un núcleo común de servicios ubicado en el extremo de la hilera en uno de los cuatro camiones (Figura 112). Era por tanto una miniatura del Teatro Móvil en la que todos los ingenios técnicos se desplegaban para configurar una posible unidad urbana. La cimentación se realizaba con jacks hidráulicos, las tabiquerías con los propios paneles giratorios de los furgones, el apoyo de la cubierta hinchable con mástiles telescópicos, y las instalaciones de fontanería, saneamiento, iluminación y electricidad estaban incorporadas. Este proyecto proponía tres agrupaciones de dichas unidades básicas, pero nunca cápsulas individuales:

Agrupación 1: Consiste en dos Unidades Básicas paralelas y enantiomórficas (formas similares pero no congruentes) que, mediante unos paneles coincidentes con la trasera de cada furgón y giratorios, cierran patios independientes para cada dos viviendas, a los que se accede mediante la puerta escalera prevista en la Unidad Básica. En este caso solo una de las Unidades Básicas llevaría furgón con servicios para alimentar a las dos, quedando el otro furgón libre para otros usos, como almacén, botiquín, etc.

Agrupación 2: Cuatro Unidades Básicas dispuestas alrededor de un octógono regular

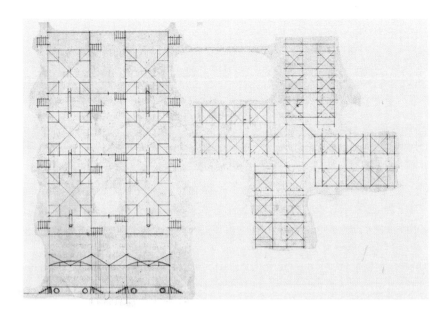

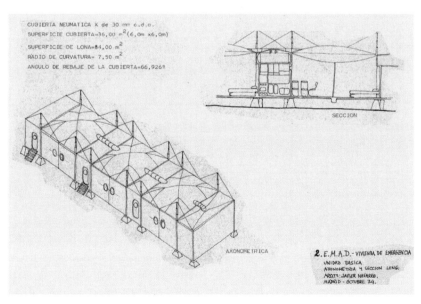

Figura 111: Bocetos de la *Estructura Móvil Autotransportable y Desmontable para Viviendas de Emergencia*, octubre de 1974. Cortesía de Javier Navarro de Zuvillaga.

Figura 112: Axonométrica y sección en detalle de la *Estructura Móvil Autotransportable y Desmontable para Viviendas de Emergencia*, octubre de 1974. Cortesía de Javier Navarro de Zuvillaga.

formado por los cuatro furgones de servicio. Este octógono, que puede ser cubierto o descubierto, sería un espacio común a las cuatro Unidades Básicas, pudiendo hacer las veces de los patios de la Agrupación 1.

Agrupación 3: Cuatro agrupaciones 1 alrededor de un octógono regular formado por los cuatro furgones libres (no de servicio). Estos podrían ser utilizados para servicios comunes: lavandería, botiquín, guardería, cocinas, etc.; pudiendo ser utilizado el octógono (cubierto o no) para guardería, comedor colectivo, etc. Esto dependería de la organización y administración de este sistema de viviendas.[35]

Además, el proyecto aportaba un «reglamento de usuarios», referido a la regulación del uso de los servicios comunes e individuales, así como de los propios mecanismos físicos, junto a un «almacén de enseres salvados». Esta insistencia en lo colectivo, remarcada por el reglamento de uso, establece una cierta distancia respecto a los proyectos capsulares de Archigram, aunque tome de ellos muchos de sus motivos técnicos y figurativos. Lo que estas viviendas de emergencia ponen en juego es la posibilidad de asociación definitiva del sujeto moderno desarraigado de su clase social y su trabajo (el usuario de la cápsula en definitiva), con la persona sin hogar o despojada del mismo. La *emergencia* se refiere también, incluso por encima de todo, a una situación social en la que lo doméstico está en crisis profunda literalmente.

Las viviendas de emergencia de Javier Navarro bebían de los experimentos de Archigram,

pero en mucha mayor medida lo hacían de un proyecto mucho más específico desarrollado por los arquitectos Antonio Fernández Alba (1927) y Juan Daniel Fullaondo (1936-1994), junto al artista plástico Rafael Canogar y el entonces estudiante Eduardo Sánchez en 1971. Este proyecto surgió por encargo de Carlos de Miguel, el director de la revista *Arquitectura* del Colegio Oficial de Arquitectos de Madrid (Figura 113).

En el mes de abril de aquel año Carlos de Miguel regresaba de un viaje a Venezuela y Canadá, donde «el encuentro con la periferia degradada de Caracas y el ambiente florido y optimista de algunas comunidades hippies en las proximidades de Montreal», motivó que encargara a estos arquitectos el pro-

Figura 113: Portada de la revista *Arquitectura* de enero de 1972 mostrando las *Unidades Sociales de Emergencia*, de Antonio Fernández Alba y Juan Daniel Fullaondo. Fuente: revista *Arquitectura*.

yecto de *Unidades Sociales de Emergencia*, que se redactó entre los meses de abril y noviembre de 1971 como un conjunto de «sistemas de funciones crecientes» para alojar usuarios que padecieran desastres naturales. Estos sistemas crecientes eran ampliables a partir de unos mínimos construidos mediante fases.

Antonio Fernández Alba afirmó que el proyecto «se presenta, por el momento, como una solución dilatada y cae dentro de los debates teóricos y, a veces, reduccionistas, de las superestructuras socio-culturales de hoy»,[36] de modo que lo insertaba en el debate de las arquitecturas industrializadas capsulares. El conjunto se componía de dos tipos de unidad agrupados: la dispersa, con una sola planta en hileras y racimos; y la compacta, que gracias a un entramado rígido de base permitía crecer en altura (Figura 114). El módulo común se componía de tres partes, que sus autores denominaron «niveles de organización», fases o procesos.

El proceso o fase artesanal es el primero, consiste en una estancia para dormir con cuatro sacos hinchables por unidad, dentro de una estructura que ofrece tres tipos constructivos posibles: la tienda de campaña de lona rigidizada, la estructura de acordeón y la estructura rígida reticulable de autoconstrucción. Esta primera fase aparece inmediatamente tras el desastre y se organiza en configuraciones muy variadas, de las que la lineal por bancales fue la estudiada en detalle. La fase o proceso artesanal está acompañada de «paquetes de avituallamiento […] dietas alimenticias de emergencia y localización mediante fichas del número de la unidad entregada».[37] Unos núcleos comunes de arquitectura neumática para centro escolar, cocinas, comedores, autoservicio, servicio médico y actividades

múltiples se localizan en los extremos en la ordenación lineal (Figura 115).

Tras esta primera fase o proceso aparece la segunda, compuesta por estancias que amplían la fase artesanal incrementando la superficie de cada unidad y completando el programa doméstico inicial. A esta segunda fase la llamaron industrial, y consistía básicamente en elementos de planta circular con tres desarrollos volumétricos distintos en función del sistema constructivo y el material, idénticos a los de la fase anterior: era una ampliación de la zona de dormir con forma de cúpula, cilindro o cono (figuras 116 y 117). La tercera y última es la fase tecnológica, un paquete de baño y cocina prefabricado rígido que se enchufa a la fase anterior, y que se puede completar con un pequeño patio de servicio trasero. Para la llamada unidad compacta se repite el mismo esquema, pero se le dota de una estructura de marco rígido para permitir la construcción en altura y ganar densidad. En los esquemas gráficos se ven agrupaciones de hasta cuatro alturas, con la volumetría cónica para la fase industrial y con espacios de autoservicio y otros usos comunes en las plantas inferiores (Figuras 118 y 119).

La documentación del proyecto publicado muestra series de contactos fotográficos de composiciones diversas de unidades,[38] tanto dispersas como compactas, ensayando multitud de agrupaciones posibles, que juegan con los perfiles cupulares de la fase industrial y con los triangulares de la fase artesanal, así como con los entramados reticulares de las unidades compactas. Este énfasis en los aspectos compositivos dota al proyecto de cierta monumentalidad o gravedad, no por su tamaño, que es contenido, sino por su rotundidad volumétrica, muy favorecida por los juegos de repeticiones

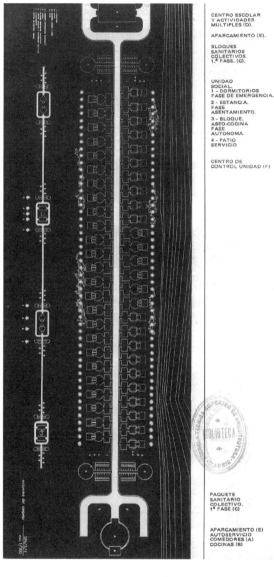

Figura 114: Axonometría de la Unidad Dispersa de las *Unidades Sociales de Emergencia*, de Antonio Fernández Alba y Juan Daniel Fullaondo, 1971. Archivos del Centre Georges Pompidou.

Figura 115: Planta de posibilidad de conjunto de las *Unidades Sociales de Emergencia*, de Antonio Fernández Alba y Juan Daniel Fullaondo, 1971. Fuente: revista *Arquitectura*.

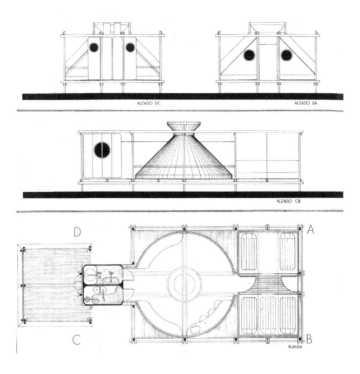

Figura 116: Planimetría de la Unidad
Compacta de las *Unidades Sociales de
Emergencia*, de Antonio Fernández Alba y
Juan Daniel Fullaondo, 1971. Fuente:
revista *Arquitectura*.

Figura 117: Fotomontaje de las *Unidades
Sociales de Emergencia*, de Antonio
Fernández Alba y Juan Daniel Fullaondo,
1971. Archivos del Centre Georges
Pompidou.

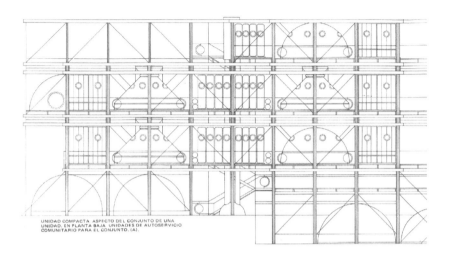

UNIDAD COMPACTA. ASPECTO DEL CONJUNTO DE UNA
UNIDAD. EN PLANTA BAJA. UNIDADES DE AUTOSERVICIO
COMUNITARIO PARA EL CONJUNTO. (A).

Figura 118: Alzado de conjunto de Unidad
Compacta de las *Unidades Sociales de
Emergencia*, de Antonio Fernández Alba y
Juan Daniel Fullaondo, 1971.
Fuente: revista *Arquitectura*.

Figura 119: Maqueta de la Unidad Compacta
de las *Unidades Sociales de Emergencia*,
de Antonio Fernández Alba y Juan Daniel
Fullaondo, 1971. Fuente: revista
Nueva Forma.

rítmicas. Comparado con los proyectos de Archigram, de los que claramente procede, ofrece una solución distinta, más abierta que las composiciones unitarias y cerradas de los artefactos técnicos ingleses. En ambos casos es la composición lo que confiere dignidad arquitectónica a los conjuntos proyectados, aunque operando en claves distintas, incluso contrapuestas por lo que respecta a la escala y, lo que es más importante, a la estructura formal subyacente.

Este proyecto surgió en buena medida como respuesta crítica a las propuestas de Archigram mostradas pocos años antes en *Hogar y Arquitectura*, que suscitaron una polémica importante entre muchos de los arquitectos españoles del *establishment* profesional del momento. Como recordó Juan Daniel Fullaondo, co-autor de este proyecto de viviendas de emergencia tan poco conocido hoy pero ampliamente difundido en su momento, el monográfico sobre Archigram de Carlos Flores fue publicado junto a un contraejemplo de conjunto de viviendas en La Coruña del arquitecto José Antonio Corrales (1921-2010).

Este conjunto de viviendas, construido casi enteramente en hormigón con zócalos de mampostería de gran tamaño, presentaba todas y cada una de las características del brutalismo inglés: estructuras robustas vistas, materiales *naturales*, galerías de distribución abiertas y fachadas muy articuladas a partir de la gramática de huecos canónicamente moderna (Figura 120). Frente al blanco y negro literal y figurado de este edificio, el

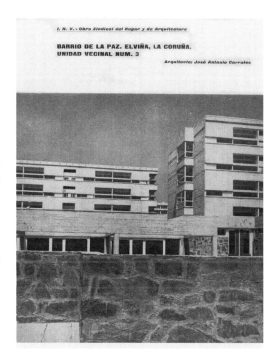

monográfico de Archigram con su despliegue de colores flúor, aparatos semióticos incesantes e imaginario pop, ofrecía un contraste extraordinario que fue recibido como abiertamente polémico, ya que señalaba —en una interpretación muy plausible— un tránsito de tendencias. La crónica de Fullaondo en conversación con María Teresa Muñoz en 1994 no deja lugar a duda alguna:

Recuerdo que, en una ocasión, Carlos Flores [...] publicó simultáneamente un hermoso conjunto residencial de José Antonio (Corrales) al lado de un amplio reportaje sobre Archigram, en su momento más eufórico. La mezcla resultaba bastante explosiva, aparen-

Figura 120: Imagen portada interior del proyecto de viviendas en La Coruña de José Antonio Corrales, de la revista *Hogar y Arquitectura* de octubre de 1967. Cortesía de la biblioteca de la ETSAM.

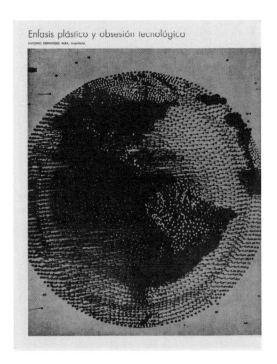

temente. Y Carlos de Miguel, director de (la revista) Arquitectura […] montó en cólera. Nos reunió a unos cuantos para preparar una especie de contrataque. ¿Cómo se podía yuxtaponer el fantástico proyecto de Corrales con esos delirios de Archigram?, etc. Le aconsejé un poco de cautela y que reflexionara un poco. Y que reflexionáramos todos. Tuvimos una segunda reunión e intenté hablarle, no sé si con mucho éxito, de Reyner Banham, el Brutalismo, el Team 10, la Utopía. […] Casualmente, había podido conocer en París a Peter Cook, que no me pareció ningún insensato, sabía lo que estaba haciendo, y lo hacía con mucha deliberación.[39]

Fullaondo era por entonces director de la revista Nueva Forma, una de las principales publicaciones responsables de dar a conocer entre 1966 y 1975 la vanguardia arquitectónica internacional en España. Su papel en los debates internacionales fue muy activo y, más concretamente, su valoración de Archigram una de las más matizadas, como se desprende de la lectura de su mítico ensayo Agonía, utopía, renacimiento, de mayo de 1968, una auténtica radiografía del confuso panorama internacional del momento repleto de análisis lúcidos aunque muy parciales que permitían, al menos, establecer un cierto orden clasificatorio y el vislumbre de un horizonte.[40]

Figura 121: Portada interior del artículo "Énfasis plástico y obsesión tecnológica», de Antonio Fernández Alba, 1968. Fuente: revista Arquitectura.

Por su parte, la postura de Antonio Fernández Alba, el otro arquitecto de las *Unidades Sociales de Emergencia*, fue inequívoca en su abierta confrontación respecto a Archigram. Un artículo suyo de febrero de 1968 en la revista de Carlos de Miguel titulado "Énfasis plástico y obsesión tecnológica» establece las bases de esta confrontación (Figura 121). Basta con atender al guerrillero pie de foto de una ilustración de *Control and Choice Living* —que era exactamente el mismo proyecto empleado por Carlos Flores para encabezar su monográfico publicado pocos meses antes—, para comprender el estado de la cuestión en aquel preciso momento (Figura 122):

Aproximaciones para crear una poética del "estilo del instante", signos y símbolos en una explosión perfectamente controlada, donde el usuario del espacio ha desaparecido, para dejar paso al grupo programador, un poco aturdido a la hora de liberarse en su mente y sensibilidad, "de los hábitos personales y de cuanto hay de estereotipado en las costumbres de su tiempo".[41]

Y sin embargo, las *Unidades Sociales de Emergencia* fueron la equilibrada respuesta a este espinoso debate, gracias a una colaboración comprometida y madura entre estos dos arquitectos y sus respectivos y enfrentados puntos de vista sobre la cuestión. La

Figura 122: Pie de foto para una ilustración de *Control and Choice* de Archigram del artículo "Énfasis plástico y obsesión tecnológica," de Antonio Fernández Alba, 1968. Fuente: revista *Arquitectura*.

adaptación del Teatro Móvil a viviendas de emergencia de Javier Navarro toma claramente este proyecto como modelo, pero también y por encima de todo, como actitud proyectual. La clave de la resolución de aquel conflicto se encuentra en una interpretación que hizo el crítico Santiago Amón (colaborador habitual de Fullaondo en la revista *Nueva Forma*), en su texto introductorio a la primera publicación de las *Unidades Sociales de Emergencia*. Amón señala algo evidente, que este proyecto fue concebido con visos de realismo para ser construido, exactamente igual que el Teatro Móvil de Javier Navarro y su adaptación a viviendas de emergencia. Ante la cruda realidad de la no construcción, Amón acuña el término de *utopía obligada*, para marcar una diferencia con otros enfoques posibles. Concretamente se refiere a la antítesis establecida por Karl Manheim entre ideología y utopía como vectores positivo y negativo en relación con la idea de progreso.

Mientras que la ideología procura el mantenimiento del *statu quo*, o como mucho su reforma, su antítesis utópica sería la «fuerza motriz» de cambios estructurales más profundos que se pueden llegar a producir ocasionalmente ante el desmoronamiento de la ideología. Al producirse, esa latencia utópica adquiere carta de naturaleza ideológica, por lo que serán nuevas fuerzas utópicas las que aparezcan en un juego dialéctico permanente. De ese modo, lo decisivo en la alternancia de ideologías y utopías, es que las segundas se hagan realidad, porque de lo contrario se convierten en *utopías obligadas* que solo los rescates intempestivos —como el que se hace aquí— pueden activar. El análisis de Santiago Amón es perfectamente aplicable hoy al Teatro Móvil y sus derivados proyectuales porque la historia de este proyecto es la historia de la imposibilidad de construirlo

debido a factores no técnicos, materiales ni presupuestarios (es decir plenamente realistas), sino por desajustes ideológicos sucesivos con el medio político, provocados por la impermeabilidad hacia el vector utópico que, como muy bien demostró Archigram, demandaba el medio social. Las palabras de Amón en su valoración final de las *Unidades Sociales de Emergencia*, citando al poeta norteamericano Robert Lax, hacen explícito que todos estos proyectos, más allá de sus fricciones críticas oscilantes y tomados en conjunto:

Vienen a probar que hombres y mujeres, despojados o alejados de su habitual morada, personas, animales y cosas, erradicados de la costumbre, pueden estar juntos en un mismo lugar, ocupar un campo de noche, levantar las tiendas con la mañana, realizar la vida al atardecer y partir a la luz de las lámparas, otra vez en la noche.[42]

Tanto las *Unidades Sociales de Emergencia* como la *Estructura Móvil* de Javier Navarro aluden a nuevas formas de agrupamiento humano radicalmente. Javier Navarro publicó el proyecto de Fullaondo y Fernández Alba en marzo de 1972 con un largo comentario introductorio que relaciona la ideología socialista comunitaria, el estilo de vida contracultural y los arquetipos de habitación atemporales, llamando una vez más a su fusión como posible solución para la crisis sociológica del momento:

Socialistas y comunistas, por un lado, y beatniks y hippies por otro, han sido los iniciadores de esta forma de vida que no es nueva y que incluso está sustentada por unas ideologías muy similares a aquellas que sirvieron de base a la vida comunitaria a lo largo de la historia, si bien sus credos son muy diversos. [...]

El propio Fernández Alba dice en su introducción al tema que esta hipótesis se basa en "la temporalidad ambiental como alternativa" que, respondiendo evidentemente a las necesidades de un planteamiento provisional de emergencia, responde también a la esencia de la respuesta que la arquitectura debe empezar a dar al cambio que la estructura social está experimentando y al que nos hemos referido en esta introducción.

De hecho, este proyecto se ha realizado teniendo en cuenta las experiencias que Fernández Alba recogió en su convivencia de unos días con una comuna y las ideas que manejó al iniciar una propuesta del Centro de Desintoxicación que el mismo grupo le había solicitado.[43]

El Teatro Móvil, sobre todo en su adaptación urbana a campamento de personas sin hogar, comparte con las *Unidades Sociales de Emergencia* esa posición ideológica a medio camino entre la utopía de progreso y la realidad técnica, en un fuerte compromiso con las condiciones materiales de su contexto económico y social, que pretenden superar potenciando latencias existentes más que generándolas *ex nihilio*. En el marco de la década eléctrica hubo sitio para una cierta diversidad de propuestas interesadas en la modificación directa de las vidas de los usuarios mediante estrategias de diseño muy vinculadas al nomadismo, el aprendizaje y la temporalidad. Las más utópicas optaron por un tipo de acondicionamieto vital radical de un nuevo tipo de sujeto genérico, mientras que otras como la estructura para viviendas de emergencia de Navarro procuraban dar respuestas más específicas, para usuarios mucho más concretos situados al margen de la prosperidad material. Ambos experimentos arquitectónicos fracasaron frente las fuerzas de inercia del contexto y su resistencia al cambio, pero acertaron en su total adhesión al compromiso con el presente.

Notas

1.   Un buen resumen de la historia de la escuela de la Architectural Association puede encontrarse en https://www.aaschool.ac.uk/AASCHOOL/LIBRARY/aahistory.php

2.   Simon Sadler: «An Avant-Garde Academy», en Andrew Ballantyne (ed.): *Architectures: Modernism and After*, Londres: Blackwell Publising 2008, págs. 33-56

3.   En esa fecha la escuela londinense estaba en plena transición en sus modelos de taller. Sobre el modelo pedagógico de las *Units* y su funcionamiento en 1970 puede consultarse, entre las numerosas investigaciones que existen, Igor Marjanović: «Lines and words on display: Alvin Boyarsky as a collector, curator and publisher», en *Arquitectural Reseach Quarterly*, vol. 14, issue 2, junio 2010, págs. 165-174.

4.   La declaración del Estado de Excepción apareció en el BOE Boletín Oficial del Estado, el 25 de enero de 1969, donde la cita mencionada encabeza el texto del decreto-ley.

5.   *Nuevo Diario*, edición del 25 de enero de 1969. Este periódico fue editado por el grupo Prensa y Ediciones S.A. (PESA), que estaba muy vinculado a la rama tecnócrata del Opus Dei del Gobierno de Franco.

6.   Jeffrey Kipnis: *Perfect acts of Architecture*, Nueva York: MoMA 2001, pag.: 14.

7.   Estos acontecimientos fueron relatados por David Robbins en su ya clásico *The Independent Group: Postwar Britain and the Aesthetics of Plenty*, Cambridge: The MIT Press, 1990, con textos retrospectivos de casi todos sus protagonistas directos.

8.   Simon Sadler: *Archigram. Architecture without Architecture*, Cambridge: The MIT Press, 2005, especialmemte el capítulo 2: "The Living City. Pop Urbanism Circa 1963", pág. 33.

9.   Javier Navarro de Zuvillaga: «The Disintegration of Theatrical Space», en *Architectural Association Quarterly*, vol. 8, n. 4, 1976, pág. 15. El énfasis pertenece a la cita original.

10.   Simon Sadler: *Archigram. Architecture without Architecture*, op. cit., págs. 52-90.

11.   Estas dos influyentes críticas fueron el archiconocido libro de Jane Jacobs: *The Death and Life of Great American Cities*, Nueva York: Random House 1961; y los trabajos de análisis del espacio urbano conocidos como *Street Life Project*, de William Hollingsworth Whyte que, aunque comenzaron oficialmente en 1969 con su actividad de asesor de la New York City Planning Commission, se dieron a conocer mucho antes.

12.   Peter Cook, introducción al texto del catálogo de la exposición *Living City*, aparecido en la revista *Living Arts* n.2, Londres 1963, pág. 71, editada por Peter Cook y Theo Crosby. Citado en Simon Sadler: *Archigram. Architecture without Architecture*, op. cit., pág. 55.

13.   *Hogar y Arquitectura*, n. 72, octubre 1967. Esta revista bimestral nació como órgano de difusión y propaganda de la Obra Sindical del Hogar, una organización muy vinculada al régimen franquista. El arquitecto Francisco de Asís Cabrero fue el director entre 1955 y 1963, fecha en la que le sustituyó el arquitecto Carlos Flores hasta 1974, cuando abandonó esa tarea. Tras un año de

inactividad la revista continuó publicándose hasta 1978.

14.   *Hogar y Arquitectura*, n. 72, octubre 1967, pág. 20.

15.   Reyner Banham: "La Visión de Archigram", en *Hogar y Arquitectura*, op. cit, págs. 19-20. Publicado originalmente como "The Archigram Vision", en *Design Quarterly*, n. 63, septiembre de 1967.

16.   *Hogar y Arquitectura,* op. cit, pág. 21. El énfasis pertenece al original.

17.   Ibidem, pág. 23. El énfasis pertenece al original.

18.   González Quintana informaba en la revista de la actividad docente de Michael Webb, David Green y Warren Chalk en los Estados Unidos, concretamente en la Escuela de Arquitectura de la Universidad de Virginia.

19.   Una primera versión de este proyecto, que conoció un desarrollo muy largo en el tiempo, apareció en el número 5 de la revista *Archigram* de 1964, en su página 15, con el título de *"Anything" space for Metropolife*.

20.   El *Cushicle* aparece publicado en *Archigram* n.8, 1968, como encarte 13 de la revista en forma de maqueta. En este número la práctica totalidad de proyectos publicados se refieren a la customización arquitectónica de vehículos.

21.   *Suitaloon* aparece siempre asociado al *Cushicle* en las publicaciones, y ambos proyectos fueron redibujados en numerosas ocasiones para ser publicados, mostrados o expuestos. Como en el resto de trabajos del colectivo, la fuente principal para referirse a ellos sigue siendo el catálogo de Peter Cook: *Archigram*, autoedición 1970, y reimpreso por Londres: Studio Vista, 1972; Nueva

York: Praeger, 1972; Basel/Boston: Birkhauser, 1991; y Nueva York: Princeton Architectural Press, 1999.

22. Reyner Banham: *Design by Choice*, Penny Sparke (ed.), Londres: Academy Editions, 1981. El nombre de esta publicación antológica corresponde a un texto de Banham publicado por primera vez en *The Architectural Review* n. 130, julio 1961, pág. 43-48.

23. Como otros proyectos ya comentados, *Ideas Circus* apareció en el número 8 de *Archigram*, en los encartes 17/1 y 17/2.

24. Sobre Joan Littlewood puede consultarse Robert Leach: *Theatre Workshop: Joan Littlewood and the Making of Modern British Theatre*, Exeter: Exeter University Press, 2006; y Joan Littlewood: *Joan's Book: the autobiography of Joan Littlewood*, Londres: Methuen, 2003.

25. Para una crítica en clave política de estos proyectos puede consultarse Anthony Iles: *Legislating for Enthusiasm: from Fun Palace to Creative Prison*, disponible en red en http://www.arcade-project.com/sacrifice/Legislating%20for%20Enthusiasm.pdf. Para la relación entre Cedric Price y Joan Littlewood en el proyecto del *Fun Palace* la mejor fuente es Stanley Mathews, *From Agit-Prop to Free Space*, Londres: Black Dog, 2007.

26. *Archigram* n. 8, 1968.

27. Ibidem.

28. *Life Conditioning* fue el elocuente título del texto de Cedric Price con el que dio a conocer su proyecto en las revistas especializadas.

29. *Archigram* n. 8, 1968.

30. GATEPAC es el acrónimo del Grupo de Artistas y Técnicos Españoles para el Progreso de la Arquitectura Contemporánea, vinculado al Gobierno de la República Española como rama nacional de los CIAM, se fundó en 1930 y se publicaron 25 números de *AC Documentos de Actividad Contemporánea*, entre 1931 y 1937.

31. Peter Cook y Dennis Crompton procedían de ciudades costeras con una fuerte carga iconográfica: Cook era de Southern-on-Sea, al sureste, y Crompton de Blackpool, al noroeste. En ambas ciudades el paisaje urbano está muy marcado por las instalaciones lúdicas de parques de atracciones de costa.

32. Peter Cook: *Architecture: Action and Plan*, Londres: Studio Vista y Nueva York: Reinhold Publising Corporation, 1967, pág. 5.

33. *AC Documentos de Actividad Contemporánea*, año 2, n. 7, Madrid-Barcelona-San Sebastián, pág. 18

34. Ibidem, pág. 25

35. Javier Navarro de Zuvillaga, manuscrito de memoria del proyecto de *Estructura Móvil Autotransportable y Desmontable para Viviendas de Emergencia*, octubre de 1974.

36. Antonio Fernández Alba: «Unidades Sociales de Emergencia», en *Arquitectura*, n. 157, enero de 1972, pág. 6.

37. Ibidem, pág. 10.

38. Este proyecto se publicó en diversas revistas europeas: *Arquitectura*, n. 157, enero de 1972, págs. 6-22; *L'Architettura Cronache e Storia*, n.8-206, diciembre de 1972, págs. 536-541; *Nueva Forma*, n. 78-79, 1972, págs. 78-79; y *L'Architecture d'Ajourd'hui*, n. 159, diciembre-enero 1971-1972, págs. 21-23.

39. Juan Daniel Fullaondo y María Teresa Muñoz: *Historia de la arquitectura contemporánea española. Tomo III: y Orfeo desciende*, Madrid: Molly Editorial, 1997, pág. 263.

40. Existen dos estudios monográficos sobre la actividad crítica de Juan Daniel Fullaondo que aportan las claves para comprender el rol de este arquitecto en el debate del momento. El primero fue escrito por María Teresa Muñoz, que fue su colaboradora entre 1987 y 1994: *Juan Daniel Fullaondo. Escritos Críticos*, Bilbao: Colegio Oficial de Arquitectos Vasco Navarro, 2007; el segundo es la Tesis Doctoral de Lucía Pérez Moreno dirigida por María Teresa Muñoz y publicada como: *Fullaondo y la revista Nueva Forma. Aportaciones a la construcción de una cultura arquitectónica en España (1966-1975)*, Alzuza: Fundación Museo Jorge Oteiza, 2015.

41. Antonio Fernández Alba: «Énfasis plástico y obsesión tecnológica», en *Arquitectura*, n.111, febrero de 1968, pág. 16.

42. Santiago Amón: «Utopías obligadas», en *Arquitectura*, n. 157, enero de 1972. pág. 5. El énfasis pertenece al original.

43. Javier Navarro de Zuvillaga: "Emergencia. Nueva sociedad, nueva arquitectura" en *Panorámica de la Construcción*, n° 2, Mayo-Abril 1972, pág. 36.

CAPÍTULO 5_
LA COMUNIDAD
NEUMÁTICA

En un texto retrospectivo sobre la pedagogía de la Architectural Association llamado «La década eléctrica: la atmósfera de la Escuela de la AA 1963-1973», escrito por Peter Cook y publicado en 1975, se califica a esa década de pintoresca y excéntrica. En esta década se inscribe el Teatro Móvil, que presenta importantes resonancias con otros trabajos realizados por estudiantes de esa escuela.

Se trata de resonancias que están más allá de las meramente formales, compositivas o de posibilismo tecnológico, compartidas entre los maestros y los estudiantes en una continuidad generacional de intereses y lenguajes que fue ejemplar y crítica. Cook relata su entrada como profesor en su *alma mater* en 1964, con solo cuatro años de experiencia como graduado y con una popularidad consolidada en los restringidos circuitos de la vanguardia londinense, y describe el proceso gradual de electrificación de la escuela, de su progresiva apertura disciplinar a intereses sociales y culturales que Archigram estaba diseminando con su revista y sus apariciones públicas. Esta apertura disciplinar, bien caracterizada por la preponderancia que Cook había dado a la lluvia en Oxford Street frente a su arquitectura, llegó a finales de esta década al límite:

Alrededor de 1969 había pequeñas bolsas de invención, reflexión y desvelamiento palabra de honor en el aire, entre un gris destacado. [...] Y para mí, el gris fue mágicamente

expulsado de nuevo con el quinto curso del año 1970-1971. Simplemente, eran geniales. Porque hacían cosas. Y sabían dibujar. Y sabían inventar. Y tenían estilo. A veces el estilo era un poco a su manera... el año de los mods, quizás mods maduros, pero con un destello de garbo. Incluso aquellos con una conciencia social predominante no guardaban semejanza alguna con los fariseos tradicionales... salían fuera y hacían algo sobre el campo. Graham Hobbs y Kay Jordan... ellos montaron un taller (literalmente un taller) en una comunidad oprimida y lograron organizar muchos asuntos. La gente no hablaba de cúpulas e hinchables ... vivían en ellas. Y volvió el arte.[1]

Kay Jordan, fallecida en 2011, fue una de las arquitectas de aquella promoción eléctrica a la que Javier Navarro también perteneció desde su posición particular de visitante de esta institución educativa y de producción intelectual, y su paso por la Architectural Association coincide plenamente con ese *annus mirabilis* de que habló Cook: 1970-1971. Jordan trabajó brevemente en oficinas de arquitectura convencionales tras graduarse hasta que se especializó profesionalmente en arquitectura comunitaria, primero con la cooperativa Solon y más tarde, en 1984, fundando la Spitalfields Small Business Association (SSBA). Operando en el este de Londres, esta asociación desarrolló proyectos residenciales y espacios de talleres para la comunidad de Bangladesh del distrito de Spitalfields. Jordan también creó los talleres

Crown and Leek, que integraban la formación en la construcción arquitectónica para sus vecinos con espacios para pequeños negocios. Además, desempeñó un papel fundamental hasta su muerte liderando la campaña contra el *Crossrail,* la vía rápida subterránea de tren que tiene prevista su finalización en 2020 y que cambiará el paisaje urbano de muchas áreas de la ciudad.[2]

Su proyecto de graduación junto a Graham Hobbs consistió en un dispositivo asistencial de planeamiento urbano de pequeña escala llamado *Peoples' Planning*, una oficina de asesoramiento legal y técnico de barrio que funcionó durante un tiempo (Figura 123). Otros estudiantes del grupo desarrollaron proyectos mucho más próximos al lenguaje arquitectónico de Archigram, aunque significativamente Cook menciona este trabajo, tan alejado de su ideología personal, con especial atención en su crónica. Stuart Lever, otro estudiante destacado del curso, presentó un proyecto llamado *Tree Project*, que electrificaba un típico jardín inglés suburbano con dispositivos de audio y video ampliando las percepciones sensoriales del usuario.

Mark Fisher y Simon Conolly se graduaron aquel año formando equipo con una propuesta de carpa multimedia para el Festival de Música Pop de la Isla de Wight. Fisher fue muy conocido en las décadas siguientes por ser el autor de las carpas y escenarios de grandes conciertos, desde Pink Floyd a Lady Gaga. Ken Allison, que fue colaborador del estudio Archigram desde 1970 hasta su disolución en 1975, realizó para su graduación un proyecto llamado *Park Hotel* que consistía en un conjunto de furgones-dormitorio que, unidos en conjuntos configuraban, mediante el despliegue de una cubierta neumática, un espacio colectivo central de uso indeterminado.

Todos estos proyectos realizados en el curso 1970-1971 guardan similitudes formales y conceptuales con el Teatro Móvil, a pesar de que sus autores respectivos no se conocieron ni tuvieron los mismos tutores dentro de la Architectural Association. El discurso y las herramientas en circulación en aquel año parecen, a juzgar por algunos de los proyectos de los estudiantes, muy compartidos. Esta nueva generación combinaba algunas de las obsesiones iniciales de Archigram con una serie de intereses propios que tendían a una mayor disolución profesional en el medio

Figura 123: Graham Hobbs y Jay Jordan: *Peoples' Planning*, 1971. Cortesía del Archivo histórico de la Architectural Association.

social y político, y en los que Javier Navarro podría ser perfectamente encuadrado.

La clave distintiva de esta nueva generación, tan admirada por su maestro Cook, fue que sus proyectos abandonaron la agencia radicalmente individual de una sociedad atomizada en subjetividades alimentadas por el consumo y caracterizada por esos hábitats híper-tecnológicos individuales; dejaba atrás la ideología ultraliberal propia de la generación de Archigram que les valió a sus miembros numerosas críticas. En su lugar, los más jóvenes optaron por una sensibilidad mucho más atenta a las configuraciones colectivas y, sobre todo, a las necesidades de representación compartida, algo finalmente más propio de este grupo nuevo que aclama Cook en su relato retrospectivo.

La desintegración de la arquitectura vaticinada por Archigram tomó en la siguiente generación un rumbo algo sorprendente pero hasta cierto punto lógico: la tecnificación retórica inicial de los maestros se desmaterializó en estructuras cada vez más etéreas e inmateriales hasta configurarse, como es el caso del paradigmático proyecto de Jordan y Hobbs, en una pura estructura social de servicio y de auto-representación colectiva.

TEATROS DE AIRE

En este proceso cultural la arquitectura neumática, que en esa década conoció su esplendor, jugó un papel determinante al que el Teatro Móvil no fue ajeno en absoluto. Por una parte el teatro formalizaba las estructuras de servicio para lo que podríamos considerar en la terminología de Schechner «técnicos performers» (y esto incluiría a los actores) con elementos industrializados y solo mínimamente customizados: los furgones. Por la otra empleaba

una cubierta hinchable con forma lenticular para delimitar el espacio colectivo de auto-representación.

Con estos dispositivos el Teatro Móvil daba respuesta a las dos tendencias principales que planeaban en el ambiente estudiantil del momento. Como en muchos de los proyectos de los estudiantes de aquel memorable último curso de la Architectural Association, el Teatro Móvil no hacía uso de la retórica prospectivo-futurista característica de los Archigram, ni tampoco proponía hábitats hinchables unipersonales, burbujas o casas a cuestas para la emancipación del individuo de lo social, sino que centraba sus intereses en los espacios colectivos desprogramados. El detalle exhaustivo del *Fun Palace* sobre la programación social se desvaneció al mismo tiempo que lo hizo la retórica tecnológica monumental, imponiéndose así un nuevo modo de hacer que, aunque heredero de las preocupaciones de Price y Littlewood, incidía más en los aspectos posibilistas y en las realizaciones, que fueron necesariamente precarias.

Al inicio, la cubierta del Teatro Móvil fue pensada como una estructura flotante cuadrada con forma de paraboloide hiperbólico, suspendida en dos de sus esquinas desde grandes globos de helio y fijada en las otras dos esquinas a puntos estables de amarre en los camiones (Figura 124).

Esta estructura inicial se perfeccionó inmediatamente en una variable de mejor funcionamiento, en la que los cordones de borde del paraboloide se reforzaban haciéndose ellos mismos hinchables. En esta solución, cuatro grandes globos de helio fijaban las cuatro esquinas, mientras que otros globos más pequeños en cada lado del cuadrado mantenían las tensiones de los bordes, per-

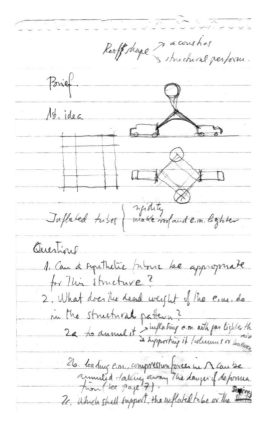

mitiendo así contrarrestar los empujes pro-vocados por los cerramientos perimetrales (Figura 125). Navarro llegó a esa solución a partir de especulaciones meramente téc-nicas, como se desprende de sus notas de trabajo, que buscan obsesivamente neutrali-zar a cero los esfuerzos de los elementos es-tructurales por compensaciones de tensión y compresión, de ahí la aparición de globos de helio, elementos hinchables y pesos muer-tos en los camiones. Pero al mismo tiempo se buscaba una estética determinada y casi

tautológica para la expresión de la estática: el resultado habría sido un paisaje de globos de distinto tamaño, con una retórica del hin-chable espectacular.

La especulación con la arquitectura de aire llegó más lejos incluso en otras propuestas previas menos desarrolladas. Navarro propu-so una revisión del *Inflafloor* o *Variable infla-table floor*, de Cedric Price, junto a un puente elevado para actores y espectadores suspen-dido de globos de helio, e incluso un espacio escénico en el que todo estaría suspendido de globos, proponiendo que ese principio de arquitectura flotante se extendiese no solo a la cubierta, sino a los muros, telones, ilu-minación e incluso a palcos aéreos para los espectadores (Figura 126). En esta versión apenas esbozada, el espacio cuadrado medía doce metros de lado, empleando la patente de Price ligeramente adaptada para soportar las cargas de cien espectadores. La disolu-ción de los elementos sustentantes a puro aire es llevada al límite de sus posibilidades, convirtiendo a los espectadores y actores en los únicos elementos grávidos de esta deli-rante escena neumática colectiva.

Curiosamente, la arquitectura hinchable, que suele ser inmediatamente asociada a la contracultura contestataria nació, como la cibernética, en el ámbito de la investiga-ción militar de la Guerra Fría.[3] El gobierno de los Estados Unidos, que buscaba esconder sus sistemas de detección de radar, invirtió grandes sumas en la Universidad de Cornell a finales de los años cuarenta para las inves-tigaciones de Walter Bird (1912-2006), un

Figura 124: Javier Navarro de Zuvillaga,
Teatro Móvil, boceto 1971. Cortesía de
Javier Navarro de Zuvillaga.

187

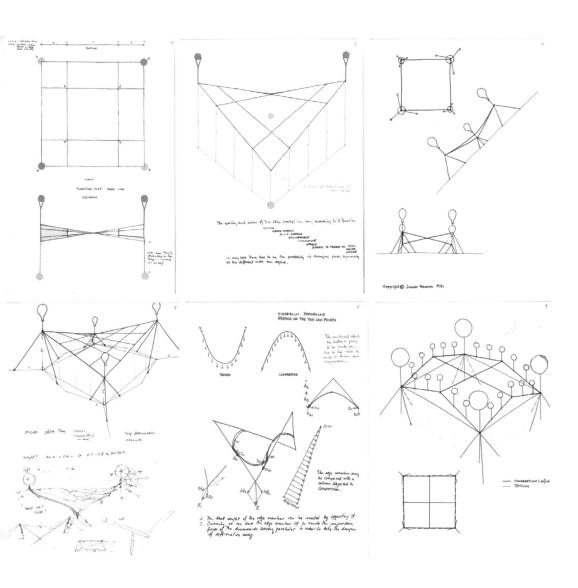

Figura 125: Javier Navarro de Zuvillaga,
Teatro Móvil, secuencia de seis bocetos
para la cubierta, 1971. Cortesía de Javier
Navarro de Zuvillaga.

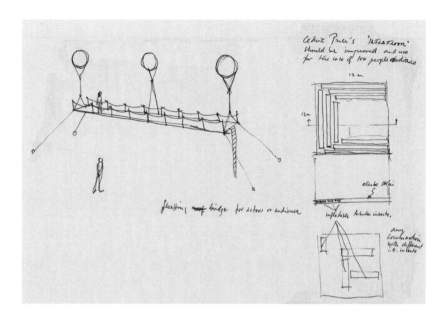

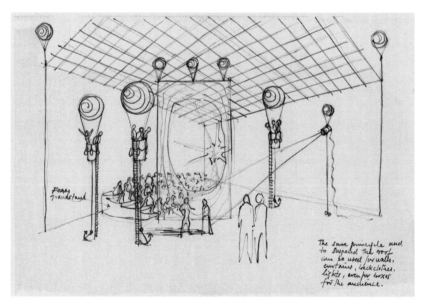

Figura 126: Javier Navarro de Zuvillaga,
Teatro Móvil, dos bocetos de espacio
neumático, 1971. Cortesía de Javier Navarro
de Zuvillaga.

turas hinchables de almacenamiento agrícola, invernaderos y cerramientos suburbanos. En noviembre de 1957 una de sus estructuras, la cubierta de una piscina, fue portada de la revista *Life* (Figura 127). La transferencia cultural tardó un poco más de tiempo en culminarse, como siempre suele ser el caso, pero no demasiado, y vino de la mano de la arquitectura de las generaciones jóvenes en un giro algo inesperado pero también lógico.[4]

ÁTOMOS PARA LA PAZ

El desarrollo de la arquitectura neumática a partir de las primeras experiencias de Walter Bird es muy revelador. Por una parte se desarrolló en paralelo a la industria militar que le dio origen en una vertiente muy pragmática y funcionalista, incluyendo adaptaciones civiles; por otra en construcciones de exhibición espectaculares para ferias de muestras y eventos con una fuerte carga demostrativa del poder político o corporativo, claramente superpuestos ideológicamente en las colaboraciones empresa-Estado que financiaron estas obras, no siempre baratas. Pero la tercera vertiente fue su hibridación con el arte y, a partir de ahí, con la arquitectura experimental y sus connotaciones contestatarias.

ingeniero aeronáutico formado en el MIT de Boston, y se llegaron a construir cientos de cúpulas hinchables en la década de los años cincuenta con ese objetivo militar de secreto y ocultación, justamente el objetivo opuesto de las arquitecturas de aire experimentales.

Bird construyó su primera cúpula anti-detección de radar, el llamado *Radome*, en 1947-1948 con un diámetro de quince metros en Ithaca, la ciudad donde la prestigiosa Universidad de Cornell tiene su sede. La transferencia comercial del prototipo no se hizo esperar, de modo que en 1955-1956 Bird se independizó de las agencias militares gubernamentales y universitarias y fundó la empresa *Birdair Structures, Inc.* en Buffalo, Nueva York, para vender estruc-

Lo más singular de esta historia es que el tercer camino, el crítico, recorrió una senda totalmente independiente, como si desconociese la existencia de las otras dos, y con un cierto retraso temporal, algo que lastró su efectividad crítica a pesar de su enorme

Figura 127: Portada de la revista *Life,* 11 noviembre de 1957.

VISITORS TO THE BRUSSELS FAIR will, no doubt, marvel at this tinted, ocean-blue, 52-foot globe. The ingenious exhibit by Pan American Airways was manufactured by Irvin Air Chute Co. of U. S. Rubber's vinyl-coated, 18 oz. nylon fabric. Air inflated, the globe houses a "Theatre of Stars" in which Pan Am films will be shown against an astral background of moving clouds and star-filled sky. An elliptical satellite ring walkway, outside the sphere, permits a "walk around the world" for a close-up view of Pan Am's global air routes.

éxito: el tiempo es irreversible y la neumática no podía borrar sus orígenes.

Varias importantes realizaciones norteamericanas demostraron que la arquitectura neumática quedaba definitivamente transferida al ámbito civil entre 1958 y 1964 en coalescencia con los grandes poderes institucionales. La empresa de aviación *Pan American Airways* levantó en la Expo de Bruselas de 1958 un edificio neumático esférico, realizado por la empresa *Irvin Air Chute Co* (Figura 128). Una revista del momento lo describió con cierto detalle, explicando que en esta esfera había un «teatro de estrellas en su interior en el que se muestran películas de

Pan Am contra un fondo astral de nubes en movimiento y un cielo lleno de estrellas. Un anillo exterior elíptico, fuera de la esfera, permite un "paseo alrededor del mundo" para una vista cercana de las rutas aéreas de Pan Am».[5]

El año siguiente 1959, el arquitecto Carl Kock construyó con el ingeniero Paul Weidlinger el Teatro del Centro Artístico de Boston, con una cubierta lenticular suspendida de mástiles, exactamente como en el Teatro Móvil, pero con una mayor dimensión: cuarenta y cuatro metros de diámetro y un ancho en el centro de seis metros, y ligeramente inclinada para lograr una mejor acústica.

En 1960 se construyó una estructura neumática de un enorme virtuosismo técnico y estético para la muestra itinerante de la Comisión de Energía Atómica de los Estados Unidos USAEC, de la mano de un arquitecto con una experiencia en el frente bélico muy intensa, Victor Lundy. La empresa constructora fue Birdair una vez más.[6] El edificio estaba formado por dos formas cupulares unidas entre sí mediante un cuello, construidas con doble membrana de nylon revestida de vinilo, dejando entre las dos capas una cámara de aire.[7] Un grupo de entre cuatro y doce trabajadores la levantó en varias localizaciones en Estados Unidos, Asia y Latinomaérica, tardando entre tres y cuatro días (Figuras 129, 130 y 131). En el interior había un teatro para trescientas personas, un laboratorio técnico y zonas de lectura. Dentro de una de las cúpulas se instaló otra burbuja de plástico, en cuyo interior se mos-

Figura 128: Fragmento de la revista *Flying Magazine* de junio de 1958 con la noticia sobre el pabellón Pan Am de Bruselas 58.

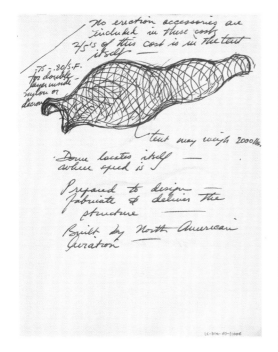

Figura 129: Victor Lundy, pabellón itinerante para la United States Atomic Energy Comission USAEC de 1960, boceto preparatorio. Library of Congress.

Figura 130: Victor Lundy, pabellón itinerante para la United States Atomic Energy Comission USAEC de 1960,

secuencia fotográfica de proceso de inflado en Rio de Janeiro. Library of Congress.

Figura 13: Victor Lundy, pabellón itinerante para la United States Atomic Energy Comission USAEC de 1960. Fuente: revista *Architectural Forum*.

Figura 132: Victor Lundy, dibujos de los
cuadernos de notas de guerra de 1944.
Library of Congress.

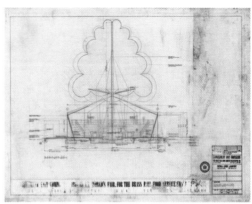

traba un reactor atómico. La revista *Architectural Forum* lo denominó «un gran globo para átomos pacíficos».[8]

Nacido en 1923, Lundy se alistó en el ejército con 19 años mientras estudiaba arquitectura en Nueva York para reforzar el Army Special Training Program, una iniciativa del gobierno para introducir técnicos de alto nivel en el ejército. En 1944 fue destinado a la infantería como soldado como parte de la operación del Día-D, y enviado a Francia. Desde el momento del alistamiento hasta el final de su etapa de soldado, Lundy dibujó detalladamente su vida diaria en cuadernos de bolsillo a lápiz. De esos cuadernos se han conservado ocho, principalmente dedicados a retratos de compañeros, escenas de descanso y paisajes.[9] Pocas escenas bélicas fueron descritas en sus dibujos, más atentos al entorno inmediato que a la vida cotidiana en el frente llevaba aparejada. Sin embargo, tres de esos dibujos son esclarecedores de las ideas que planean por la arquitectura construida por Lundy décadas

después (Figura 132). Uno de ellos muestra una tienda de campaña a la que titula *home*. Otro muestra un casco en primer plano, una forma bulbosa cupulada de la que emergen ramas y hojas que, al carecer de escala de referencia, mantiene una iconicidad extraordinariamente ambigua. Y un tercer dibujo muestra un hangar de hidroaviones destruido por los alemanes en Cherburgo, una estructura arquitectónica de nervios y casquetes curvos de gran envergadura.

Poco después de construir el edificio para la USAEC, Lundy construyó en 1963-1964, y de nuevo con Birdair, una estructura puramente civil y portentosa en Nueva York para la Feria Mundial, el quiosco de refrescos de la Brass Rail Food Service Organization Inc.[10] Una serie de estas estructuras puntuaban la feria como racimos de pompas, grupo de globos o ramos de flores. Estas son las imágenes habituales que dio la prensa, sin advertir en ningún momento la posibilidad de la imagen de una explosión atómica como analogía directa (Figuras 133 y 134). Se

Figura 133: Victor Lundy, maqueta del *Quiosco de refrescos de la Brass Rail Food Service Organization Inc,* 1963-1964. Library of Congress.

Figura 134: Victor Lundy, *Quiosco de refrescos de la Brass Rail Food Service Organization Inc,* 1963-1964. Library of Congress.

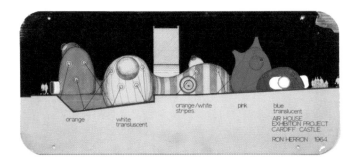

construyeron diez de estos elementos, con un ajustadísimo precio de seis mil dólares cada uno. Una de las escasas voces influyentes que detectó la importancia de estos modestos artefactos fue la de Ada Luoise Huxtable, entonces crítica del New York Times, que en su crónica calificó a la feria de *happening*, pero en sentido abiertamente peyorativo, como formalización de un «caos no premeditado mediante una serie de actos no planeados, con consecuencias no relacionadas».[11]

Frente a ese caos de formas en competencia feroz entre sí, las diez estructuras de Victor Lundy ofrecían una puntuación espacial que ordenaba la percepción del conjunto, de modo que esos átomos pacíficos daban orden al caos formal. Esta arquitectura menor, de enorme éxito popular y escasa fortuna crítica, fue el nexo definitivo entre la neumática institucional militar y la vinculada al arte y la arquitectura experimental. Su paradójica estetización de la destrucción atómica masiva, transfigurada gracias al arte escultórico del aire a presión en una celebración colectiva y amnésica, marca la enorme ambivalencia

en la que se movieron las arquitecturas neumáticas en el contexto de la contracultura.

Ron Herron fue el primer *archigrammer* que produjo un proyecto de arquitectura hinchable en 1965 para el *Commonwealth Art Festival,* no construido. Herron fue muy seguramente el primer arquitecto inglés en interesarse seriamente por esta arquitectura, y su trayectoria posterior de arquitecto de hinchables es muy destacada. Aquel proyecto seminal se llamaba *Air House Strip* y consistía en una franja tubular que atravesaba el recinto amurallado del castillo de Cardiff por uno de sus huecos de entrada, a la que se enchufaban cinco recintos solo definidos en el proyecto por sus características visuales de acabado material: el naranja, el blanco translúcido, el de rayas blancas y naranjas, el rosa y el azul transparente, en ese orden de entrada desde el exterior al interior del recinto del castillo (Figuras 135 y 136).

Esta nueva arquitectura hinchable funcionaba aquí como un umbral ritual de paso, como un ambiente transitorio que transferiría toda una serie de nuevos valores culturales y morales al usuario, que traspasaba este umbral

Figura 135: Ron Herron, alzado de *Air House Strip*, para el Commonwealth Festival de Cardiff, 1965. Archivo Ron Herron.

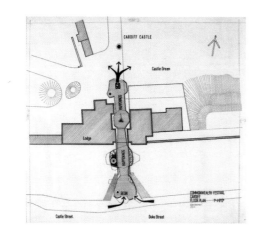

para acceder al recinto histórico del castillo en el que tenían lugar los eventos del festival, una celebración del multiculturalismo imperialista del Reino Unido.[12] Esta arquitectura estaba más motivada por cuestiones ambientales, perceptivas y psicológicas que por preocupaciones puramente tecnológicas.

Ese mismo año 1965 se publicaron en el Reino Unido dos documentos prescriptivos sobre el tema. El primero fue el número 6 de la revista *Archigram*, que mostraba el proyecto de *Airhouses* de Cedric Price junto a la referencia ineludible de *Birdair Structures, Inc*. La revista publicó, además de la investigación de Price sobre sus viviendas hinchables, una nota muy desarrollada que informaba sobre la comercialización en Estados Unidos y Reino Unido de dos sistemas diferentes de vivienda hinchable y finalmente, el propio proyecto de Herron para Cardiff.

La revista nunca distinguió entre aplicaciones civiles y militares, en línea con la diso-

lución de arquitectura y bien de consumo, cibernética y sociología, o alta y baja cultura. La otra publicación de ese año crucial de la arquitectura hinchable fue el famoso artículo *A Home is not a House*, aparecido en la revista *Art in America* y firmado por el ingeniero e historiador de arquitectura Reyner Banham y por el artista gráfico franco-marroquí Françoise Dallegret. En él se proponía un hábitat hinchable individual derivado de la autocaravana que sirvió de inspiración o mejor dicho, de soporte teórico con pedigrí, para el *Cushicle* y el *Suitaloon*.

Pero fue el número especial de la revista *Architectural Design* de junio de 1968, dedicado a las estructuras hinchables y titulado *Pneu World*, el que diseminó esta subcultura de modo definitivo en el Reino Unido y, gracias a la buena distribución internacional de esta revista, en una parte considerable del mundo (Figura 137). Fue editado por dos discípulos de Cook, Simon Conolly y Mike Davis, junto a otros jóvenes de esos círculos, como Johnny Devas, David Harrison y Dave Martin. Se daba entrada en la revista a un movimiento internacional de arquitectos, hasta el punto de que en los años sucesivos la presencia de esta subcultura arquitectónica en la revista *Architectural Design* tuvo una gran continuidad.

La propuesta de cubierta de Javier Navarro estaba directamente tomada del Teatro del Centro Artístico de Boston de Carl Kock, pero el sistema de globos y camiones proviene de uno de los proyectos publicados en este número de *Architectural Design,* se trata del proyecto de *Palacio de exposiciones móvil*

Figura 136: Ron Herron, planta de *Air House Strip*, para el Commonwealth Festival de Cardiff, 1965. Archivo Ron Herron.

AD

FREE UFO SPECIAL OFFER
with every new *full*
subscription to
Architectural Design
taken out before
August 1st 1968

(see page 292, No. 8)

Keep this sticker and fill in the form on its reverse side

Pneu world

de exposiciones, con dos cúpulas inflables con sobrepresión interior que sustentaban una cubierta tensada. La estructura de cubierta de Stinco presentaba ocho puntos de amarre al suelo sin necesidad alguna de cimentación. De ellos cuatro eran furgones, que contenían los elementos constructivos, y los otros cuatro grandes globos llenos de agua (Figuras 138 y 139).[13]

Con este proyecto francés la arquitectura neumática producida por estudiantes alcanzaba una altísima credibilidad técnica y un grado de desarrollo en detalle excepcional, unidos muy paradójicamente al discurso político radical de sus autores. Aubert, Stinco y Jungman fueron parte del colectivo *Utopie*, fundado en 1967 y activo hasta 1978, aunque lo abandonaron por su práctica profesional en 1971. El grupo, muy vinculado a Henri Lefebvre, contó con el combustible intelectual de los sociólogos Jean Baudrillard y René Lourau, y de los urbanistas Hubert Tonka y Catherine Colt.[14] Su órgano editorial *Utopie, Revue de Sociologie de l'Urbain*, recogió la ideología del mayo francés y la radicalizó en sus páginas intensamente. Para ellos, el énfasis tecnológico de la vanguardia arquitectónica del momento estaba en continuidad con la retórica moderna de los años veinte, suponiendo una especie de mutación del funcionalismo original al *behaviorismo* altamente burocratizado de los años cincuenta y sesenta.[15] El evento inaugural de la nueva cultura neumática francesa, la exposición *Structures Gonflables* de 1968 comisariada por Stinco, Aubert y Jungmann, cayó en desgracia en 1970 con la disidencia expresada por Jean Baudrillard hacia estos experimen-

para objetos de la vida cotidiana de Antoine Stinco, que junto a Jean Aubert y Jean-Paul Jungman, formó en 1966 el grupo A.J.S. Aérolande, siendo aún estudiantes de la École des Beaux-Arts de París. El año siguiente, dentro del taller de final de carrera de los profesores Paul Herbé y Édouard Albert, los tres estudiantes solicitaron al profesor David Georges Emmerich, que trabajaba con estructuras tensegradas, que les tutorara su proyecto de graduación. En 1967 presentaron un proyecto de autoría colectiva dividido en tres desarrollos muy definidos técnicamente: Aubert presentó un gran contenedor llamado *Podium itinerante para 5000 espectadores,* que consistía en una osatura con tubos hinchables a partir de la proyección geodésica de un icosaedro; Jungman un proyecto de viviendas colectivas llamado *Dyodon*, desarrollado con hinchables a partir de un rombicuoctaedro; y Stinco su *Palacio*

Figura 137: Portada de la revista
Architectural Design, junio de 1968.
Cortesía de la biblioteca del Colegio Oficial
de Arquitectos de Madrid.

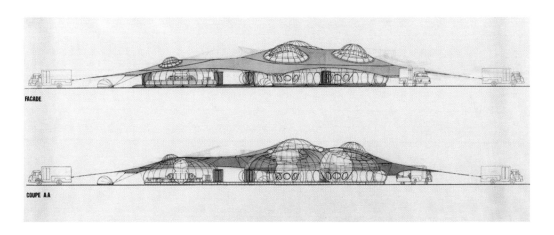

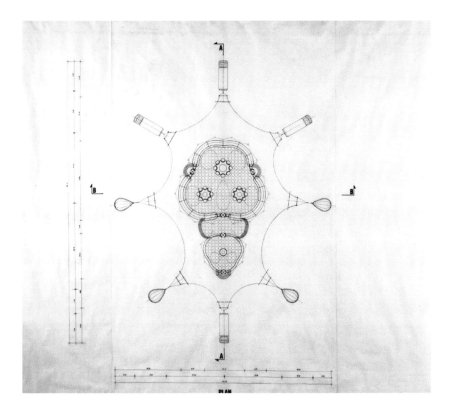

Figura 138: Antoine Stinco, alzado y sección del *Palacio de exposiciones móvil para objetos de la vida cotidiana*, 1967. Colección del FRAC Orleans.

Figura 139: Antoine Stinco, planta del *Palacio de exposiciones móvil para objetos de la vida cotidiana*, 1967. Colección del FRAC Orleans.

tos, y con el abandono del grupo por parte de los tres arquitectos el año siguiente.[16]

Respecto a la arquitectura neumática, la actitud de Javier Navarro fue más ingenua y menos reflexiva, pragmática y más vinculada al optimismo británico por contacto directo, que a la intelectualizada crítica radical francesa.

En sus apuntes técnicos sobre la posibilidad de una cubierta textil sujeta por globos de helio, en los que analizaba cómo contrarrestar las fuerzas estáticas opuestas para poder anularlas y garantizar la estabilidad del sistema, deslizó el siguiente comentario que nos lleva de nuevo al *Fun Palace* de Cedric Price y Joan Littlewood: «La cualidad y color de la piel (muros) puede variar de acuerdo a su función: nada, cortina de agua, cortina de humo, transparente, translúcido, opaco, pantallas para proyectar desde dentro o desde fuera».

Es casi una metáfora política que sea la desmaterialización arquitectónica radical la que resuelve el conflicto subyacente de fuerzas en oposición: ante esa disyuntiva se ofrece la neutralización estática, la reducción de una fuerza por su contraria, donde la arquitectura tradicionalmente entendida poco parece tener ya que decir.

LA DISOLUCIÓN DE LA GRAN MÁQUINA

El *Fun Palace*, como artefacto y aún más como idea o manifiesto, es un referente crucial en este relato, no tanto por lo que debía haber sido de haberse construido, sino por aquello a lo que dio lugar como rastro. La idea de Joan Littlewood para su «universidad de las calles», como ella misma calificaba al *Fun Palace*, aunaba formas populares y masivas de entretenimientos de masas históricos, ejemplificados en los Vauxhall Pleasure Gardens, con la tecnología puntera de la cibernética. Aunque los jardines de Vauxhall en Southbank se remontan al siglo XVII, durante Festival of Britain de 1951 fueron reconvertidos en una especie de monumento al consumo de entretenimiento como propaganda del prospectivo poderío económico del país

Figura 140: Ken Turner, ejercicios del curso de *Environmental Design* del Barnett College, circa 1966. Cortesía de Ken Turner.

tras su dura posguerra. Fue uno de los lugares más emblemáticos de este evento de promoción del Estado de Bienestar británico, que actualizaba las añejas exposiciones universales para recolocar al Reino Unido en el mapa de la modernidad progresista tras el paréntesis bélico. El *Fun Palace* contestaba frontalmente a los jardines de Vauxhall y lo que representaban porque estaba directamente vinculado a ciertas preocupaciones de Littlewood, que seguía de cerca las especulaciones sociológicas de Richard Hoggart y Raymond Williams.[17]

Ambos analizaron cómo el incremento de la tecnificación del consumo masivo y de los medios de comunicación, en gran medida procedente de los Estados Unidos, estaban produciendo un determinado tipo de sujeto del Estado de Bienestar, un sujeto perceptivamente pasivo, asociando ambos polos y estableciendo vínculos directos entre ellos. Littlewood publicó numerosos escritos en los que hacía suyas estas lecturas, afirmando en uno de ellos que:

Los que trabajan ahora en fábricas, minas y oficinas serán capaces pronto de vivir como solo unos pocos viven ahora: eligiendo su propio trabajo agradable, haciendo tanto o tan poco como gusten, y llenando su tiempo libre con todo aquello que les agrade.[18]

El proyecto del *Fun Palace* pretendía activar la actitud del espectador-consumidor eliminando la brecha entre producción y consumo, las jerarquías entre alta y baja cultura, entre participación activa y observación casual.[19] Una de sus características más importantes era que, por su configuración como un kit de partes, no solo permitía, sino que fomentaba el cambio súbito de atención del espectador sobre los propios kits. Se anticipaba un comportamiento distraído en el espectador, que previsiblemente se ocuparía de una actividad por poco tiempo, para abandonarla pronto por otra, ya que todo el menú posible estaba obscenamente visible y disponible: «Muchos, después de haber deambulado por el complejo con indiferencia o con cierto escepticismo, acabarán, a pesar suyo, por participar en esta o en otras "ejercitaciones sociales"».[20]

Littlewood conoció a Cedric Price en 1961 y generó un comité de expertos compuesto por ella misma, Buckminster Fuller, Yehudi Menuhin, Lord Ritchie Calder y The Earl of Harewood, nombres muy poco marginales en los entornos del poder. La historia del proyecto es muy conocida: en 1964 roza la realidad de ser construido cuando se inserta en una iniciativa de regeneración territorial ambiciosa, el Civic Trust's Lea Valley Development Plan. Sin embargo, por desajustes políticos en 1966, queda fuera de este plan urbano, de nuevo a la deriva y sin un lugar concreto. El Lea Valley Regional Plan apartaba así definitivamente de sus planes la construcción del *Fun Palace*, que solo dos años antes era casi una realidad. Desde ese momento en adelante Littlewood mantuvo una incesante actividad promotora en todo tipo de medios y realizó anuncios de publicidad, una película y una producción teatral muy comercial para financiar su proyecto, anticipando una vez más las conductas y protocolos actuales del trabajador cultural auto-explotado.[21]

A esta situación de incertidumbre para el *Fun Palace* se sumó la operación urbanística vinculada al teatro en el que Littlewood era residente entonces, el Theatre Royal. Cuando a mediados de 1960 las autoridades municipales de Newham Council plantearon la demolición de los alrededores del Theatre Royal en Stratford, ella vio una oportunidad

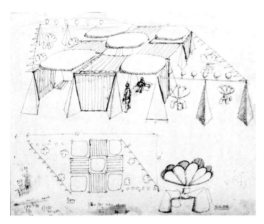 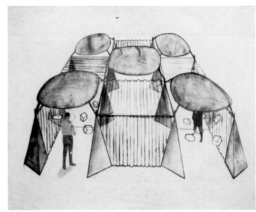

de dar ahí continuidad al proyecto de *Fun Palace*, que en ese momento estaba en el aire. El plan urbano de Stratford, además de demoler las viviendas victorianas y el pequeño comercio que rodeaban al teatro, también planteaba su demolición, con una sustitución de todo el conjunto por un centro comercial, oficinas, aparcamientos y bloques de apartamentos. Gerry Raffles, el manager del teatro, logró frenar esta operación de especulación al obtener una declaración del edificio como bien cultural en 1972. Movida por esas desavenencias en sus dos grandes proyectos, el *Fun Palace* y el Theatre Royal, desde 1967 y hasta 1975 Littlewood produjo una gran cantidad de eventos en los alrededores del teatro reforzando su estrategia de «universidad de las calles» y construyendo estructuras temporales especialmente dirigidas a los niños.[22]

Con estas actividades Littlewood recondujo las ideas del *Fun Palace* tras su fracaso hacia la desmaterialización y la dispersión, en

intervenciones efímeras de menor escala y carentes de la monumentalidad técnica del proyecto inicial, en total coincidencia con ese cambio generacional detectado por Cook, un cambio que, a su modo, también experimentó el trabajo y el discurso de Archigram durante las mismas fechas.

Littlewood se centró en dos estrategias: una fue la práctica del activismo social, paralizando iniciativas de especulación e introduciendo artefactos lúdicos en las áreas afectadas, como bien demuestra su respuesta al plan urbano de su teatro; la otra fue la propuesta de eventos patrocinados por instituciones, como sus proyectos de *Bubble City* o los llamados *Pavilions in the Parks*. En 1968 se encargó del comisariado del Summer Fair de Londres, proponiendo estructuras inflables de tres meses de duración en el distrito de Chelsea, contactando con Allan Kaprow para pedirle asesoría.[23] Para el City of London Festival del mismo año, Littlewood propuso un proyecto de feria ambulante en la que los

Figura 141: Ken Turner, bocetos preparatorios para *Plastic Garden* 1968. Cortesía de Ken Turner.

hinchables tuvieron gran protagonismo, llamado *Bubble City*. Entre los colaboradores estuvo Peter Cook, que realizó una acción llamada *Blow up a Column*, lo que demuestra su implicación directa, aunque marginal, en estos acontecimientos de los que daba cuenta en su crónica retrospectiva de 1975.

Sin embargo, no fue Cook el colaborador de mayor trascendencia en *Bubble City*, sino la pareja de artistas y educadores Ken y Mary Turner y su grupo de teatro comunitario, llamado Action Space. El artículo de Javier Navarro de 1976 incluía una imagen de Action Space tomada de la revista *Time Out* de aquel mismo año, en la que se ve una acción pública de protesta escenificada en Trafalgar Square. En la escena visible en la fotografía, un hombre de pie con máscara de gas se dirige inquisitivo hacia el objetivo de la cámara, junto a una mujer sentada, vestida de doncella y maquillada grotescamente. Action Space fue un grupo pionero en el empleo de estructuras hinchables para eventos reivin-

dicativos de 1968 en adelante. Ken Turner era docente entonces en el Barnett College (de 1966 a 1969) y en la Central School of Design (de 1967 a 1990). Impartía un curso de diseño ambiental en el que trabajaba con sus estudiantes en la construcción de entornos de objetos, vagamente inspirado en los cursos fundacionales de la Bauhaus, pero con una expansión espacial muy notable, llegando a la escala arquitectónica (Figura 140). Littlewood conocía sus experimentos a gran escala de ambientes participativos construidos con madera, metal y plásticos, como curso introductorio de los futuros artistas, y le propuso involucrarse en sus propios proyectos de entornos físicos para la ciudad de Londres.

En concreto y para el proyecto de *Bubble City* de verano de 1968, Ken Turner propuso una instalación habitable llamada *Plastic Garden* (también referida como *Paradise Garden*), ubicada junto a la Torre de Londres, en All Hallows-by-the-Tower. Según su

Figura 142: Ken Turner, maqueta para *Plastic Garden* 1968. Cortesía de Ken Turner.

propia crónica, trabajó con unas maquetas en su estudio de Hamsptead, realizadas con elementos perforados de madera con forma de pilones, y combinados con elementos inflables apoyados sobre los pilones algo precariamente (Figura 141). En aquel momento Mary Turner trabajaba con niños en campos de juego siguiendo ideas del influyente psicoanalista John Bowlby, conocido por sus investigaciones sobre la teoría del apego entre niños y madres. La pequeña instalación de los Turner, una vez construida para el festival de Littlewood, ocupaba seiscientos pies cuadrados (unos cincuenta y seis metros cuadrados), con los pilones piramidales de madera y una cubierta hinchable cuya presión mantenía una aspiradora casera (Figura 142). Además de la instalación de Action Space, el proyecto de Littlewood mostró ese verano una estructura inflable humanoide de Bruce Lacey, llamada *Journey through the hu-*

man body, la *Inflatable fun structure*, de Simon Conolly, Mike Davies, Johnny Devas y Dave Martin, o una impactante construcción neumática de Jeffrey Shaw, Theo Botschujiver y Sean Wellesley-Miller llamada *Airground*, con forma de cúpula piramidal transparente, bajo la que un suelo neumático amarillo accesible servía como superficie de juego (Figura 143).[24]

Entre 1970 y 1971 los miembros de Action Space levantaron grandes estructuras neumáticas en diversas zonas de Londres, como Camden, Bethal Green o Islington, gracias al programa del Arts Council llamado *Blow 71* (Figura 144). El Arts Council fue el mismo comité que, en gran medida, había sido responsable del fracaso del *Fun Palace* como empresa pública, lo que demuestra el importante giro que las políticas de subsidio artístico estaban experimentando en paralelo a todas estas disoluciones. En otras palabas:

Figura 143: Evenstructure Research Group (Theo Botschuijver, Jeffrey Shaw, Sean Wellesley-Miller), *Airground*, City of London Festival, Londres, 1968. Cortesía de Jeffrey Shaw.

tampoco la gestión cultural fue ajena a este fenómeno de disolución, de pérdida de agencia, de escala y de ambición, compensada por realizaciones construidas descentralizadas.[25] Los Turner eran bien conscientes de los hinchables de otros artistas o arquitectos con quienes habían coincidido, como Jeffrey Shaw, Graham Stevens, o el trabajo conjunto de Maurice Agis y Peter Jones. La tupida e internacional red de artistas, arquitectos y activistas sociales involucrados con los artefactos neumáticos fue especialmente floreciente en Londres al final de la «década eléctrica» comentada por Peter Cook. Las oportunidades de un joven residente en la ciudad entre 1970 y 1971 de conocer este tipo de subcultura directamente no escasearon: galerías marginales, centros de arte más consolidados, o incluso y por encima de todo, el espacio público en eventos espontáneos o plenamente institucionales. Además de la escena propia de los arquitectos vinculados a estas construcciones y liderada por Price y Cook (perfectamente construida a través de su aparato de publicaciones y sus colaboraciones puntuales con artistas),

existió otra que discurrió en paralelo, con numerosos solapes y superposiciones (manifestada en el plano de las realizaciones construidas precarias).

Incluso la BBC participó de esta corriente cultural con dos programas radiofónicos de la serie *Third Programme*, que se llamaron *Five Generations. Part 1: The Changing Environment,* y *Five Generations. Part 2: The Response to Environment,* emitidos en diciembre de 1967 y enero de 1968, y en los que intervinieron, entre otros, Ken Turner y Maurice Agis. Además, la cadena estatal británica dio espacio a estas manifestaciones en un programa televisivo llamado *Tomorrow's World*, que divulgaba avances tecnológicos punteros, sobre todo los relacionados con la electrónica y la cibernética. Comenzó sus emisiones en 1965 y en 1970 produjo en uno de sus platós una pieza hinchable de Jeffrey Shaw, Theo Botschujiver y Sean Wellesley-Miller llamada *Airground Mattress*, que era exactamente lo que indica su nombre, un gran colchón descrito por sus autores como una *event structure*, similar al construido en

Figura 144: Action Space, estructura hinchable en Londres para los festivales de verano, 1971. Cortesía de Tony Murchland.

Figura 145: Evenstructure Research Group (Theo Botschujiver, Jeffrey Shaw, Sean Wellesley-Miller), *Airground Mattress*, Tomorrow's World, BBC TV, Londres, 1970. Cortesía de Jeffrey Shaw.

1968 para Littlewood, en color blanco y sin cubierta (Figura 145).

En contraste con estas estructuras, completamente indeterminadas en su uso al público, Action Space siempre introdujeron ciertos contenidos programados y relacionados con la teatralidad, de ahí su fecunda colaboración con Joan Littlewood y su particular posición en este complicado relato, mucho más central de lo que la marginalidad de sus realizaciones pudiera sugerir:

Action Space fue un programa para iniciar en la práctica de la performance, la música y la danza, para introducir un sentido dramático en eventos ambientales estructurados de gran escala. Estas disciplinas eran integradas en la fisicidad de las estructuras como historias y narrativas, como tejidas en la membrana de las superficies y la función estructural del aire, como si pulsara, vivo y respirando, circulando a través del agitado cuerpo escultórico. En sí mismo el drama intensificaba la atmósfera y estado de ánimo del ambiente instantáneo construido/inflado de las estructuras de aire. Como artistas y operadores, tomamos los roles o personajes para representar dramas que hoy día (es el año 2011 cuando escribió estas líneas) *se llaman arte performativo duracional.*[26]

La fiebre de los hinchables fue recogida en el periódico *The Guardian* el 8 de junio de 1970. La reseña se hacía eco de las grandes exposiciones prácticamente simultáneas de 1968 en Filadelfia y París sobre los entrelazamientos de arte y arquitectura en las estructuras hinchables. Más concretamente, esta reseña se refería a las actividades del llamado Eventstructure Research Group, compuesto por el joven arquitecto australiano Jeffrey Shaw, entonces con 26 años y habitual en la escena de galerías londinenses, junto a Theo Botschujiver, con base en Amsterdam; ambos fueron colaboradores de Littlewood

Figura 146: José Miguel de Prada Poole. *Smart Structure* de la exposición Expoplástica de Madrid, 1968. Cortesía de Prada Poole.

en sus festivales urbanos. El nuevo arte de la performance en entornos neumáticos, hábilmente apoyado por el Arts Council, quedaba así oficialmente considerado como género y difundido por medios de comunicación como la radio y televisión estatales o un periódico nacional de amplísima tirada.

LA CONTRACULTURA EN CAMPAÑA

En España, solo el arquitecto José Miguel de Prada Poole (1938) se inscribió en esta subcultura con anterioridad al proyecto de Teatro Móvil del que, por otra parte, fue consultor técnico de la cubierta hinchable cuando Navarro volvió a Madrid para publicitar su proyecto e intentar construirlo. En 1975 Javier Navarro fue invitado a participar en la Bienal de São Paolo, llevando su proyecto de Teatro Móvil a la exposición.

El Instituto de Teatro financió la construcción de una maqueta realizada por el artesano José Vila, que encontró dificultades técnicas para materializar a escala la cubierta lenticular hinchable proyectada por Navarro cinco años antes, y que tantas especulaciones técnicas había suscitado. Fue Prada Poole quien asesoró a la hora de dar forma, dimensión y detalle a esta intuición tecnológica que, como la totalidad del proyecto de Teatro Móvil, encontró enormes dificultades para hacerse realidad debido al gran desfase cultural existente entre su propuesta y los agentes a los que iba dirigida.

Prada Poole había comenzado sus investigaciones sobre estructuras hinchables y responsivas, que él mismo denominó smart structures, en la Escuela Técnica Superior de Arquitectura de Madrid, donde construyó dos prototipos antes de presentar la «estructura de respuesta variable» a la exposición Expo-

plástica de 1968 en Madrid. Esa estructura, construida en cúpula con teselas hexagonales hinchables (cojines neumáticos) unidos entre sí por cremalleras, debía estar conectada a un ordenador y ser sometida a ensayos que modificarían su comportamiento y forma (Figura 146). En conjunto se convertiría en un gran ordenador de flujo, algo que finalmente no sucedió al construirse solo el prototipo estable. El año siguiente 1969 levantó una gran estructura llamada Elipsoide en los jardines de la Escuela de Arquitectura de Madrid, donde permaneció siete años. Esta estructura alojó dentro de modo temporal otra de menor tamaño, que su autor llamó Jonás, o Gusano Móvil. En 1971 Prada Poole realizó su primera obra hinchable de gran envergadura, la Instant City de Ibiza, construida por encargo de la ICSID International Council of Societies of Industrial Design en el mes de octubre. Este proyecto apareció publicado en Architectural Design en su número de diciembre del mismo año, apenas dos meses después de la estancia londinense de Javier Navarro.[27]

La Instant City de Ibiza fue un encargo realizado por el comité organizador del Congreso Mundial de Diseño, concretamente por los arquitectos Fernando Bendito y Carlos Ferrater, para alojar a los congresistas con menos recursos, fundamentalmente estudiantes y jóvenes diseñadores y artistas. Aunque se la conoce como una estructura neumática, el proyecto contemplaba cuatro zonas, de las que la CN o Ciudad Neumática era la tercera, también llamada «zona coherente». Junto a ella se contemplaban las zonas inconexa, organizada y de encuentros, todas ellas exteriores a la CN y asimilables por completo a una acampada libre. De una cabeza compuesta por cuatro burbujas hinchables (centro sanitario, ambiente común, almacén y basuras, y CAS o Centro de asistencia al diseño), partía una

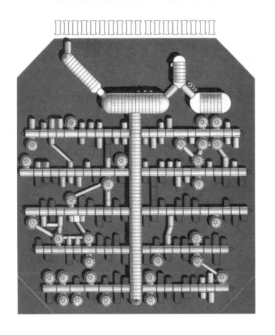

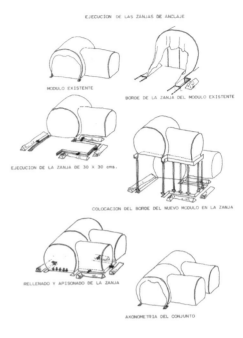

Figura 147: José Miguel de Prada Poole. Organización general de la *Instant city* de Ibiza, 1971. Cortesía de Prada Poole.

Figura 148: José Miguel de Prada Poole. Cuaderno de montaje de la *Instant city* de Ibiza, 1971. Cortesía de Prada Poole.

Figura 149 (Abajo): José Miguel de Prada Poole. *Instant city* de Ibiza, 1971. Cortesía de Prada Poole.

estructura tubular a la que se enchufarían los usuarios, que elegían de entre tres tipos de unidad, para dos, cuatro o seis personas, compuestas de una cúpula o bóveda, y de la correspondiente «parte proporcional de conducto general o canal de reparto de energía neumática»,[28] como se denominaba con cierta retórica a los pasillos de circulación (Figura 147).

Inicialmente los organizadores pensaron en construir una carpa para eventos y un almacén de materiales ligeros de construcción, al que los congresistas tendrían acceso para auto-construirse sus alojamientos, principalmente con listones de madera y lonas. Según las estimaciones de Prada Poole, con el presupuesto disponible la propuesta era irreal, ya que los asistentes «tocarían a parte de un listón de madera, un par de bocadillos, en los que no haría falta abrir el pan, y lona suficiente para hacerse un monedero».[29]

Prada Poole realizó una contrapropuesta que empleaba un único material para resolver todo el conjunto en un esquema unitario, lo que abarataba los costes y garantizaba una cierta coherencia global, algo que fue inmediatamente aceptado. Al reducir el repertorio material al PVC y el formal al cilindro y la cúpula, el proyecto lograba una gramática muy controlada. Ese lenguaje técnico se materializó en dos documentos en forma de cartilla o manual de usuario, una «cartilla pasiva de gramática de usuario», compuesta en diez días y en la que explicaba con diagramas sencillos cómo levantar y enchufar las adiciones al tubo central (Figura 148); y otra «cartilla activa», que no era sino las instrucciones orales que los voluntarios del CAS o Centro de asistencia al diseño, proporcionaban a los congresistas a su llegada. Prada Poole vinculó esta labor de asesoría a «la más pura tradición de aprendizaje de los

pueblos primitivos, la transmisión oral sobre la ejecución práctica en el terreno».[30]

Así pues, aunque en principio había sido concebida por los organizadores como un mero hábitat temporal, Prada Poole lo recondujo hacia una mayor complejidad al introducir los ingredientes necesarios para producir un auténtico drama social en forma de experimento, lo que hizo visible una serie de conflictos entre los dos grandes grupos presentes en el congreso, e incluso entre los congresistas más jóvenes instalados en la *Instant City*. Prada Poole relató en una entrevista cómo:

Hubo en la historia sociológica de esta ciudad, desde su fundación hasta su muerte —en su duración inferior a un mes—, una serie de transformaciones sumamente curiosas: el comercio apareció, apareció la especulación, apareció la propiedad privada […] realmente fue una verdadera ciudad […] Incluso hubo mítines políticos, se estableció un gobierno que no era un gobierno, puesto que se llegó a la decisión —en los mítines iniciales— de que debía ser una ciudad de gobierno sin gobierno, es decir, regulada por todos y cada uno de sus habitantes.[31]

También los demás responsables del proyecto, en un escrito con las tres firmas de Fernando Bendito, Carlos Ferrater y el propio Prada, daban todas y cada una de las claves del conflicto no resuelto que este experimento neumático puso en escena con una enorme precisión: 1° la coalescencia premeditada de trabajo e información, 2° la contradicción entre el sistema tecnológico de alta precisión y una ejecución precaria y artesanal, 3° la identificación del ocio como producto tecnológico, 4° la potencia propagandística del evento, rápidamente convertido en plataforma publicitaria, y 5° el paradójico contraste entre lo prístino y futurista del exterior, y el desordenado y sucio

FIGURE 11.—A 60-bed surgical hospital displayed the use of MUST (Medical Unit, Self-contained, Transportable) equipment in a demonstration at Camp Bullis, Tex., in September 1968. (Army Medical Pictorial Service photograph by William W. Warrell.)

interior de aquel espacio.[32] La condición de laboratorio, de burbuja climática para el máximo control de una situación en riesgo permanente de desbordamiento, es lo que mejor caracteriza a este importante acontecimiento cultural (Figura 149). Es precisamente la condición de burbuja controlada, netamente separada de un exterior completamente ajeno e incluso hostil, lo que establece una posible continuidad conceptual entre la *Instant City* y uno de los corolarios de la arquitectura neumática militar que cierra el círculo abierto por Walter Bird. Se trata de los llamados MUST o Medical Unit Self-contained Transportable, desarrollados por el gobierno norteamericano para la guerra de Vietnam en total paralelo cronológico con la fiebre occidental de las arquitecturas neumáticas experimentales (Figura 150).

Dada la naturaleza peculiar de la contra-insurgencia miliciana de la guerra de Vietnam, los sistemas de hospitales militares debieron ser replanteados para las zonas de combate. Al no existir un frente de guerra propiamente dicho, sino multitud de campamentos-base esparcidos por el territorio, se idearon estas instalaciones tácticas de cuidado, terapia y salvamento con tecnologías neumáticas.[33] El concepto combinaba el ensamblaje rápido con la autonomía energética, así como con la capacidad de un desmontaje y traslado veloz. El primer MUST se desplegó en Vietnam del Sur tras unas pruebas en territorio americano en 1966 para una situación de combate, y estas estructuras estuvieron en uso hasta el final de la guerra en 1975 y más allá (Figura 151). Tenían sistemas completos de suministro de agua potable, gestión de residuos, servicios higiénicos, potabilización de agua, incinerador,

Figura 150: Medical Unit Self-contained Transportable de 60 camas, estructura de prueba en Texas, 1968. Fuente: Army Pictorial Service, fotografía de William W. Warrel.

bles en anillos. La valoración que hizo Roger N. Dent de estos artefactos en su temprana tesis doctoral de 1968 es implacable y da un cierre muy complejo a este relato:

El diseño de equipos militares tiende hacia la miniaturización, el funcionalismo y la portabilidad, y estas son, indudablemente, las características de la construcción neumática. El diseño militar se adhiere estrictamente a unos límites claramente definidos, y dentro de este diseño nunca puede ponerse en duda el funcionalismo. Este trabajo de diseño procura un notable estímulo a los arquitectos, quienes a menudo se sienten dominados por su parcialismo estético e ignoran el hecho de que la arquitectura es un arte limitado por parámetros funcionales.[35]

Si aceptamos esta hipótesis cabe concluir algo que todo este capítulo ha venido anunciando desde el principio, que las estructuras neumáticas civiles, incluso las más contestatarias, estaban en completa e involuntaria continuidad con sus progenitoras militares. No se libraron de las contradicciones que esto suponía, es más, su valor histórico y cultural radica precisamente en haber logrado construir verdaderos dramas sociales de tales contradicciones en sus puntos de origen, donde lejos de haber paz, cada ciudadano occidental era también, como bien comprendió Victor Lundy, un soldado. La confluencia de la tecnología, la arquitectura, el teatro y el arte en una comunidad neumática global fue un acontecimiento sin precedentes plagado de contradicciones internas que permanecen completamente abiertas hoy.

quirófanos, salas de cura y camas de pacientes, servicios de rayos x, desfibriladores y todo tipo de servicios sanitarios.[34] Unidos a los campamentos-base, los MUST constituyeron verdaderas ciudades instantáneas que dividían su actividad en dos objetivos opuestos llevados a cabo en los dos espacios que delimitaban: la destrucción y la salvación de vidas humanas, apenas separadas por las finas paredes y cubiertas neumáticas en un ámbito para la destrucción (el exterior) y en otro para la salvación (el interior). En su configuración arquitectónica, los MUST eran idénticos a la *Instant City* de Ibiza. Contaban con un elemento utilitario al que se enchufaban naves longitudinales de quince metros de longitud y seis de anchura completamente extensi-

Figura 151: Medical Unit Self-contained Transportable. Fuente: revista *Architectural Design*, abril de 1969.

Notas

1. Peter Cook: «The Electric Decade: An Atmosphere at the AA School
1963-73», en James Gowan (ed.): *A
Continuing Experiment: Learning and
Teaching at the Architectural Association*, Londres: Architectural Press,
págs. 137-146.

2. Homenaje a Kay Jordan por su
fallecimiento en el periódico *The
Guardian*, 20 de febrero 2011.

3. Patrick Sisson: *More than
hot air: tha lasting impact of inflatable architecture*, disponible
en red en http://www.curbed.
com/2016/1/21/10844774/in-
flatable-architecture-geodesic-do-
me-design-legacy

4. Esta idea aparece en el capítulo
12 «A Range of Methods» del libro
de Reyner Banham: *The Architecture of the Well Tempered Environment*,
Londres: Architectural Press 1969.

5. *Flying Magazine*, vol. 62, junio
1958, pág. 10.

6. Roger N. Dent: *Arquitectura
neumática*, Barcelona: Blume, 1975,
págs. 41-42. Este libro se publicó
en su edición original en 1971 y fue
fruto de una Tesis Doctoral llamada
*Pneumatic Structures in Architecture
with Special Reference to Artic and
Lunar Applications*, defendida en
1968 en la Universidad de Liverpool.
Es el primer documento exhaustivo
sobre el tema y su documentación
gráfica y técnica es excepcional.

7. Frei Otto: «Exposition de
l'énergie atomique», *L'Architecture
d'Aujourd'hui*, n. 102 junio-julio1962;
págs. 86-88.

8. David Allison: «A great balloon
for peaceful atoms», *Architectural
Forum*, vol. 113. N. 5, noviembre de
1960, págs. 142-146.

9. El legado de Victor Lundy está
custodiado en parte en la *Library of
Congress*, que mantiene acceso en
abierto a los dibujos de guerra. Se
puede consultar en https://www.loc.
gov/rr/print/coll/628_lundy.html.

10. «Foire exposition de New York
1964», *L'Architecture d'Aujourd'hui*,
n. 117, noviembre-enero 1964-1965,
págs. 18-22.

11. Ada Louise Huxtable: «Architecture: Chaos of Good, Bad and Joy-
ful», 22 de abril de 1964 *The New
York Times*.

12. El Commonwealth Arts Festival
de 1965 fue una iniciativa guberna-
mental estrechamente vinculada a
las políticas de inmigración del Reino Unido en aquel preciso momento,
celebrada en Londres, Liverpool,
Glasgow y Cardiff, es decir, estraté-
gicamente dispersa por todo el territorio nacional. Su lema fue *At Home
with the Empire*. Se produjo en coincidencia con el llamado White Paper
de julio de 1965, que endurecía las
condiciones del Commonwealth Im-
migration Act de 1962, que regulaba
la entrada al Reino Unido de inmi-
grantes procedentes de sus colonias.
Para información detallada consultar
Gail Low: «At home? Discoursing on
the Commonwealth at the 1965
Commonwealth Arts Festival», *The
Journal of Commonwealth Literature*,
vol. 48(1), 2013, págs. 97-111.

13. Estos tres proyectos fueron ampliamente difundidos, por ejemplo en
el número de diciembre de 1967 de
L'Architecture d'Ajourd d'hui, la exposición parisina de marzo de 1968
Structures Gonflables, o la revista *Archigram* n. 8 de 1968. El catálogo de
la colección del FRAC de Orleans *Architectures Expérimentales*, al cuidado de Marie-Ange Brayer, reproduce

ampliamente el proyecto de Stinco
en las páginas 86 a 89.

14. Para un estudio exhaustivo del
grupo, sus publicaciones y sus actividades, puede consultarse la publicación de Craig Buckley y Jean-Louis
Violeau: *Utopie. Texts and Projects,
1967-1978*, Los Angeles: Semio-
text(e), 2011.

15. Estas ideas aparecieron en un
importante artículo firmado por Hubert Tonka, Jean-Paul Jungann y
Jean Aubert, llamado «Architecture
as a Theoretical Problem», publicado por primera vez en *Architectural
Design* en junio de 1968. Tras la
polémica desatada por el artículo
y los eventos de mayo, el texto fue
ampliado, revisado y publicado en
otros medios.

16. Marc Dessauce: *The Inflatable
Moment. Pneumatics and protest in
'68*, Nueva York: Princeton Architectural Press y Architectural League,
1999, pág. 8.

17. Nadine Holdsworth: *Joan Littlewood*, Nueva York: Routledge,
2016, pág. 32

18. Estas ideas de Joan Littlewood
se publicaron sucesivamente en:
New Scientist, Vol 22, nº 391, 14
de mayo de 1964, págs. 432-434;
Theatre Drama Review, la revista
editada por Richard Schechner, n. 3,
verano de 1968. Versión castellana
en: *La cavidad teatral*, Barcelona:
Cuadernos Anagrama, 1973, traducción de Joaquín Jordá, pág. 41.

19. Nadine Holdsworth, op. cit, pág. 34

20. Joan Littlewood, op. cit, edición
Anagrama, pág. 46.

21. Nadine Holdsworth, op. cit, pág. 35.

22. Ana Bonet Miró: «Sigma Portfo-
lio and Bubble City: Ludic Sites for

a mobile Fun Palace Programme», *Architecture and Culture*, vol. 4, n. 1, págs. 137-161. En este artículo la autora disecciona el documento oficial de Bubble City presentado por Joan Littlewood públicamente y editado por el Fun Palace Trust en 1968.

23. Fatine Bahar Karlidag: *Reading the Old Left in the Ewan MacColl and Joan Littlewood's Theatre Workshop and Beyond: in Joan Littlewood's post-theatrical engagements in the 1960s*. Tesis Doctoral, University of Washington 2017, págs. 38-39.

24. Toda la información referente a Action Space puede consultarse en dos publicaciones antológicas de sus actividades. Ken Turner: *Crashing Culture 1954 to 2016*, CreateSpace, 2016 y Mary Turner: *Action Space Extended*, CreateSpace, 2012.

25. Juliet Rufford: «"What Have We Got to Do with Fun?": Littlewood, Price, and the Policy Makers», *New Theatre Quarterly*, vol. 27, n. 4, noviembre 2011, págs. 313-328.

26. Ken Turner, op. cit., pág. 57.

27. La mejor fuente para la obra y el pensamiento de Prada Poole es Nuria Prieto González: *La arquitectura de José Miguel de Prada Poole. Teoría y obra*, Tesis Doctoral, 2013 Universidad de La Coruña. También pueden consultarse Antonio Cobo (ed.): *José Miguel de Prada Poole. La arquitectura peredecera de las pompas de jabón*, catálogo de la exposición homónima del CAAC, Sevilla y MUSAC, León. Sevilla: Recolectores Urbanos, 2019; José Miguel de Prada Poole y Fabián López Ulloa: «José Miguel de Prada Poole y las estructuras neumáticas en España, 1960-1980», en Pepa Casinello, Santiago Huerta, José Miguel de Prada y Ricardo Sánchez Lampreave (eds.): *Geometría y proporción en las estructuras*, Madrid: Lampreave 2010, págs. 365-38; Antonio Cobo: «Huellas de una arquitectura peredecera», *Circo M.T.M.*, n. 191, 2013; y Antonio Cobo: «La arquitectura inteligente de José Miguel de Prada Poole», *Pasajes de arquitectura y crítica*, n. 134, 2014, págs. 16-18.

28. José Miguel de Prada Poole: «Zonificación de la Ciudad Instantánea», *Arquitectura*, n. 154, enero de 1972, pág. 30.

29. José Miguel de Prada Poole: «Senderos», escrito inédito recogido en Nuria Prieto González, *La arquitectura de José Miguel de Prada Poole. Teoría y obra*, op. cit. Vol.2, pág. 79.

30. José Miguel de Prada Poole: «Una ciudad inflexible», en Nuria Prieto González, op. cit., págs. 61-63

31. Carmen Castro: «La Ciudad Instantánea. La Ciudad Cambiante. Entrevista a Prada Poole», *Arquitectura,* n. 154, enero de 1972, pág. 25.

32. Fernando Bendito, Carlos Ferrater y José Miguel de Prada Poole: «Albergue para congresistas. ICSID, 1971», *Quaderns d'Arquitectura i Urbanisme*, n. 83, 1971, págs. 85-88.

33. Major General Spurgeon Neel: *Medical Support of the US Army in Vietnam 1965-1970*, Washington DC: Department of the Army, 1991, pág. 59.

34. Lieutenant General Hal B. Jennings, Colonel William S. Mullins jr; Rose C. Engelman (eds.): *A Decade of Progress. The United States Army Medical Department 1959-1969*, Washington DC: Department of the Army, 1971, págs. 178-180.

35. Roger N. Dent: *Arquitectura Neumática*, op. cit., pág.: 182.

CAPÍTULO 6_
GEOMETRÍAS
SAGRADAS

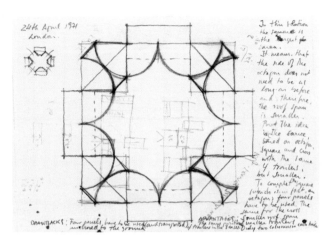

Un dibujo de Javier Navarro fechado el 24 de abril de 1971 acabó convirtiéndose en el logotipo del Teatro Móvil. Se trata de un esquema muy abstracto del proyecto que incluso resulta hermético como imagen, ya que informa poco de qué es y cómo se usa el artefacto al que se refiere (Figura 152). Este boceto es un estudio geométrico de la forma del edificio que hace explícita la economía que lo debía gobernar a todos los niveles. Resulta chocante que el logotipo, el identificador visual del proyecto, fuese este y no otro tipo de esquema que hablase de su movilidad o transformabilidad, sin embargo fue este esquema geométrico el elegido como marca, un esquema que conlleva estabilidad y cierta gravedad (Figura 153). El comentario del dibujo es equívoco si se lo interpreta literalmente, hay que rasgarlo para comprender su alcance:

En esta solución el cuadrado es el área mayor. Esto quiere decir que el lado del octógono no necesita ser tan largo como antes y, por tanto, la luz de la cubierta es menor. Pero la idea es la misma, basada en el octógono, el cuadrado y la cruz con los mismos cuatro camiones, pero más pequeños. Para completar el cuadrado (que es de hecho un octógono), se deben emplear cuatro paneles. Los mismos para la cruz.

Ventajas: Luz de cubierta menor. Camiones menores. Las mismas posiciones de camiones en los tres casos. Solo dos columnas en cada camión. Inconvenientes: Cuatro paneles deben usarse anclados al suelo (y transportados).

A su llegada a Londres, Navarro era ya un buen conocedor de la disciplina de la geo-

Figura 152: Javier Navarro de Zuvillaga, boceto del Teatro Móvil, 1971. Cortesía de Javier Navarro de Zuvillaga.

Figura 153: Javier Navarro de Zuvillaga, logotipo del Teatro Móvil, 1974. Cortesía de Javier Navarro de Zuvillaga.

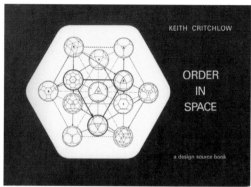

metría, una disciplina que le era del máximo interés y en la que depositaba una gran confianza epistemológica, incluso mayor que en la técnica, quizás las únicas dos certezas en las que su proyecto mantenía la confianza en un medio cultural repleto de incertidumbres de todo tipo. Su encuentro con Keith Critchlow (1933) en la Architectural Association en aquel momento fue fundamental, porque de todos los profesores con los que Navarro tuvo relación fue Critchlow el que más atención prestó al proyecto de Teatro Móvil, y fue con él con quien Navarro mantuvo un contacto más continuado a lo largo de su estancia, asistiendo a sus clases de manera regular. Critchlow fue profesor en la Architectural Association durante doce años, actividad que compaginaba con la docencia en el Bournemouth College of Art. En ambos centros dirigía cursos sobre geometría y elaboración de prototipos celulares. Estudió pintura en el Royal College of Arts y trabajó con Richard Buckminster Fuller, a quien conoció en 1960 y de quien fue un continuador muy fiel en el

Reino Unido (Figura 154). Publicó en 1969 un libro llamado *Order in Space: A Design Source Book*, del que Javier Navarro intentó editar una versión en castellano sin éxito (Figura 155). Este libro tuvo una difusión considerable en los años sucesivos a su publicación, y trataba de modo práctico sobre diversos modelos de lo que su autor llamaba «espacio empaquetado».[1] Tenía un formato divulgativo y visual y trataba de los poliedros regulares y sus posibilidades de configuración y agrupamiento. La influencia de algunas ideas contenidas en el libro fue de gran importancia para el desarrollo del Teatro Móvil y el ascendente personal de Critchlow sobre Javier Navarro fue muy destacable. Para ambos la geometría y la arquitectura son cuerpos de conocimiento cuya razón de ser está basada en el entendimiento y organización elemental del espacio y por tanto comparten un remoto origen común en el que también ubican su posible desarrollo futuro. Esto fue lo que interesó a Critchlow principalmente y a esta premisa fundamental dedicó su trabajo.

Figura 154: Fotografía anónima de 1960, a la izquierda Richard Buckimster Fuller, a la derecha Keith Critchlow.

Figura 155: Portada de *Order in Space*, de Keith Critchlow, 1969.

ORDEN, TECNOCRACIA E INDUSTRIA

En los momentos primigenios de la cultura arquitectónica, que aparecen mitificados en el imaginario de Critchlow, los hábitats construidos se levantaron con elementos repetitivos encontrados, mínimamente manipulados y sin más motivación que la consecución de un cobijo. Pero la selección de esos elementos, como piedras o compuestos de tierra, que cumplen funciones idénticas, y sus modos de combinación propiciaron desde el inicio una componente estética a las construcciones más elementales.

La organización del plano del suelo y de la pared, del plano horizontal y el vertical, introdujo un factor lingüístico al darse reglas sintácticas para manejar los elementos en estructuras de orden superior al del elemento mismo. La subdivisión estructurada del plano y del espacio introduce así el concepto de trama, teselado y teselación, mientras que la repetición ordenada de elementos o componentes para cubrirlo o rellenarlo introduce el concepto de patrón.[2]

Estos fueron principalmente los temas de trabajo de Critchlow en aquella etapa de su vida profesional y los que recoge parcialmente en *Order in Space*, que continuaba los estudios realizados por Buckminster Fuller sobre la estructuración matemática de la naturaleza. El libro y la pedagogía de Critchlow estaban especialmente orientados al empaquetamiento de sólidos en el espacio tridimensional y a estimular enlaces ideológicos con la industria, algo que recuerda enormemente a la Bauhaus inicial. *Order in Space* analizaba las propiedades geométricas de los cuerpos que rellenan el espacio y los vínculos topológicos entre sólidos, mallas y tramas de máxima economía perimetral.

Critchlow tenía una amplia experiencia en el desarrollo y construcción de prototipos poliédricos celulares. Entre 1967 y 1971 ensayó y construyó algunos de ellos, como las *Hexagon Houses*, las llamadas *Polyhedral Constructions*, los *Polydomes* y la *Square Spin House* (Figura 156). Todas estas estructuras eran similares, variando el poliedro de base y el material empleado en la construcción. El texto descriptivo de las *Hexagon Houses* puede dar una idea muy certera de la filosofía de proyecto de Critchlow:

La Hexagon House es un cobijo ligero de propósito múltiple, fácil y rápidamente construible. Se ha diseñado para obtener el mejor rendimiento estructural del tablero triple de cartón corrugado, de ahí su apariencia inusual facetada. Su configuración geométrica da infinitas posibilidades de planificación para unidades simples o compuestas. Puede usarse para alojar personas, bienes o equipos, puede adecuarse como alojamiento para familias, como oficinas, almacenes o cualquier actividad que requiera una envolvente comparable a la de un edificio tradicional, pero con un coste sustancialmente menor.[3]

Para comercializar sus patentes, Critchlow sostuvo durante un tiempo una empresa llamada Polyhedral Developments Ltd. Uno de sus prototipos, la *Square Spin House*, era una vivienda temporal de emergencia, construida a partir de un paramento de cuatro paneles a los que se añaden la cubierta, la pieza de cerramiento de entrada y la unidad de puerta (Figura 157). El material era un triple tablero corrugado de fibra de madera, normalmente empleado en almacenamiento de industria pesada por su alta capacidad de carga. Se acababa con una resina de base plástica que tenía una expectativa de durabilidad de veinticinco años, resistente al agua y a la radiación ultravioleta. Las juntas entre paneles

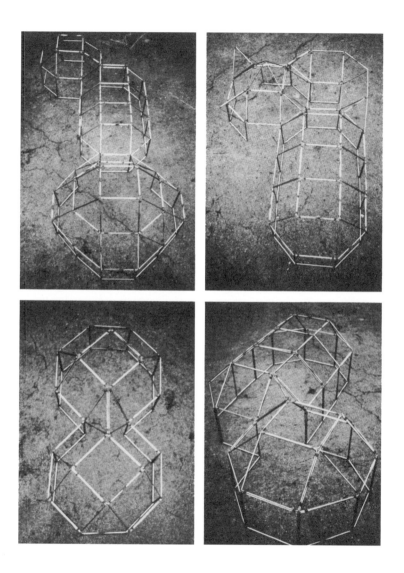

Figura 156: Keith Critchlow, *Square Spin Houses*, sistema tubular con dos tipos compuestos, 1971. Fuente: revista *Zodiac*.

se realizaban con cordones de fibra de vidrio, de modo que se lograba una envolvente continua, impermeable y estable. Aunque la retórica es directa y se refiere exclusivamente a criterios de flexibilidad y economía, a la hora de probarse como prototipos construidos estas estructuras estuvieron sistemáticamente vinculadas a contextos contraculturales lúdicos o pedagógicos, al margen de la industria de la construcción, la ingeniería o el aparato militar. Fueron prototipos propuestos y examinados como parte de sus cursos de diseño, un auténtico nicho de investigación sobre la forma y el material que sustituía por completo al aparato industrial al uso (Figuras 158 y 159). Los contextos en los que estas estructuras de Critchlow fueron probadas y puestos en uso dan muchas más claves que los propios artefactos, que por lo demás pertenecen al extensísimo catálogo de construcciones derivadas del magisterio de Buckminster Fuller.

En marzo de 1971 se anunciaban los resultados de un concurso convocado por el Pavilions in the Parks Advisory Service,[4] el mismo organismo para el que Joan Littlewood traba-

jó muy poco tiempo antes, justo cuando esta iniciativa fue lanzada. El primer premio fue otorgado a una estructura de Peter Rice, el brillante ingeniero de Arup, ocupado por entonces en el concurso del Centro Pompidou con el equipo ganador. Una mención especial recayó sobre una propuesta de Critchlow, de su serie de *Polydomes*, que fue también construida como la ganadora y empleada por la compañía de teatro de calle *The Welfare State*, procedente de Leeds y fundada en 1968.[5] Cuatro años después la misma estructura fue adquirida por otra compañía teatral, llamada *Bubble Theatre*, y empleada en sus giras desde su fundación en 1972 hasta que en 1974 la compañía adquirió una estructura de mayor capacidad (Figuras 160 y 161).

La estructura de Critchlow acabó en manos de una tercera compañía con sede en la costa sur en Christchurch, llamada *Balloon Theatre Company*.[6] El destino de esta estructura derivada de las investigaciones de Fuller sobre la transferencia directa de la industria militar a la civil es realmente sorprendente, porque describe un camino en reverso de vuelta a la guerra en una de sus paradas: fue un teatro móvil que dramatizó los conflictos sociales bélicos y sus consecuencias en la sociedad de posguerra.

La función inaugural del *Bubble Theatre* de 1972, llamada *The London Blitz Show*, realizó giras por los barrios periféricos de Londres, con el apoyo oficial de la Greater London Arts Association, desde mayo de 1972 hasta septiembre de 1973 (Figura 162). *Blitz* es el nombre con el que se conocen los bombardeos que sufrió Londres de manos de

Figura 157: Keith Critchlow, construcción de la serie *Polyhedral* con ocho componentes llamada *Guilford cluster* 1969. Fuente: revista *Zodiac*.

Figura 158: Keith Critchlow en la sesión final de curso del Bournemouth College of Art en 1971 con un prototipo de *Polydome*. Fuente: revista *Zodiac*.

Figura 159: Keith Critchlow, construcción de la serie *Polyhedral* con ocho componentes llamada *Guilford cluster* 1969. Fuente: revista *Zodiac*.

la *Luftwaffe* alemana en 1940 y 1941. En la puesta en escena de esta obra teatral, el *Polydome* de Critchlow se asimilaba a un refugio anti-aéreo, en el que los intérpretes hacen de trabajadores de defensa civil, autodenominándose *The Happy Shelterers*, que entretienen a un público confinado en este espacio durante la noche de un bombardeo. Se componía, siguiendo la estructura de un musical de variedades, de números con una escena central completamente rodeada de un público poco numeroso, de alrededor de cien personas como máximo. El público era recibido y tratado como anfitrión del refugio, procurando construir una atmósfera grupal de camaradería que simulaba la que se producía durante la guerra con sus lazos de solidaridad entre ciudadanos bajo amenaza. El espectáculo hacía un uso extensivo de la nostalgia, empleando referencias, noticias e informaciones de prensa local de época que cambiada en cada ubicación, para lograr la identificación directa y sentimental del público de mayor edad (Figura 163 y 164). La prensa hizo alusiones a la continuidad formal entre este formato teatral y la famosa obra de Joan Littlewood *Oh! What a Lovely War* de 1963, que supuso su mayor éxito comercial en el West End londinense.[7] Una de las numerosas reseñas de prensa del *Blitz Show* da un dato fundamental que, frente a todas las demás, ofrece una lectura crítica y premonitoria. Según el periodista que la firma la obra teatral «descansa en exceso sobre una acogedora nostalgia sentimental y no logra enfatizar con la fuerza suficiente la trágica ironía de la situación: que la cooperación desclasada engendrada por la guerra apenas sobrevivió en tiempo de paz, y que ha desaparecido hoy casi por completo».[8]

El diagnóstico era muy certero, el teatro político y subvencionado apelaba a las emociones subjetivas individuales muy por encima de la conciencia de grupo y de su potencial sensible, reconstruyendo en la ficción esa sociedad sin clases ampliamente ligada por valores de camaradería que, al parecer, solo un contexto violento y al límite, el bélico, parecía ser capaz de despertar en la sociedad

Figura 160: Keith Critchlow, *Polydome* de la serie *Polyhedral* en uso para la compañía de teatro itinerante *Bubble Theatre*, circa 1972.

Figura 161: Keith Critchlow, *Polydome* de la serie *Polyhedral* en uso para la compañía de teatro itinerante *Bubble Theatre*, circa 1972.

moderna industrializada. Es significativo que Critchlow tuviera una evolución personal muy particular a partir de 1972, la fecha de esta obra teatral de trama bélica. En aquel momento abandonó por completo la investigación sobre la geometría del espacio empaquetado industrializado y se volcó hacia el análisis histórico de las geometrías sagradas orientales, sobre todo de origen persa, aunque ese interés procedía de antes. En 1975 comenzó a dar clases de arte islámico en el Royal College of Arts y en 1984 fundó la escuela VITA Visual Islamic and Traditional Arts, que en 1992 se fusionó con la más conservadora de las instituciones pedagógicas británicas: The Prince's Institute of Architecture. El propio príncipe Carlos es uno de los socios de honor del Instituto Temenos, presidido por Critchlow, que nació como una publicación especializada en geometrías sagradas y que sigue funcionando hoy día.

LA GRAN ACAMPADA MÍSTICA

Keith Critchlow llevó sus intereses por la geometría muy lejos con el paso del tiempo hacia un completo y militante anacronismo cultural, al afirmar que la geometría es la «llave» de lo sagrado: «lo sagrado es tan sencillo como respirar»,[9] llegó a decir en 1999 en una entrevista para explicar la razón de su insistencia en el empleo de la geometría para organizar los espacios habitables. La influencia directa de Buckminster Fuller se manifiesta a un nivel metodológico casi como una pura continuidad, pero el legado de Fuller vio ligeramente trastocados sus valores originales con las aportaciones singulares de Critchlow, al adquirir progresivamente una

Figura 162: Keith Critchlow, *Polydome* de la serie *Polyhedral* en uso para la compañía de teatro itinerante *Bubble Theatre*, circa 1972.

Figura 163: un momento de la obra *Blitz Show de* la compañía de teatro itinerante *Bubble Theatre*, circa 1972.

componente difusamente religiosa que, a todos los efectos, puede calificarse como esotérica, y a la que Fuller tampoco fue ajeno aunque a su propio modo, siempre tecnocrático. El estrecho vínculo entre tecnología y geometría fue crucial para la totalidad del frente contracultural:

Fuller y su "diseño global" ofreció a muchos en la década de 1960 una vía para aceptar y asumir las tecnologías, las políticas tecnócratas y los estilos de trabajo colaborativos y flexibles típicos de la industria militar de la Guerra Fría, aunque lo hicieran bajo la forma de nuevas comunidades alternativas.[10]

La peculiaridad de la pedagogía de Critchlow a lo largo de su etapa en la Architectural Association estuvo en la extraña vinculación entre tecnología industrial y espiritualidad, que

fue mediada gracias a la geometría como vínculo de reunificación de ambos planos de conocimiento, planos que precisamente la industria había disociado profundamente y de modo definitivo. A esa disociación respondió Critchlow directamente con su proyecto intelectual tecno-conservador:

Me pareció que el primer axioma de Euclides: "un punto tiene una posición, pero no una magnitud", era inaceptable porque Einstein parecía haber señalado que en la cosmología de la relatividad las propiedades geométricas del espacio están directamente vinculadas a la distribución de la materia, y no pueden ser independientes.[11]

Esta vinculación de geometría, espacio y materia fija la geometría a los cuerpos sólidos, imposibilita considerar la geometría como algo inmaterial, la vincula al lugar. Por tanto la geometría es vista como forma de control y poder no abstracta, sino concreta, encarnada físicamente y no inmanente, como sí la veía Fuller. En esto Critchlow encontró una clave crucial para realizar su particular crítica a la modernidad sin renegar del progreso científico de las ciencias puras y, como consecuencia ulterior, de las ciencias aplicadas y de las tecnologías. Por eso afirmó que «no podemos tener una posición (en el espacio) sin una sustancia (material) y un tiempo (duración). Toda nuestra experiencia hasta la cámara de burbujas parece ir en esta dirección».[12] El objetivo principal de Critchlow parece ser el mismo de tantos intelectuales tradicionalistas y críticos de la modernidad[13] que ayudaría a aclarar el aparente dilema que presentaba

Figura 164: Cartel de la obra *Blitz Show* de la compañía de teatro itinerante *Bubble Theatre*, circa 1972.

Javier Navarro con su Teatro Móvil: la difícil compatibilidad entre la disolución de la arquitectura (su dimensión radicalmente inclusiva) y la necesidad de delimitación espacial (su dimensión radicalmente excluyente). Como Critchlow, también Navarro parecía denunciar, sobre todo con sus *Experiments in Situation*, la metafísica oculta en la separación de lo intelectual y lo sensible, a la búsqueda de un momento de solape entre esos planos de conocimiento. En sus notas de octubre de 1970 escribió que buscaba proyectar un «espacio comunitario hinchable» que fuese a la vez «auto-motivado». Debía ser comunitario porque era el mismo para todos y para todas las actividades sin especializarse, hasta el punto de poder alojar eventos simultáneos, y auto-motivado porque «pulsa y respira con la situación».[14]

Recordando la atmósfera pop y nihilista de la Architectural Association que mencionaba Jeffrey Kipnis, esta institución para la formación de arquitectos daba cabida en 1970-1971 a nichos muy distintos al mismo tiempo y uno de ellos, el de Critchlow, estaba muy marcado por los vínculos entre geometría, eficiencia mecánica y espiritualidad difusa y diletante (Figura 165). Un antiguo estudiante de arquitectura relata:

Fui al Segundo Festival de Glastonbury en el verano de 1971. Me encontré allí con Keith Critchlow y él me sugirió que fuera a sus clases de la Architectural Association. De alguna manera conseguí el dinero para la matrícula y me matriculé en la Architectural Association de Londres. Este lugar, algo que se confirmó más tarde, era también una nursery para estudiosos de Beshara. Keith Critchlow era un profesor inspirador y se convirtió en un buen amigo, generoso con su conocimiento y su entusiasmo. Keith conocía la investigación de Reshad para el diseño de la cúpula (el Mihrab) que se iba a construir en un granero de piedra en la Granja Swyre de Gloucestershire, que debía ser un lugar de meditación y también un lugar para eventos. Trabajamos juntos en un

Figura 165: Contrucción geodésica en la granja Beshara con Halim Tollemache, Hakki Bey, David Hornsby, Rashida y persona no identificada, verano de 1972.

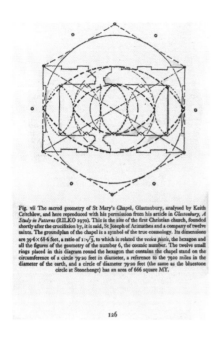

Fig. vii The sacred geometry of St Mary's Chapel, Glastonbury, analysed by Keith Critchlow, and here reproduced with his permission from his article in *Glastonbury, A Study in Patterns* (RILKO 1970). This is the site of the first Christian church, founded shortly after the crucifixion by, it is said, St Joseph of Arimathea and a company of twelve saints. The groundplan of the chapel is a symbol of the true cosmology. Its dimensions are 39·6 × 68·6 feet, a ratio of 1:√3, to which is related the *vesica piscis*, the hexagon and all the figures of the geometry of the number 6, the cosmic number. The twelve small rings placed in this diagram round the hexagon that contains the chapel stand on the circumference of a circle 79·20 feet in diameter, a reference to the 7920 miles in the diameter of the earth, and a circle of diameter 79·20 feet (the same as the bluestone circle at Stonehenge) has an area of 666 square MY.

126

esquema y lo presentamos. Nuestro proyecto fue aceptado y fui a vivir allí en febrero de 1972 para supervisar la construcción. Debía ser mi proyecto para aquel año de estudios en la Architectural Association.[15]

Critchlow había fundado en 1969 una asociación cultural denominada Research Into Lost Knowledge Organization (RILKO), con una prestigiosa académica de literatura medieval llamada Mary Williams y con John Michell (1933-2009), un diletante de origen rural aristocrático, educado en Eton, que dedicó los primeros años de su vida profesional al negocio familiar de compra venta de grandes propiedades inmobiliarias y los siguientes a la difusión extensiva de un esoterismo particular y sincrético de enorme repercusión para la contracultura inglesa.

A Critchlow, Williams y Michell les unía su fascinación común por las leyendas artúricas del llamado Avalon Valley, la isla que la mitología celta situaba en Glastonbury, donde supuestamente hubo una isla antes de que el territorio fuera dragado para ser habitado. Así pues, las investigaciones de Critchlow en la Architectural Association sobre estructuras poliédricas estaban ya para esa fecha completamente teñidas de intereses esotéricos. En septiembre de 1969 se publica un panfleto editado por RILKO llamado *Glastonbury: A Study in Patterns*, que contiene unos análisis de Critchlow sobre la geometría de la abadía de Glastonbury (Figura 166). Según Critchlow, la abadía ocultaba en sus trazas el mismo patrón empleado en la construcción de Stonehenge. Esa continuidad marcaba un filón ideológico que Critchlow y Michell explotaron hasta sus últimas consecuencias.

Durante el año académico 1970-1971, Critchlow colaboró estrechamente con los organizadores del Festival de Glastonbury celebrado en junio de 1971 para conmemorar el solsticio de verano. Michell fue un personaje central en este evento gracias a la amplia difusión de su libro de 1969 *The View Over Atlantis*.[16] El festival surgió como alternativa al de la isla de Wight del año anterior, multitudinario y repleto de problemas de organización, algo que dio lugar a críticas de comercialización por parte de un amplio sector de su público. El empresario Andrew Kerr, que había trabajado en el gabinete de Randolph Churchill, elaboró un proyecto de festival gratuito junto a Arabella Churchill, la nieta del famoso político y su socia en esta empresa.

Figura 166: Esquema de Keith Crithlow para RILKO con su estudio de la abadía de Glastonbury, reproducido en el libro de John Michell *The view over Atlantis.*

En septiembre de 1970 tuvo lugar en una granja llamada Worthy Farm, junto Glastonbury, lo que hoy se conoce como la primera edición del festival homónimo. Su nombre oficial fue *Pilton Pop, Blues and Folk Festival* y se organizó gracias al apoyo del propietario de esa granja, un agricultor llamado Michael Evis. La entrada costaba una libra y el evento duraba unas pocas horas, con un aforo estimado en mil quinientos asistentes. Para el año siguiente Kerr, Churchill y Evis concibieron un festival de música gratuito al que bautizaron como *Glastonbury Fayre*, que desde el inicio se propuso como un encuentro dominado por el esoterismo que tanto caracterizaba a ese lugar mítico. La prensa se refirió expresamente a las razones de la elección de Glastonbury para el evento señalando tanto el libro de Michell como el objetivo de Kerr, nada menos que recrear para el solsticio una «ciencia prehistórica, cuyas enormes energías no son reconocidas por la ciencia moderna».[17]

Kerr encomendó la tarea de diseñar el escenario principal a Bill Harkin, un joven arquitecto formado en Liverpool. Harkin se apoyó en los estudios geométricos de Critchlow para diseñar una pirámide, que reproducía a escala de uno a diez la pirámide de Guiza, y que sirvió como escenario para los músicos, con unas dimensiones de setenta y cinco pies de base y cuarenta y ocho de altura (Figura 167).

El montaje se realizó con un pequeño equipo de voluntarios durante algunos fines de semana de junio, empleando un sistema de andamio llamado Kwickform, en concreto una patente de construcción naval llamada Kwickstage, que por primera vez se usaba, pese a su nombre, para construir un escena-

Figura 167: Escenario principal del Festival de Glastonbury del solsticio de 1971, según diseño de Bill Harkin. Cortesía de Tony Murchland.

rio y que se convirtió en un sistema constructivo estándar. Se financió enteramente con donativos de los organizadores del festival, sobre todo de Andrew Kerr, Arabella Churchill y Jeff Dexter. La estructura se forró con trescientos paneles de metal estirado que ofrecían un acabado metalizado brillante (Figura 168).

Ya teníamos las características de una audiencia que lloraba frente al escenario. Aprovechando las muchas manos dispuestas, pronto tuvimos una tripulación muy ampliada que pasaba hojas de metal estirado por la cara de la Pirámide. Desde lejos parecían hormigas cortadoras de hojas pululando sobre el armazón, moviendo las hojas y conectándolas, esta es la razón por la cual muchos de los espectadores del 71 sienten que fueron parte de la creación del Escenario de la Pirámide.[18]

La pirámide, gracias a su revestimiento, lograba tener más de cinco millones de pequeñísimas facetas de material metalizado, lo que la convertía en un objeto luminiscente simplemente con dos focos marca Mole Richardson de 10 kW. Los músicos se ubicaban a cierta altura, por lo que el público debía alejarse de la primera fila para poder tener una buena visión, y eso hizo posible que no se necesitase un cordón de seguridad separando el público del escenario. La pirámide contaba con una serie de plataformas además de la de los propios músicos: una para los operadores de cámara, otra para los equipos de luz y sonido, y una tercera para camerinos (Figura 169). En los alrededores de la pirámide se levantó una red de pequeñas construcciones en las que muchos miembros de la comunidad de profesores y estudiantes de diversas instituciones pedagógicas intervinieron di-

Figura 168: Escenario principal del Festival de Glastonbury del solsticio de 1971, según diseño de Bill Harkin. Fotografía de Matt Williams.

Figura 169: Público ante el escenario principal del Festival de Glastonbury del solsticio de 1971, según diseño de Bill Harkin. Fotografía de Matt Williams.

rectamente. A ello se añadieron construcciones pseudo-vernáculas levantadas por los propios usuarios, constituyendo en conjunto una ciudad instantánea de entre siete mil quinientas y diez mil personas.

Hola, me llamo Margy. Mi entonces novio y hoy gran amigo Paul fuimos al festival en 1971 y fue increíble. Había muy poco alojamiento en el camino, por accidente dormimos en una tienda Hare Krishna una noche, aunque aparentemente había un "de ninguna manera" para las mujeres, pero fueron taaaan simpáticos. Incluso nos dieron el desayuno al día siguiente. Llegaron noticias de la granja diciendo que podíamos construir cobijos siempre y cuando empleáramos solo madera muerta. Paul y yo hicimos una gran "tienda" que, por lo que supimos mucho después, recibió el galardón a la MEJOR tienda casera del festival en una revista de arquitectura.

Ojalá hubiera guardado una imagen, qué bellos recuerdos.[19]

La revista que señala Margy no es otra que *Architectural Design* (Figura 170).[20] La comunidad de estudiantes y de diseñadores cercanos a Critchlow acudió al festival con él y con el homeópata Julian Carlyon. Llevaron las piezas prefabricadas necesarias para construir una cúpula de ocho metros de madera contrachapada enfrente de la granja, de su serie de *Polydomes*, que había servido pocas semanas antes como trabajo de graduación de los estudiantes de Bournemouth. Fue empleada como sala de descanso para excursionistas perdidos y se quemó tras el festival. Mark Fisher y Jonathan Park, del entorno directo de Archigram, construyeron una pequeña estructura hinchable que alojó a algunos asistentes que no tenían tienda propia. Procedente de Estados Unidos, Zee

Figura 170: Reseña a doble página de Keith Critchlow sobre el Festival de Glastonbury, publicada en *Architectural Design* en agosto de 1971, con comentarios sobre las estructuras construidas por estudiantes y usuarios.

Chamoe construyó una cúpula de seis metros de diámetro con un sistema que había desarrollado en la década de los años cincuenta. Su verdadero nombre era Donald James Hamrick (1935-2011), se había formado como arquitecto y físico, desarrollando una extensa carrera profesional que abandonó para fundar la comuna Harbinber en California, activa entre 1967 y 1969 y asociada a un entorno pedagógico alternativo que se llamó Harbinger University. Los diseñadores Roger Heighton y Roger Tuffs, dos de los operarios del escenario, construyeron una estructura llamada *Dark Star* sobre una colina, con polietileno negro y forma de estrella. El repertorio de geometrías y tecnologías de Glastonbury era por tanto una clara extensión de los entornos de aprendizaje experimentales más radicales del momento, perfectamente interconectados en una fuerte red trabada, en gran medida, por el sincrético trabajo de Michell y su best-seller contracultural *The View Over Atlantis*, del que proceden prácticamente todas y cada una de las ideas puestas en práctica en aquel mítico festival. Para los ojos externos a estos círculos, y según un periodista testigo directo del evento:

Muchos aquí son inadaptados amables, viviendo la vida en los márgenes y buscando un credo mayoritario con el que remplazar los valores heredados de confianza perdida. Se han reunido en un lugar donde las amplias y antiguas creencias en religiones astrológicas se han modificado y estrechado gradualmente hacia las creencias de las capillas baptistas de los pueblos de alrededor.[21]

El lugar preciso seleccionado para el festival se situaba en los terrenos de la granja a unos dos kilómetros de unos restos arqueológicos llamados Glastonbury Tor, una colina de forma cónica coronada por una torre gótica, el único resto de una construcción conventual de gran prestigio a nivel literario y mítico, más que arqueológico, que formaba parte del conjunto patrimonial con la famosa abadía medida y analizada por Critchlow para RILKO en 1969. Según Michell, la abadía se había construido, como casi todas las iglesias inglesas, en el cruce de dos líneas que denominó *ley lines*, traducible como líneas norma o líneas ley. *Ley*, un vocablo de origen latino en *lex*, se refiere a la regla o norma establecida por una autoridad superior para regular algún aspecto de las relaciones sociales, pero también se define como el conjunto de normas de una religión, y por último como pasto o tierra temporalmente empleada para cultivar. Su relación con el término griego *nomos* es directa, como lo es esa triple significación de norma legal o ley, de dogma religioso y de prado cultivado en contraste con la pradera natural. Michell afirmaba que una de esas líneas unía directamente Stonehenge con Glastonbury y los restos de la abadía, pasando por la granja Worthy Farm, donde se localizó un punto exacto de esa línea para ubicar la pirámide.

LINEAS Y TÚNELES DEL TIEMPO

En un documento difundido por Kerr durante el festival, se explicaba la ideología tras el lugar elegido para la celebración. Kerr calificaba Stonehenge de «instrumento astronómico, es un reloj, es un calendario, es un lugar de encuentro para líneas de fuerza y gente, es un ordenador y un estimulador» (Figuras 171 y 172). Esa conexión tan improbable entre las redes telemáticas y las redes geodésicas y topográficas estaba en perfecta continuidad con lo que Critchlow afirmaba acerca de la falsedad del primer teorema de Euclides, según el cual un punto es una abstracción, un ente meramente intelectual, y no un lugar tangible en términos físicos. En *The View*

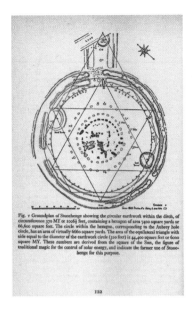

Fig. v Groundplan of Stonehenge showing the circular earthwork within the ditch, of circumference 370 MY or 1006½ feet, containing a hexagon of area 7400 square yards or 66,600 square feet. The circle within the hexagon, corresponding to the Aubrey hole circle, has an area of virtually 6660 square yards. The area of the equilateral triangle with side equal to the diameter of the earthwork circle (320 feet) is 44,400 square feet or 6000 square MY. These numbers are derived from the square of the Sun, the figure of traditional magic for the control of solar energy, and indicate the former use of Stonehenge for this purpose.

122

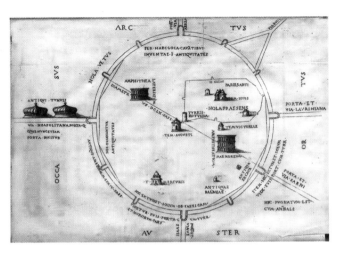

Over Atlantis Michell llevó al extremo esa vinculación de las líneas ley con la red inmaterial y aérea que las virtualizaría en el aire como sistema espejo de orientación, a una cierta distancia de la corteza terrestre.

El libro de Michell comienza exponiendo una idea que gobierna la totalidad de los argumentos: en paralelo a como las ideas emergen sincrónicamente en distintos lugares y personas sin que exista comunicación alguna entre ellas, también esa sincronicidad trasciende el tiempo. Y además, obedece a una geometría precisa: la de las líneas ley. El pasado más remoto y la contemporaneidad pueden así estar en conexión absoluta, y es a este fenómeno al que respondía Michell a partir de una serie de figuras históricas como

John Aubrey, William Stukeley, Katharine Maltwood o Alfred Watkins, que serían sus predecesores en esta empresa.

John Aubrey (1626-1697) es bien conocido por sus biografías breves de personajes célebres, como la de su maestro Thomas Hobbes entre otros, por sus análisis del folklore inglés y por sus estudios de arquitectura antigua, sobre todo los restos megalíticos de Avebury y Stonehenge, a los que dedicó treinta años de trabajo, entre 1663 y 1693. Sus estudios eruditos nunca fueron publicados y se conocen en forma de manuscrito bajo el título de *Monumenta Britannica* en cuatro volúmenes. El primero de ellos se llama *Templa Druidum* y trata de los restos arqueológicos de Avebury y Stonehenge, y fue el que despertó el

Figura 171: Diagrama geométrico de Stonehenge mostrando un hexágono inscrito en el canal circular que rodea al monumento, del libro de John Michell *The view over Atlantis* 1969.

Figura 172: Esquema místico de la ciudad de Nola según Ambrogio Leone, de su obra *De Nola Opusculum*, Venecia 1514. Leone fue un filósofo y humanista italiano que reconstruyó en este plano su ciudad natal, Nola, un dibujo recogido por Michell en *The view Over Atlantis*, sobre el que no proporciona información alguna. Biblioteca Histórica Complutense.

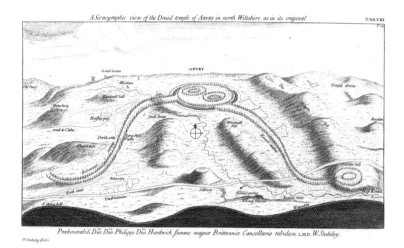

A Scenographic view of the Druid temple of Abury in north Wiltshire, as in its original.   TAB.VIII.

ABURY

Prachenorabili Dño. Dño. Philippo Dño. Hardwick, fummo magnæ Brittanniæ Cancellario tabulam. L.M.D. W.Stukeley.

interés de Michell para su propio proyecto cultural. Aubrey fue el primero en determinar que antes de la romanización el pueblo inglés mantuvo un alto nivel cultural, técnico y político. La feliz coincidencia de su proyecto cultural y la restauración de la monarquía británica tras el paréntesis republicano de Cromwell, solo una década antes de la difusión de sus ideas, fue clave para su éxito entre políticos e intelectuales pertenecientes a la clase en el poder y deja claras sus inclinaciones políticas.[22]

William Stukeley (1687-1765) fue médico y posteriormente clérigo anglicano. También investigó los mismos megalitos (Figura 173). Su proyecto intelectual es inseparable de su militancia religiosa y cultural, que estuvieron completamente cruzadas. También fue biógrafo de una gran figura, Isaac Newton, lo que resulta muy significativo: la afición por la

biografía de Aubrey y Stukeley nos habla de su preocupación por la construcción histórica y de su auto-conciencia en este tipo de actividad, así como del poder de la escritura. La teoría arqueológica de Stukeley se basaba en la creencia de que los druidas eran descendientes directos de los patriarcas bíblicos, por lo que desarrollaron una religión monoteísta que, así vista, rivalizaba directamente con la católica, en un claro puente histórico muy cargado políticamente. En su obra *History of the Temples of the Ancient Celts,* que dedicó a estos restos megalíticos, Stukeley desafió las hipótesis de Inigo Jones y John Webb, las máximas autoridades en la materia hasta la fecha, que consideraron que los romanos levantaron esas construcciones. La contra-hipótesis de Stukeley cambiaba drásticamente el panorama e introducía un nacionalismo cultural en total sintonía con el imperialismo británico. Más tarde volvió al

Figura 173: William Stukeley, *Abury, a Temple of the British Druids, with Some Others, Described*, Londres 1743. La imagen muestra la región de Avebury y sus restos megalíticos, y fue reproducida en el libro de Michell *The View over Atlantis* de 1969. Belton House, National Trust Collections.

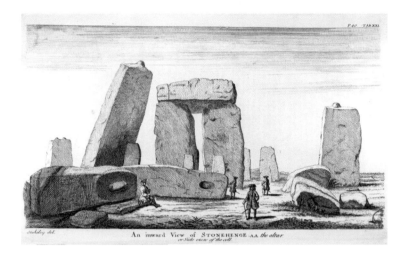

An inward View of STONEHENGE AA *the altar* *or Side view of the cell.*

tema con *Stonehenge*, de 1740, insistiendo en la hipótesis del patriarcado druida como espejo directo del anglicanismo, y cuyo objetivo era contrarrestar ciertos frentes religiosos disidentes que la hegemonía anglicana consideró amenazantes (Figura 174).[23]

La asimilación que Michell hizo de ambos autores es sintomática, ya que atribuyó a Aubrey una revelación en su «descubrimiento» de los megalitos de Avebury, que le llevó a esa idea de sincronicidad trans-histórica. [24] Esta maniobra retórica estaba obviamente dirigida en su punto de culminación hacía sí mismo: su versión de Aubrey no es sino un auténtico autorretrato. Al comenzar su libro vinculando los intereses arqueológicos de Aubrey con una forma de revelación religiosa, Michell buscaba claramente la identificación del lector con esta figura del hombre revelado por el encuentro con los materiales que le va a exponer a continuación, algo que logró

ampliamente a juzgar por el enorme éxito editorial que supuso su libro.

De Stukeley tomó Michell su refinada técnica retórica, basada en la religión comparada (hoy lo llamaríamos estudios culturales), para dar un salto sin red que le llevó a tensar las conexiones que había establecido Stukeley entre sistemas de creencias de tiempos históricos distintos, los britanos y los judíos, mediante sus análisis comparados de la biblia y de los mitos celtas. Proyectando en el presente la teoría de Stukeley, Michell excavaba así un túnel temporal que conectaría los britones y la cultura celta prerromana no solo con otros grupos no cristianizados o romanizados en un mundo global monoteísta, tal y como hizo Stuckeley, sino con la sociedad inglesa moderna de su época. Michel construía de este modo una conexión directa entre esas culturas prerromanas (o mejor dicho pre-continentales) y la del consumo masivo, los mass media, la electrónica

Figura 174: William Stukeley, *Stonehenge, a Temple Restor's to the British Druids*, Londres 1740. La imagen muestra Stonehenge y sus restos megalíticos, y fue reproducida en el libro de Michell *The View over Atlantis* de 1969. Tatton Park, National Trust Collections.

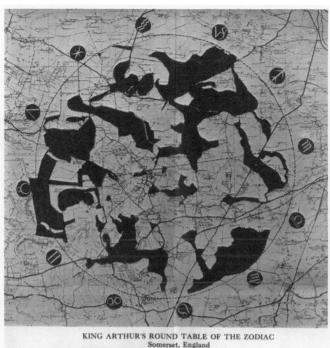

KING ARTHUR'S ROUND TABLE OF THE ZODIAC
Somerset, England

incipiente y, al negar la idea decimonónica de historicidad materialista de plano, una alteridad política radical. Su clave de *acceso* a este túnel temporal era por supuesto la geometría, un cuerpo de conocimiento que habría logrado mantenerse intacto e impermeable ante la sucesión de revoluciones culturales desde aquel mítico origen que encuentra en el pueblo britano.

Para completar su relato Michell acudió a Katharine Maltwood (1878-1961), que publicó en 1929 un fascinante opúsculo llamado *A Guide to the Glastonbury Temple of the Stars* (Figura 175). Ese libro breve abre el discurso con un comentario de la autora que da la clave completa del asunto: la fotografía aérea

permitió a Maltwood —como no había sido posible antes y junto a los detallados mapas oficiales llamados *Ordnance Survey Maps*—, identificar en el paisaje de Glastonbury un círculo zodiacal completo que daría sentido a las leyendas literarias.[25] Y no solo sentido, sino credibilidad científica y continuidad epistemológica. La ciencia moderna de la cartografía de la fotografía aérea validaba así el mito hasta el punto de darse una continuidad fluida entre mito y forma territorial. El libro de Maltwood contenía unos planos muy elaborados en los que se ven porciones del territorio flotando en una masa oscura, encerrados en formas del zodíaco y representando sus animales perfectamente reconocibles (Figuras 176 y 177). Michell glosó una vez más

Figura 175: Ilustración de Katharine Emma Maltwood llamada la *Mesa Redonda del Rey Arturo del Zodíaco*, de su libro *Guide to Glastonbury's Temple of the Stars: their giant effigies described from air views, maps, and* *from "The High History of the Holy Grail"*, Londres, 1929.

VIRGO

The Cary River outlines her bonnet, face, sleeve, and breast which is
marked by Wimble Toot, meaning Augur's teat.
The 'Kern Baby' is inset at the corresponding angle. The Hyperborean priestesses
"In the celebrating of the mysteries, held handfuls of corn".

LEO

Chabrick Mill Stream outlines the nose and mane, "Ancient Road" the neck,
and "Linches" the jaw.

Figura 176: Ilustración de Katharine
Emma Maltwood mostrando una parte de
Somerset asemejando a Virgo, de su libro
*Guide to Glastonbury's Temple of the Stars:
their giant effigies described from air views,
maps, and from "The High History of the
Holy Grail"*, Londres, 1929.

Figura 177: Ilustración de Katharine
Emma Maltwood mostrando una parte de
Somerset asemejando a Leo, de su libro
*Guide to Glastonbury's Temple of the Stars:
their giant effigies described from air views,
maps, and from "The High History of the
Holy Grail"*, Londres, 1929.

el trabajo de Maltwood como una revelación, como un poderoso hilo de continuidad, pero sin mencionar la mediación de los dispositivos topográficos y fotográficos a los que alude la propia Maltwood al introducir su texto.

Un último autor que sujeta el asombroso relato de Michell, por encima incluso de todos los demás, es Alfred Watkins (1855-1935), un diletante al que sistemáticamente sobre-interpretó en una auténtica operación de apropiación cultural. Watkins era un empresario de la industria cervecera de Hereford, pero también un excelente fotógrafo, buen conocedor de la técnica mecánica y la óptica fotográfica y apasionado del paisaje y la geografía (Figuras 178 y 179).

Para comprender el alcance de la apropiación de Michell basta comparar el modo en el que describe cómo Watkins comenzó a interesarse por el fenómeno de las líneas ley, del que es considerado su principal autor, con lo dicho por el propio Watkins:

Una tarde calurosa de verano a inicios de los años veinte Alfred Watkins estaba montando a caballo en las colinas de Bredwardine (sic) a unas doce millas de Hereford. Paró en lo alto de una colina, meditando sobre la vista bajo sus pies. De repente, en un flash, vio algo que nadie en Inglaterra había visto durante quizás miles de años. Watkins vio directamente a través de la superficie del paisaje una capa depositada en una era prehistórica remota. La barrera del tiempo se derritió y, desperdigada

Figura 178: Fotografía de Alfred Watkins, piedra de sacrificios en la región de Herefordhire, 1922. Colección Alfred Watkins. Herefordshire County Library Service.

Figura 179: Fotografía de Alfred Watkins, piedra de Arturo en Dorstone, 1922. Colección Alfred Watkins. Herefordshire County Library Service.

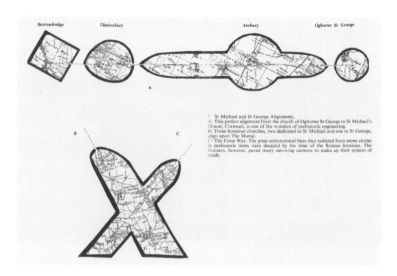

por el paisaje, vio una red de líneas uniendo lugares sagrados y puntos antiguos.[26]

Por su parte, Watkins describió el mismo momento en una conferencia pronunciada en septiembre de 1921 ante un grupo de naturalistas de su localidad natal de un modo muy distinto, incluso desvelando el error de Michell al nombrar el lugar de la supuesta revelación, Blackwardine:

Una visita a Blackwardine me llevó a anotar sobre el mapa una línea recta desde Croft Ambury, descansando en partes de Croft Lane tras el Broad, sobre los puntos de colina, a través de Blackwardine, sobre Risbury Camp, y a través de la tierra alta de Strenton Grandison, donde asumo que hay una estación romana. Seguí la pista mirando desde lo alto de la colina y, sin los impedimentos de una teoría, encontré resultados asombrosos en todos los distritos. Las líneas rectas, para mi asombro, pasaban una y otra vez sobre la misma clase de objetos,

que pronto descubrí que eran (o habían sido), puntos prácticos de visión.[27]

Así pues, Watkins aclaraba a un público muy incrédulo y con enorme prudencia dos cuestiones fundamentales que Michell ocultó astutamente en un ejercicio de osadía. La primera aclaración de Watkins es que sus observaciones no obedecen a teoría alguna, no pretenden demostrar nada sino señalar un hecho que es el producto de la observación directa y sistemática. La segunda es que el origen del *descubrimiento* de las líneas ley no fue la revelación ante el paisaje, sino el trabajo del geómetra sobre el plano, que solo posteriormente corroboraría en el propio caminar (Figura 180). Michell invirtió el orden de los acontecimientos descritos por Watkins, afirmando que ante una revelación del paisaje producida por un estado meditativo, Watkins la confirmó solo posteriormente sobre el plano. Con esta inversión en las primeras páginas del libro, donde Michell expo-

Figura 180: John Michell, *Alineaciones de Saint Michael y Saint George*, del libro *The View Over Atlantis*, de 1969.

Figure 1 *Alignments marked on the map can be observed on the ground (above). The 18-km **Old Sarum** ley in Wiltshire seen from the earthworks at Old Sarum (foreground) with Salisbury Cathedral and the earthworks at Clearbury Ring (clump on horizon) directly behind*

ne su sofisticado aparato erudito de apoyo a partir de Watkins, era ya posible lanzar sus propias líneas interpretativas en todas las direcciones posibles.[28]

A lo largo y ancho de su libro, Michell establecía conexiones entre el sistema de líneas ley de Watkins, la geomancia, el *feng shui,* las líneas de Nazca de Perú o la estructura geométrica de la pirámide de Guiza, gracias a un aparato de erudición muy desarrollado y a una escritura virtuosa con una retórica brillante y muy persuasiva (Figuras 181 y 182). Todos estos sistemas, que son desde su punto de vista disciplinas epistemológicas sincrónicas, le llevaron a establecer que la *Atlantis* que da título a su libro era una posibilidad real que, en un giro afortunado de los acontecimientos, el Festival de Glastonbury puso en práctica tan solo dos años después.

El capítulo quinto del libro de Michell se dedica exclusivamente a establecer la relación directa entre Stonehenge y Glastonbury, y emplea como principal referencia el polémico trabajo del astrónomo Gerald Hawkins, muy conocido por su publicación de 1965 *Stonehenge Decoded,* en la que interpretaba la ruina como un reloj solar extraordinariamente sofisticado, hasta el punto de considerarlo un precedente directo del ordenador: el mismo símil que empleó Andrew Kerr al publicitar el festival.

TECNOWALDEN

Así pues, el Festival de Glastonbury sería una cristalización del solape posible entre un universo global arcaico, organizado en una red planetaria de líneas ley, y la moderna cultura electrónica, que reactivaría esa red gracias a

Figura 181: Línea ley Old Sacrum, de 18 kms de longitud entre Stonehenge y Frankenbury Camp, del libro *The Ley Hunter's Companion: Aligned Ancient Sites: A new study with field guide and maps*, de

Paul Deveraux, Londres 1979. Deveraux, un veterano de la cultura del LSD, fue el más fiel seguidor de John Michell.

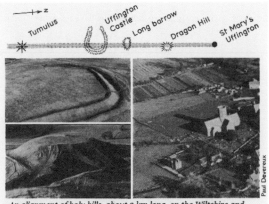

An alignment of holy hills, about 3 km long, on the Wiltshire and
Oxfordshire borders. It includes the prehistoric earthwork,
Uffington Castle, on top of White Horse Hill (top left); and Dragon
Hill (above left) which is a natural hill with an artificially flattened
top, said to be where St George killed the dragon. The ley extends to
St Mary's Church in Uffington, which dates almost entirely from the
13th century

una operación de excavación en el pasado. El
resultado nos lleva de un jardín astrológico[29]
a un edén eléctrico.[30] En este edén las líneas
ley recuperarían su total visibilidad y funcionalidad, y solo podría ser producto de una
completa transformación geográfica enteramente basada en la excavación del pasado.
Ese edén es, por descontado, típicamente
inglés, superior a cualquier otro modelo de
ocupación del territorio, algo que introduce
en Michell un nacionalismo aún más radical
que el que propusieron sus antecedentes
ilustrados imperialistas, que en su visión
están profundamente sublimados como
héroes nacionales:

El Dr. Stukeley vio el trabajo de los viejos
geomantes ingleses en Avebury y extendió
su visión para comprender el territorio al
completo. La señora Maltwood observó con

ojos de geomante las llanuras de Somerset y
comprendió de un chispazo el secreto de los
gigantes zodiacales escondidos en el paisaje.
Alfred Watkins, con su visión en las colinas de
Bredwardine, percibió las venas y arterias so-
bresaliendo claramente sobre los campos de
Herefordshire. Blake, Wordsworth, Coleridge,
Tennyson y muchos otros buscaron los pun-
tos vitales para penetrar las capas de tiempo
que cubren la faz del territorio. El sentimiento
que todos tuvieron fue el de un secreto olvi-
dado. Vieron el destello de una remota era
dorada de la ciencia, la poesía y la religión en
la que los grandes trabajos que veían en el
paisaje estaban logrados. Cada uno de estos
visionarios ingleses sabía que lo que veía era
solo una pequeña fracción del gran miste-
rio, la llave a aquello que se había perdido.
Britania, sentían ellos, era la tierra sagrada
bajo encantamiento.[31]

Figura 182: Línea ley de Tumulus a Saint
Mary Uffington, del libro *The Ley Hunter's*
Companion: Aligned Ancient Sites: A new
study with field guide and maps, de Paul
Deveraux, Londres 1979.

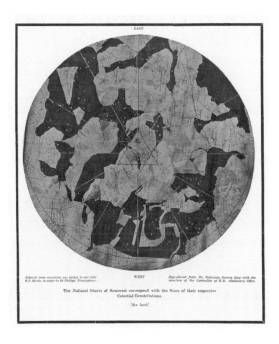

La literatura, poesía, arte y música británicos abundan en jardines secretos, tierras de maravilla, paraísos perdidos, pospuestos o recuperados. El edén eléctrico de Michell apuntaba a dominios ficticios que subrepticiamente se filtraron en el presente para construir especulaciones alternativas, a veces construidas como el Festival de Glastonbury, a veces no, como el Teatro Móvil. En los últimos años de la década de los sesenta y primeros setenta, el miedo a la aniquilación, el progreso tecnológico y la visión de sociedades alternativas se filtraron en la cultura popular y la artística, conspirando para promover el ideal de «vuelta al jardín».[32]

Solo tres años separan *Ideas Circus* del Festival de Glastonbury, con el Teatro Móvil en medio de ellos ocupando una vez más una posición ambigua, tangencial o intermedia. Mapas de líneas cubren el territorio de estas nuevas arcadias en una red, mitad virtual y mitad real, que disemina el conocimiento, los hábitos, los comportamientos y las actitudes, homologando en una comunidad global a sus usuarios y sustituyendo a las redes existentes y a sus artefactos por otros de naturaleza móvil, precaria en ocasiones, extraordinariamente funcional y enteramente subsidiaria de esa red. Un mapa del Reino Unido mostrando la correcta distribución de los núcleos de población prehistóricos y sus redes de líneas ley sería exactamente el opuesto a un plano que muestra la densidad de población actual,[33] algo que los dibujos de Maltwood dejaban entrever: islas zodiacales flotando en

Figura 183: Ilustración de Katharine Emma Maltwood llamada *Los Gigantes Zodicales de Somerset en correspondencia con las Estrellas de sus Respectivas Constelaciones Celestiales,* de su libro *Guide to Glastonbury's Temple of the Stars: their giant effigies described from air views, maps, and from "The High History of the Holy Grail",* Londres, 1929.

un océano negro y conectadas entre sí en una red de difícil acceso (Figura 183).

Si comenzar un relato supone esfuerzo y arroja dudas, más aún lo hace cerrarlo. Los hilos de la madeja cobran una cierta vida propia que, a medida que se avanza, más cuesta mantener unidos en una trama de sentido. Y si como es el caso, esos hilos no se presentan perfectamente urdidos, sino desperdigados entre multitud de lugares, el trabajo se vuelve especialmente exigente y complejo. Para esta tarea conviene acudir a los expertos en la creencia de que nos ayudarán a descubrir cierta luz; y los grandes conocedores de las estructuras deshilvanadas son los poetas, porque con su arte logran generar sentido donde en principio no lo hay, desde la palabra suelta. Wystan Hugh Auden (1907-1973) fue un importante poeta inglés desarraigado geográficamente, pero también un soldado muy particular.

Al finalizar la guerra en 1945 se unió a la llamada Morale Division de la U.S. Strategic Bombing Survey, una agencia pública norteamericana que tenía como objetivo analizar los efectos de las campañas militares aliadas sobre la población alemana. Fue nombrado Mayor del ejército para estudiar la psicología de la población afectada por el desastre de la guerra, visitando muchas de las ciudades alemanas devastadas.[34] A lo largo y ancho de su obra poética y ensayística, Auden habló del Lugar Feliz con insistencia al conocer los efectos que la maquinaria civilizatoria militar había producido, en la búsqueda de modelos posibles para superar ese estado de crisis absoluta producido por la técnica bélica.

Lo que Auden llamaba el Lugar Feliz, allí donde no existe el mal o el sufrimiento, quedaba ejemplificado en dos modelos de personalidad que son morales y políticos, así como en dos modelos urbanos de asociación.[35] A uno lo llamó Edén, al otro Nueva Jerusalén. El arcádico es el buscador del Edén, el utópico el de la Nueva Jesuralén. Aunque un mismo individuo es perfectamente capaz de concebir los dos caracteres, de comprenderlos, sentirse atraído y apreciarlos por igual, Auden los consideraba incompatibles, porque no puede darse una doble adscripción aún a pesar de sentir comprensión o incluso inclinación por ambos. Mientras que el arcádico busca su Edén en un tiempo previo a cualquier tipo de conflicto o de contradicción, es decir en un pasado incluso anterior al pecado original —sea este cual sea, por ejemplo una mortífera guerra—, la Nueva Jerusalén utópica se ubica siempre en el futuro, en un momento y lugar donde la resolución de tales conflictos y contradicciones se ha logrado, han sido superados y dejados atrás. Entre estos dos espacios y tiempos queda el presente, el lugar donde se habita el conflicto, la contradicción y el deseo de lo otro.

En Edén cada cual hace lo que quiere y está gobernado por el lema *Do what thou wilt is here the Law*. En la Nueva Jerusalén la obligación es placer, rigiéndose por *In His will is your peace*. Coinciden en algo fundamental, en ninguno de ellos existe el imperativo moral, porque en Edén no hay ley universal alguna, mientras que en la Nueva Jesusalén la ley no prescribe lo que se puede hacer o no, sino los comportamientos de sus miembros. Aunque todos los habitantes de estos dos entornos son felices, los de Edén son agradables y simpáticos, y los de la Nueva Jerusalén son buenos, con el matiz distintivo que esto introduce. En Edén no se puede entrar, solo se puede nacer; en Nueva Jerusalén no se puede nacer, solo entrar una vez adquirida la bondad que le da acceso.

Mientras que el arcádico sabe y asume que su ciudad es un sueño, porque ya fue expulsado del paraíso y por tanto no siente preocupación por su pecado original y por sus actos, el utópico piensa que la Nueva Jerusalén puede y debe construirse, y sus actos deben obedecer a ese plan con independencia de sus consecuencias. Esa es la razón por la que, según Auden, el utópico necesita imágenes y el arcádico no; la misma por la que la arquitectura de la arcadia tiene su fuente en la literatura o la poesía, mientras que la de utopía la tiene en otras arquitecturas y en general, en sus imágenes. Cuando Auden escribió acerca de estas cuestiones tras la guerra, pensaba en la utopía del totalitarismo, pero en lugar de profundizar en el temperamento utópico, aunque fuera para desmontarlo como hizo Theodor Adorno, se detuvo en los detalles de la personalidad arcádica, estableciendo diez características de su temperamento y absteniéndose de dar más espacio de acción o de crítica a la utopía. Dejaba así muy claras sus inclinaciones. No es este el lugar para abordar todas las características del arcádico, por lo que simplemente mencionaremos una de ellas que atañe a la arquitectura especialmente, la número seis de entre las diez señaladas por Auden: el espacio es a la vez seguro y abierto. Hay jardines vallados pero no hay mazmorras; caminos abiertos en todas las direcciones, pero no vagabundeo en el desierto (Figura 184). Es a través de este argumento construido por Auden como concluye la última de las facetas que sirvió para construir el Teatro Móvil como fiel representante de un modo de hacer y de un momento histórico muy preciso. La vinculación entre geometría y sacralidad permitió construir un bloque ideológico de resistencia estrechamente vinculado a una posible arcadia edénica, eso sí, electrificada.

Figura 184: Público del Festival de Glastonbury del solsticio de 1971. Fotografía de Matt Williams.

Notas

1. Keith Critchlow: *Order in Space: A Design Source Book*, Londres: Thames and Hudson 1969.

2. Keith Critchlow: «Closepacking», en *Zodiac* n. 22, 1972, págs. 172-178.

3. Keith Critchlow: «Polyhedral Structures Conform», en *Zodiac* n. 22, 1972, págs. 194-195.

4. *Architectural Design,* marzo de 1971, págs. 183-184.

5. *Architectural Design*, septiembre de 1971, pág. 530.

6. http://www.theatrecrafts.com/archive/cue/cue_07_25.pdf

7. La información está obtenida de dos fuentes periodísticas: *Finantial Times*, 4 de mayo de 1972, reseña de Micahel Coveney; y *Richmond and Twickenham Times*, 26 de mayo de 1972, reseña de Nick Smurthwaite.

8. Michael Billington: *Blitz Show*, reseña en *The Guardian*, 2 de mayo de 1972.

9. En una entrevista concedida al periódico *The Independent*, el 5 de noviembre de 1999.

10. Fred Turner: «Un tecnócrata para la contracultura», en *AV Monografías* n. 143, Madrid 2010, pág.102.

11. Keith Critchlow: «Towards a New Philosophy of Structure», en *Zodiac* n. 22, 1972, págs. 180-187.

12. Ibidem.

13. Sobre Critchlow pueden consultarse dos publicaciones que reflejan gran su influencia en la contracultura. Mark Sedgwick: *Against the Modern World. Traditionalism and the Secret Intellectual History of the Twentieth Century*, Oxford y Nueva York: Oxford University Press, 2004. Especialmente el capítulo «Europe after 1968», págs. 207-221. Jay Kappraff: *Connections. The Goemetric Bridge Between Art and Science*,

Nueva York: McGraw-Hill Inc., 1990, que presenta referencias constantes a Critchlow.

14. Notas manuscritas contenidas en una carpeta rotulada «Teatro de situación. Experiments in situation. Londres 1970-1971», con anotaciones escritas en inglés y español.

15. Suha Taji-Farouki: *Beshara and Ibn'Arabi: A movement of Sufi Spirituality in the Modern World*, Oxford: Anqa Publishers, 2007, págs. 442-443.

16. John Michell: *The View over Atlantis. Secrets of the Ancient Mysteries Revealed*, Nueva York: Ballantine Books, 1969.

17. Reseña publicada en *The Observer*, una sección del periódico *The Guardian*, el 20 de junio de 1971.

18. Bill Harkin, disponible online en http://www.pyramidstage-glastonburyfestival.co.uk/

19. http://www.ukrockfestivals.com/glasto-71-recollections.html

20. La revista *Architectural Design* publicó en el número de agosto de 1971 una breve reseña y un amplio reportaje fotográfico a doble página, que firmó el propio Keith Critchlow.

21. John Cunninghman: «The Mystic Misfits», en *The Guardian*, 22 de junio de 1971.

22. La bibliografía sobre Aubrey es inmensa. Una de las fuentes centradas en su actividad arqueológica es Aubrey Burl: *John Aubrey & Stone Circles: Britain's first archaeologist, from Avebury to Stonehenge*. Amberley: Stroud, 2010.

23. No menos extensa es la bibliografía sobre Stukeley. Para una aproximación al personaje puede consultarse Stuart Piggott: *William Stukeley: An Eighteenth-Century*

Antiquary. Londres: Thames & Hudson, 1985.

24. John Michell: *The View over Atlantis*, op.cit, pág. 15.

25. Edicion consultada Katharine Emma Maltwood: *Guide to Glastonbury's Temple of the Stars: their giant effigies described from air views, maps, and from "The High History of the Holy Grail."* Londres: The Women's Printing Society, Ltd., 1934, pág. viii.

26. John Michell: *The View over Atlantis*, op.cit, pág. 21.

27. Alfred Watkins: *Early British Trackways, Moats, Mounds, Camps, and Sites*. Hereford: The Watkins Meter Co., 1922, pág. 6.

28. Michell introdujo constantes datos de dudosa credibilidad, como el que apunta a que Watkins y su hermana habían desarrollado una forma de comunicación telepática entre ellos. John Michell: *The View over Atlantis*, op.cit, pág. 23.

29. El capítulo siete del libro de Michell lleva por título *The Astrological Garden*.

30. Rob Young: *Electric Eden: Unearthing Britain's Visionary Music*, Nueva York: Faber and Faber, 2011.

31. John Michell: *The View over Atlantis*, op.cit, pág. 54.

32. Rob Young: *Electric Eden: Unearthing Britain's Visionay Music*, op. cit., págs. 5-7.

33. John Michell: *The View over Atlantis*, op.cit, pág. 67.

34. Cornelia D. J. Pearsall: «The poet and the postwar city», en *Raritan*, Fall 1997, 17- 2, págs. 104-120.

35. Wystan Hugh Auden: «Dingley dell & the fleet», en *The Dyers Hand and Other Essays*, Londres: Faber and Faber 1948, págs. 409-410.

CONCLUSIONES

El Teatro Móvil es una metáfora muy rica en sus posibles interpretaciones. Su encarnación concreta en el proyecto de Javier Navarro de Zuvillaga es muy sintomática del momento en el que el proyecto fue concebido y desarrollado. Pero también el hecho de no haber logrado construirlo es un síntoma de algo de más calado que la mera contingencia o la adversidad. Bajo ningún concepto debe considerarse al Teatro Móvil, en su doble condición de arquetipo y de objeto específico, como una utopía de escape. El riguroso desarrollo técnico inicial y su condición plenamente posibilista son un claro indicador de su realismo. El abanico de ramificaciones proyectuales en cuyo centro se localiza es también una buena muestra de su pertinencia histórica: fue propuesto en el momento justo, en el lugar adecuado y bajo condiciones específicas óptimas. Quizás precisamente por eso no pudo ser llevado a la realidad.

Si el presente, como anunciaba Auden en su digresión sobre la arcadia y la utopía, es el lugar del conflicto crítico entre la una y la otra, solo en contadas ocasiones la arquitectura construida estará a su altura, porque es paradójico fijar la contradicción, cristalizar las crisis en artefactos culturales de tanta gravedad como los edificios, que sistemáticamente se resisten a ser objetos críticos. Este fue el principal objetivo de la generación de arquitectos y artistas tratados en este libro y ese es su valioso legado. Ante una sucesión de crisis vividas con un apresuramiento vertiginoso la respuesta fue positiva, un salto hacia adelante que combinaba tres sensibilidades: la crítica, la reflexión y la acción, que en pocas ocasiones como en esta se han presentado simultáneamente. El Teatro Móvil es un cruce mestizo de esas sensibilidades hacia una serie de crisis más que una apuesta específica por una de ellas sobre las demás.

La primera de las crisis observadas por todos estos arquitectos y artistas fue la crisis de la representación y, más concretamente, de la representación social en el medio público, en la ciudad, que perdió su credibilidad como lugar de representación cohesiva. Frente al predominio de la condición espectacular de lo social, se propuso la recuperación de la dimensión ritual del público y de la arquitectura como el umbral más legítimo de ese rito, no como un mero contenedor representativo que desaparece literalmente en la oscuridad cuando el público entra en él, tal y como sucede en el templo teatral burgués encapsulado; o que se funde con la arquitectura en un continuo de efectos con la máquina moderna, en total continuidad con el exterior metropolitano, que quedaría domesticado y contenido entre muros. La construcción dinámica y performativa del Teatro Móvil es un alternativa que conlleva además la producción ritual del trabajo al ser plenamente visible, lo que lleva a la posibilidad real de la reversión de los roles al no supeditar unos a otros y con ello, a sentar una nueva base para el juego ritual de la representación compartida en el medio público.

La segunda crisis fue la de la especialización del espacio. La noción de *environment* tuvo una gran fortuna crítica en el periodo tratado aquí, aunque su intrahistoria se remonta al siglo XIX y los trasvases entre la biología y las ciencias sociales fueron permanentes durante más de cien años. *Environment, milieu*, ambiente o atmósfera son nociones muy características de la cultura arquitectónica y la teatral desde el Romanticismo a la actualidad, pero no siempre poseen un contenido crítico claro. El empleo del concepto de *environment* en el Teatro Móvil fue crítico al señalar la falacia de la neutralidad del espacio moderno, indicando que un edificio teatral puede impedir, más que facilitar, la emergencia de significado del espacio, lo que equivale a negar su funcionalidad genuina. En paralelo cronológico con la salida del cubo blanco de los artistas plásticos, lo que este fenómeno desveló fue una ideología específica de la que se huía a nivel político —escapando de su influencia—, y a nivel estético —generando contextos propios y autónomos. De ahí que las transacciones mediales fuesen fundamentales en la composición del espacio, más que la especialización que había caracterizado al espacio arquitectónico moderno hasta entonces.

La tercera crisis fue la del tipo como encarnación de la función, de un modo de uso determinado, y la propuesta del arquetipo en su lugar. Completamente asociada a la crisis de la especialización, la del tipo afectaba no tanto al espacio mismo y su forma, sino a sus condiciones materiales, que se suspenden para evidenciar el propio espacio al desnudo. Despojar hacia la pobreza es una actitud

característica de aquellos momentos de la cultura con altos ideales morales, como sin duda es el periodo que se ha tratado en este libro. Y es igualmente algo característico de la cultura de lo intempestivo. La recuperación de los arquetipos frente a la idea de tipo es una operación crítica y lo es, por igual y en la misma medida, de la esclerosis y de la novedad tipológica, lo que nos remite a dos fenómenos correlativos: primero el agotamiento de los tipos existentes como síntoma del agotamiento de las instituciones que esos tipos representan, así como de su mutua relación de correspondencia; y segundo una mirada anacrónica y transversal mediante la actualización de los arquetipos, a los que se vuelve para dinamitar la relación determinista entre tipo arquitectónico e institución social, buscando una fórmula más amplia, inclusiva y compleja. Para lograrlo se debe prestar una enorme atención a lo nuevo de cara a facilitar la coalescencia entre lo nuevo y lo ancestral, tanto en los lenguajes como en las formas, con el objetivo de lograr reunificar a un público que se advierte muy segmentado.

La cuarta crisis fue la de la dislocación dialéctica entre disolución y forma, lugar y no-lugar, subjetividad y pertenencia, que se produjo en el marco de las nuevas condiciones sociológicas del ocio, el entretenimiento y el aprendizaje, frente a las anteriores coordenadas dominantes del trabajo y la producción. El desafío consistió en proponer una arquitectura —de y para la comunidad y su representación—, en un entorno de fuerte crisis de la comunidad y la representación que se vislumbraba ya entonces, y que hoy no ha hecho sino acelerarse y culminarse con los desarrollos tecnológicos y los procesos de subjetivación mediados por dichos desarrollos. La arquitectura moderna fue más tecnocrática que participativa porque el contexto sociológico así lo propiciaba; la contracultura percibió este fenómeno y lo criticó duramente proponiendo nuevos modelos de subjetivación emancipadores, que en parte y como contrapartida a la emancipación, aceleraron la completa desvinculación del sujeto de las estructuras sociales instituidas según modelos tradicionales: la familia, la clase social y la ocupación laboral, todos ellos abiertamente desintegrados en la nueva sociedad del consumo y la información.

La quinta crisis fue la tecnológica, la coincidencia de enormes avances técnicos con la pérdida de la creencia en las capacidades de la tecnología para incidir en mejoras directas de la calidad de vida de más amplios sectores de población. Las transferencias de las tecnologías punteras bélica y aeroespacial a la arquitectura suponen un claro intento de superación de esta situación, al buscar las fisuras que las industrias más avanzadas e ideologizadas podían ofrecer. La reversión del papel opresor y negativo de la tecnología mediante la domesticación de la violencia y del poder tecnocrático fue clave en estos contextos, aunque no faltaron ciertas dosis de ingenuidad en esos trasvases, lastres heredados de la tecnocracia moderna. Las tácticas se impusieron así a las estrategias, las máquinas nómadas de guerra a la gran máquina bélica, los entornos en red a las organizaciones piramidales. Las consecuencias fueron inmediatamente observadas y se tradujeron en entornos con un grado de experimentalidad social inusitado e incluso radical, que sin embargo han sido parcialmente superados mediante su paulatina absorción.

La sexta crisis fue la de los sistemas de valores y creencias, de modo que contiene de una forma u otra a las anteriores, o a parte de ellas. La sociedad de la afluencia —usando este neologismo típicamente anglosajón— o sociedad del acceso que la modernidad posbélica organizó en los países de Occidente, dejó ver de inmediato su contrafigura, la de los vagabundos, pobres, sin techo y demás marginados. Algunos jóvenes de aquel momento experimentaron un proceso de identificación con esa contrafigura, no tanto literalmente sino en sus procesos de subjetivación, a la hora de construirse como sujetos en entornos organizados en gran medida tecnocráticamente. De ahí la necesidad de reorganizarse en red, de asumir compromisos políticos y de constituirse en comunidades. La idea de red fue fundamental para escabullirse de la posibilidad de exclusión; y la de comunidad para escapar del puro nihilismo. La arcadia ofrecía sistemas de valores sólidos que podían oponerse a los entonces imperantes en un doble registro: el del pedigrí, por ser sistemas de creencias probados por el consenso; y el de la superación, porque al actualizarse gracias a su cruce con la tecnología más avanzada en arcadias eléctricas, los sistemas de creencias encarnados en ellas adquirían carta de novedad radical.

No es difícil observar que estas crisis no solo no han dejado de existir, sino que han experimentado nuevas mutaciones que incluso las han fortalecido. Al fortalecerse, sin embargo, también puede hacerlo el antagonismo hacia ellas. Esa es la conclusión final de volver la mirada hacia estos experimentos, porque nos dicen más sobre el tiempo en el que fueron concebidos que sobre lo que sucedió inmediatamente después. Sigue siendo una incógnita cuál debe ser la arquitectura del presente que merece ese apelativo, aunque es incuestionable que la arquitectura actual más comprometida anda a vueltas con esta idea.

Fotocollage de presentación del Teatro
Móvil, Javier Navarro de Zuvillaga 1971

Fernando Quesada es Profesor Titular de Proyectos en la Universidad de Alcalá, Madrid. Es también miembro de Artea, una asociación para la investigación en artes escénicas desde la práctica. Ha sido Visiting Scholar en Holanda (TU Delft 2009-2010), México (UNAM-MUAC 2013), y Filadelfia (Penn Design 2019).

Teatro Móvil
La contracultura arquitectónica
a escena

Fernando Quesada

Publicado por:
Actar Publishers, New York, Barcelona

Editado por:
Fernando Quesada

Diseño Gráfico: Actar

Impresión y Encuadernación:
Arlequin

Distribución:
Actar D, Inc. New York, Barcelona.

New York
440 Park Avenue South, 17th Floor
New York, NY 10016, USA
T +1 2129662207
salesnewyork@actar-d.com

Barcelona
Roca i Batlle 2
08023 Barcelona, Spain
T +34 933 282 183
eurosales@actar-d.com

ISBN: 978-1-948765-73-2
Fecha de publicación: 2021